LA PASSAGÈRE DU *SAINT-LOUIS*

Armando Lucas Correa

LA PASSAGÈRE DU *SAINT-LOUIS*

Roman

Traduit de l'anglais (États-Unis)
par Valérie Bourgeois

PRESSES DE LA CITÉ

Titre original : *The German Girl*
L'édition originale de cet ouvrage a été publiée en Espagne sous le titre *La niña alemana*, et a paru en anglais chez Washington Square Press, Atria Books, Simon & Schuster Inc., New-York, en 2016.

ISBN 978-2-258-15312-7
Dépôt légal : septembre 2019.

Presses de la Cité | un département **place des éditeurs**

place des éditeurs

À mes enfants, Emma, Anna et Lucas

À Judith Köppel Steel et Herbert Karliner,
qui avaient l'âge de mes enfants
lorsqu'ils ont embarqué sur le Saint-Louis
dans le port de Hambourg en 1939.

« Vous êtes mes témoins. »
Esaïe, 43 : 10-11

« Les souvenirs,
c'est ce qu'on ne veut plus se rappeler[1]. »
Joan Didion, *Le Bleu de la nuit*

1. Joan Didion, *Le Bleu de la nuit*, traduit par Pierre Demarty, Paris, Grasset, 2013, p. 81.

Première Partie

Hannah et Anna

Berlin – New York

Hannah

Berlin, 1939

J'avais presque douze ans quand j'ai décidé de tuer mes parents.

J'étais bien déterminée à le faire. J'irais me coucher et j'attendrais qu'ils s'endorment. Ce n'était pas compliqué vu que papa observait toujours le même rituel le soir : il fermait les lourdes doubles fenêtres, tirait les épais rideaux vert bronze et répétait les mêmes paroles après le dîner – lequel à cette époque se résumait pour ainsi dire à un bol de soupe fumant et insipide.

« Il n'y a rien à faire. Tout est terminé. Il faut qu'on parte. »

Maman se mettait à crier et sa voix se brisait tandis qu'elle l'accablait de reproches. Elle arpentait tout l'appartement – sa minuscule forteresse au cœur d'une ville en plein naufrage et le seul espace qu'elle ait connu depuis plus de quatre mois – jusqu'à ce qu'elle n'en puisse plus de fatigue. Elle enlaçait alors papa, et ses gémissements s'interrompaient enfin.

Je patienterais deux heures environ. Ils n'opposeraient aucune résistance. Je savais que papa avait déjà baissé les bras et qu'il était prêt à s'en aller. Ce serait plus difficile avec maman, mais elle prenait tant de somnifères qu'elle s'endormirait vite au milieu des effluves de ses essences de jasmin et de géranium. Bien qu'elle ait peu à peu augmenté sa dose de cachets, elle se réveillait encore la nuit en pleurant. À chaque fois, je me précipitais pour voir ce qui se passait, mais sa porte entrouverte me permettait tout juste de la distinguer dans les bras de mon père, aussi inconsolable qu'une petite fille qui aurait fait un horrible cauchemar. À cette différence près que son cauchemar à elle était d'être éveillée.

Plus personne n'entendait mes propres pleurs. Plus personne ne s'en souciait. Papa me disait que j'étais forte. Que je survivrais quoi qu'il advienne. Contrairement à maman. La douleur la rongeait intérieurement et elle était comme une enfant dans une maison où la lumière du jour n'avait plus droit de cité. Cela faisait quatre mois qu'elle sanglotait tous les soirs – depuis ce jour où les rues de la ville s'étaient couvertes de verre brisé et emplies d'une odeur pestilentielle de poudre, de métal et de fumée, destinée à durer. C'était à ce moment-là que mes parents avaient commencé à planifier notre fuite. Ils avaient décidé qu'on abandonnerait l'appartement dans lequel j'étais née et m'avaient interdit d'aller à l'école, où plus personne ne m'aimait. Après ça, papa m'avait offert mon second appareil photo.

— Pour que tu puisses sortir du labyrinthe grâce aux photos que tu prendras sur ton chemin, comme Ariane avec son fil, avait-il murmuré ce jour-là.

J'osais croire qu'il serait préférable pour moi de me débarrasser d'eux.

J'ai pensé à dissoudre de l'aspirine dans la nourriture de papa et à voler les somnifères de maman – elle ne tiendrait pas une semaine sans eux. Mais je m'interrogeais. Quelle quantité d'aspirine faudrait-il pour provoquer chez mon père un ulcère fatal, une hémorragie interne ? Et combien de temps ma mère survivrait-elle sans dormir ? Tout acte sanglant était exclu parce que je ne supportais pas la vue du sang. Le mieux serait qu'ils meurent tous les deux par asphyxie, étouffés avec un gros oreiller en plume. Maman avait toujours été très claire là-dessus : elle rêvait que la mort la cueille par surprise dans son sommeil. « Je déteste les adieux », disait-elle en me dévisageant – et si je ne l'écoutais pas, elle m'attrapait par le bras et le serrait avec le peu de force qu'il lui restait.

Une nuit, je me suis réveillée en sursaut, persuadée que mon crime avait déjà été commis. Je voyais les corps inertes de mes parents, mais sans verser la moindre larme. Je me sentais libre. Personne désormais ne pourrait m'obliger à déménager dans un quartier sordide, à abandonner mes livres, mes appareils photo et mes tirages, et à vivre dans la terreur d'être empoisonnée par mes propres parents.

J'ai été prise de tremblements.

— Papa ! ai-je crié.

Mais personne n'est venu à ma rescousse.

— Maman !

Impossible de faire marche arrière. Qu'étais-je devenue ? Comment avais-je pu tomber si bas ? Qu'allais-je faire de leurs corps ? Combien de temps mettraient-ils à se décomposer ?

Tout le monde penserait à un suicide. C'était sûr et certain. Mes parents souffraient en permanence depuis quatre mois déjà. Les autres me considéreraient comme une orpheline ; moi, comme une meurtrière. Mon crime existait dans le dictionnaire – j'avais vérifié. Quel mot horrible. Rien que le prononcer me collait des frissons. *Parricide*. J'ai tenté en vain de le répéter. J'étais une meurtrière.

Il était si facile de nommer mon méfait, ma culpabilité, mon angoisse. Mais qu'en était-il de mes parents, qui projetaient de se débarrasser de moi ? Comment qualifiait-on une personne capable de tuer son enfant ? Était-ce un crime si terrible qu'il n'y avait même pas de mot pour ça dans le dictionnaire ? Si oui, cela voulait dire qu'ils s'en sortiraient peut-être impunément, alors que, moi, j'allais devoir porter le poids de leur mort et un qualificatif répugnant. On pouvait tuer ses parents, ses frères et sœurs, mais pas ses enfants.

J'ai rôdé dans les pièces de plus en plus petites et sombres, me semblait-il, de cet appartement appelé à ne bientôt plus être le nôtre. J'ai levé la tête vers le plafond inatteignable, longé les couloirs décorés d'images d'une famille en voie de disparition. La lampe coiffée d'un abat-jour blanc dans la bibliothèque de papa éclairait faiblement le couloir où je me tenais, désorientée, pétrifiée. Dans ce rai de lumière, mes mains pâles ont pris une teinte dorée.

Puis j'ai rouvert les yeux. J'étais dans ma chambre, entourée de livres souvent lus et relus et de poupées avec lesquelles j'avais toujours refusé – et refuserais toujours – de jouer. J'ai soudain senti qu'il ne s'écoulerait pas longtemps avant qu'on monte à bord d'un énorme paquebot et qu'on fuie ce pays où nous n'avions jamais eu notre place, sans même connaître notre destination finale.

Finalement, je n'ai pas tué mes parents. Je n'en ai pas eu besoin. Et eux seuls ont été coupables puisqu'ils m'ont forcée à me jeter avec eux au fond de l'abîme.

L'odeur chez nous était devenue insupportable. Je ne comprenais pas comment maman pouvait vivre entre ces murs tapissés de soie vert mousse qui absorbaient le peu de lumière dispensée par le ciel à cette période de l'année. Cette odeur, c'était celle de l'enfermement.

Le temps qu'il nous restait à vivre se réduisait. Je le savais. Je l'éprouvais au fond de moi. Nous ne passerions pas l'été ici, à Berlin. Maman avait disposé des boules de naphtaline dans les placards pour préserver son monde, et leur parfum piquant emplissait l'appartement. Je ne voyais vraiment pas ce qu'elle essayait de protéger dans la mesure où, quoi que nous fassions, nous allions tout perdre.

— Tu sens comme les vieilles dames de la Große Hamburger Straße, a dit Leo pour se moquer de moi.

Leo était mon unique ami. La seule personne qui me regardait droit dans les yeux sans avoir envie de me cracher dessus.

Le printemps à Berlin avait beau être froid et pluvieux, papa sortait souvent sans son manteau. Où qu'il aille, ces temps derniers, il n'attendait pas l'ascenseur mais prenait l'escalier, dont les marches grinçaient sous son poids. Moi, en revanche, je n'avais pas le droit de l'emprunter. Ce n'était pas pour aller plus vite qu'il descendait à pied, mais parce qu'il ne voulait croiser aucun des autres habitants de l'immeuble. Les cinq familles qui occupaient les étages en dessous du nôtre espéraient toutes qu'on s'en aille. Nos amis d'autrefois ne se montraient plus du tout amicaux. Ceux qui, habituellement, remerciaient papa et celles qui essayaient de s'attirer les faveurs de maman et de ses intimes – par exemple en louant son bon goût ou en réclamant ses conseils sur la manière d'assortir un sac à main de couleur vive à leurs chaussures à la mode – nous prenaient désormais de haut et pouvaient nous dénoncer à tout instant.

Maman, elle, ne quittait plus l'appartement. Tous les matins, sitôt levée, elle mettait ses boucles d'oreilles en rubis et ramenait en arrière ses beaux cheveux, que ses amies lui enviaient à chacune de ses apparitions dans le salon de thé de l'hôtel Adlon. Papa l'appelait la Déesse, parce qu'elle était fascinée par le cinéma – son seul contact avec le monde extérieur. Jamais elle n'aurait raté la première au Palast d'un film dans lequel jouait la vraie grande déesse du moment, à savoir Greta Garbo, dite « la Divine ».

« Elle est plus allemande que n'importe qui », insistait maman chaque fois qu'elle l'évoquait.

L'actrice était en réalité suédoise, mais à l'époque du cinéma muet personne ne se souciait de savoir où elle était née.

C'est nous qui l'avons découverte. Nous avons toujours su qu'elle serait vénérée et nous l'avons appréciée avant tout le monde. Voilà pourquoi Hollywood l'a remarquée. Et dans son premier film parlant, elle a déclaré dans un allemand parfait : « Whisky, *aber nicht zu knapp* ! »

Parfois, maman rentrait du cinéma avec les yeux mouillés de larmes.

« J'adore les fins tristes dans les films », expliquait-elle. Les comédies ne sont pas faites pour moi.

Elle se pâmait dans les bras de papa, une main portée à son front et l'autre tenant la traîne en soie d'une robe longue.

« "Armand, Armand..." », répétait-elle d'un ton languissant et teinté d'un fort accent, comme la Divine.

Et papa lui répondait en l'appelant « ma Camille ».

« "Espère, mon ami, et sois bien certain d'une chose, c'est que, quoi qu'il arrive, ta Marguerite te restera" », déclamait-elle en français avant d'éclater d'un rire hystérique. Dumas sonne affreusement en allemand, n'est-ce pas ?

Mais, à présent, elle n'allait plus nulle part.

« Trop de vitrines brisées », c'était son excuse depuis le terrible pogrom du mois de novembre précédent, au cours duquel papa avait perdu son emploi.

Arrêté dans son bureau de l'université, il avait été conduit au poste de police de la Grolmanstraβe et interdit de toute communication avec ses proches, pour un délit qui nous a toujours échappé. Durant cette détention, il avait partagé une cellule aveugle avec le père de Leo, Herr Martin, et tous deux avaient pris l'habitude de se voir quotidiennement depuis leur libération – ce qui inquiétait maman, comme s'ils planifiaient une fuite à laquelle elle n'était pas encore préparée. C'était la peur qui l'empêchait de quitter sa forteresse. Plongée dans un état d'agitation permanente, elle avait même cessé de fréquenter l'élégant salon de l'hôtel Kaiserhof, situé à quelques rues de chez nous, car il était à présent rempli de gens qui nous détestaient – ceux-là mêmes qui se considéraient purs, et que Leo appelait les Ogres.

Autrefois, elle se vantait de vivre à Berlin, et ses séjours au Ritz lors de ses virées shopping à Paris ou à l'Impérial quand elle accompagnait papa à une conférence ou un concert à Vienne lui inspiraient toujours des comparaisons avec la capitale allemande :

« Mais nous, à Berlin, nous avons l'Adlon, notre grand hôtel sur l'avenue Unter den Linden. La Divine en personne l'a fréquenté et immortalisé à l'écran. »

Désormais, elle regardait dehors par la fenêtre en essayant de trouver une raison à tout ce qui se passait autour de nous. Qu'étaient devenues ses belles années ? À quel châtiment avait-elle été condamnée, et pourquoi ? Elle avait l'impression de payer pour les crimes des autres – ses parents, ses grands-parents et jusqu'au dernier de ses ancêtres à travers les siècles.

— Je suis allemande, Hannah. Je suis une Strauss. Alma Strauss. Ça ne suffit donc pas ? m'a-t-elle demandé un jour en allemand.

Elle a ensuite répété ces mots en espagnol, puis en anglais, et, pour finir, en français. Comme si quelqu'un l'avait écoutée. Comme si elle avait voulu se faire bien comprendre dans chacune des quatre langues qu'elle parlait couramment.

Ce jour-là, j'avais accepté d'aller prendre des photos dehors avec Leo. On se rejoignait tous les après-midi au café de Frau Falkenhorst, près du Hackescher Markt. Dès qu'elle nous apercevait, la propriétaire des lieux nous souriait et nous appelait « les bandits » – pour notre plus grand plaisir. Si l'un de nous était en retard, le premier arrivé devait lui commander un chocolat chaud. Parfois aussi, on se donnait rendez-vous au café situé à la sortie de la station Alexanderplatz, celui aux étagères remplies de bonbons enveloppés dans du papier argenté. Lorsqu'il avait besoin de me voir de toute urgence, en revanche, Leo m'attendait au niveau du kiosque à journaux, près de chez moi. Nous évitions ainsi de croiser mes voisins, qui nous fuyaient toujours alors même qu'ils étaient aussi nos locataires.

Afin de ne pas désobéir aux adultes, j'ai délaissé l'escalier recouvert d'un tapis de plus en plus poussiéreux et j'ai pris l'ascenseur. Il s'est arrêté au troisième étage.

— Bonjour, Frau Hofmeister, ai-je dit en découvrant l'une de nos voisines sur le palier.

J'ai aussi souri à sa fille Gretel, avec qui je jouais autrefois. Je savais qu'elle était triste parce qu'elle venait de perdre son joli chiot blanc, et j'en étais désolée pour elle.

Nous avions le même âge, mais j'étais beaucoup plus grande qu'elle. Elle a baissé les yeux.

— Prenons l'escalier, a eu le culot de déclarer sa mère. Quand vont-ils partir ? Ils nous mettent tous dans une situation si difficile...

À croire que je ne l'entendais pas. Que c'était seulement mon ombre, là, dans la cabine de l'ascenseur. Que je n'existais pas. C'était ce qu'elle souhaitait, du reste : que je n'existe pas.

Les Ditmar, les Hartmann, les Brauer et les Schultz vivaient dans notre immeuble. Nous étions les propriétaires des appartements qu'ils louaient – le bâtiment appartenait déjà à la famille de maman avant sa naissance. C'étaient eux qui auraient dû partir. Ils n'étaient pas d'ici. Nous étions plus allemands qu'eux.

La porte de l'ascenseur s'est refermée. Il a repris sa descente, mais j'apercevais encore les pieds de Gretel quand j'ai saisi ces mots :

— Sale vermine.

Avais-je bien entendu ? Qu'avions-nous fait pour que je doive supporter ça ? Quels crimes avions-nous commis ? Je n'étais pas sale et je ne voulais pas que les gens pensent à moi comme à de la vermine. En émergeant de l'ascenseur, je me suis cachée sous l'escalier pour ne pas avoir à les croiser de nouveau. Lorsqu'elle est sortie de l'immeuble, Gretel baissait toujours la tête. Elle s'est retournée en me cherchant des yeux, peut-être pour s'excuser, mais sa mère l'a poussée en avant.

— Qu'est-ce que tu regardes ? a-t-elle crié.

J'ai remonté bruyamment l'escalier, en larmes. Oui, je pleurais de rage et d'impuissance parce que je ne pouvais pas dire à cette femme qu'elle était plus sale que moi. Si on la gênait, elle pouvait s'en aller. C'était notre immeuble. J'avais envie de cogner les murs, de briser le précieux appareil photo que mon père m'avait offert. Quand je suis rentrée chez nous, maman n'a bien sûr pas pu deviner ce qui me mettait dans un tel état.

— Hannah ! Hannah !

Mais j'ai préféré l'ignorer.

Je me suis réfugiée dans la salle de bains glaciale, dont j'ai claqué la porte avant d'ouvrir le robinet de la douche. Je pleurais encore – ou, plutôt, je voulais arrêter de pleurer, sans toutefois y arriver. Toujours habillée et en chaussures, j'ai grimpé dans la baignoire d'un blanc immaculé. Maman a fini par cesser de m'appeler, et je n'ai plus entendu que le bruit de l'eau brûlante qui se déversait sur moi. Elle a coulé dans mes yeux jusqu'à ce qu'ils me piquent, et aussi dans mes oreilles, mon nez, ma bouche.

J'ai ôté mes vêtements et mes chaussures, qui s'étaient alourdis sous le poids de l'eau et de ma saleté. Je me suis savonnée, j'ai déversé sur moi les sels de bain de maman, qui pourtant m'irritaient, et je me suis frottée avec un gant de toilette blanc pour me débarrasser de toute impureté. J'avais la peau rouge, aussi rouge que si elle allait peler, et, malgré ça, j'ai refait couler de l'eau encore plus chaude, jusqu'à ce que je ne puisse plus le supporter. Lorsque, enfin, je suis sortie de la baignoire, ç'a été pour m'effondrer sur le carrelage noir et blanc.

Heureusement, je n'avais plus aucune larme à verser. Je me suis séchée en frictionnant de toutes mes forces cette peau dont je ne voulais pas et qui, à la grâce de Dieu, se détacherait bientôt de moi après le traitement que je lui avais infligé. Je me suis ensuite examinée dans le miroir embué : mon visage, mes mains, mes pieds, mes oreilles – mon corps tout entier –, pour vérifier que je n'avais rien négligé. J'aurais bien aimé qu'on me dise qui, de Frau Hofmeister ou de moi, était la plus sale à présent.

Après ça, je me suis recroquevillée dans un coin, tremblante, frissonnante, avec l'impression de n'être plus qu'un bout de viande sur des os. C'était ma seule cachette. Au fond de moi, je savais que je pouvais bien me laver, m'ébouillanter, me couper les cheveux, m'arracher les yeux, devenir sourde, empiler les couches de vêtements, m'exprimer différemment ou prendre un autre nom, les autres me considéreraient toujours comme impure.

J'aurais peut-être été bien inspirée d'aller frapper à la porte de l'honorable Frau Hofmeister pour lui demander de s'assurer que ma peau ne présentait pas la moindre petite souillure. Je lui aurais ainsi prouvé qu'elle n'avait pas besoin de tenir Gretel à l'écart et que je n'avais pas de mauvaise influence sur sa fille, qui était aussi blonde, parfaite et immaculée que moi.

De retour dans ma chambre, j'ai enfilé une tenue blanche et rose – les couleurs les plus pures que j'ai pu trouver dans mon armoire. Puis je suis allée voir maman et je l'ai serrée dans mes bras. J'étais sûre qu'elle me comprenait, même si elle avait choisi de rester à la maison afin de ne plus avoir à affronter personne. Elle avait fait de sa chambre une forteresse protégée par les épaisses colonnes de l'appartement, lui-même protégé par les gros murs de pierre et les doubles fenêtres de l'immeuble.

Il fallait que je me dépêche. Leo devait déjà m'attendre et arpenter la station Alexanderplatz dans tous les sens en s'écartant devant les gens qui couraient prendre leur train.

Je savais que lui au moins me voyait comme quelqu'un de propre.

Anna

New York, 2014

Le jour où papa a disparu, maman était enceinte de moi. Enceinte de tout juste trois mois. Elle aurait pu se débarrasser du bébé, mais elle ne l'a pas fait. Elle a continué à espérer le retour de papa, même après avoir reçu son certificat de décès.

« Donnez-moi une preuve, une trace de son ADN, et on en reparlera », a-t-elle constamment répété aux autorités.

Peut-être parce qu'il demeurait un étranger pour elle à certains égards – c'était un homme de peu de mots, mystérieux et solitaire –, elle pensait qu'il pouvait réapparaître à tout instant.

Papa est parti sans se douter que j'allais naître.

« S'il l'avait su, il serait encore ici avec nous. »

D'aussi loin que je me souvienne, c'est ce que maman n'a jamais cessé de me dire chaque année au mois de septembre.

Le jour où mon père n'est pas rentré à la maison, elle avait prévu de dîner avec lui dans notre grande salle à manger, près de la fenêtre d'où l'on voit les arbres du Morningside Park éclairés par les réverbères en bronze. Elle comptait lui annoncer la nouvelle. Ce soir-là, refusant d'envisager qu'il puisse ne pas rentrer, elle avait dressé la table. Mais elle n'avait pas eu l'occasion d'ouvrir la bouteille de vin rouge. Les assiettes étaient restées sur la nappe blanche des jours durant. La nourriture avait fini à la poubelle. Et elle-même était allée se coucher sans manger, sans pleurer, sans fermer les yeux.

Elle me racontait tout cela en baissant la tête. Si cela n'avait tenu qu'à elle, les assiettes et la bouteille seraient toujours sur la table – et, qui sait, peut-être aussi la nourriture desséchée et en décomposition.

« Il reviendra », martelait-elle.

Ils avaient parlé de fonder une famille. Ils voyaient cela comme une possibilité un peu vague, un projet à long terme, un rêve auquel ils n'avaient pas renoncé. Seule certitude pour eux : à supposer qu'ils aient effectivement des enfants, le garçon devrait s'appeler Max et la fille, Anna. C'était tout ce que papa avait exigé.

« À cause d'une dette que j'ai envers ma famille », disait-il.

Maman et lui étaient alors en couple depuis cinq ans, mais elle n'avait jamais réussi à lui faire évoquer ses années à Cuba ni sa famille. « Ils sont tous morts » était sa seule réponse.

Même après tant d'années, cela la contrariait encore.

« Ton père est une énigme, mais c'est l'énigme que j'ai le plus aimée de toute ma vie. »

Essayer de la résoudre avait été sa manière à elle de se libérer de son fardeau – et trouver la réponse, sa punition.

Je conservais le petit appareil photo numérique argenté de papa. J'avais passé des heures au début à faire défiler les images enregistrées dans la carte mémoire. Il n'y en avait pas une seule de maman. À quoi bon, puisqu'elle le suivait partout ? Toutes les photos avaient été prises depuis l'étroit balcon du salon. Des photos du soleil levant. Des photos de jours pluvieux, ensoleillés, sombres ou brumeux. De jours orange, de jours bleu-violet. De jours blancs aussi, quand la neige recouvrait tout. Et sans cesse le soleil. L'aube et la ligne d'horizon qui disparaissait derrière un patchwork de bâtiments dans un Harlem silencieux. Des cheminées crachant une fumée blanche. L'East River entre deux îles. Encore et toujours le soleil, vu de notre porte-fenêtre – doré, majestueux, tantôt chaud, tantôt froid.

Maman dit que la vie est un puzzle. Elle se réveille en essayant de trouver la bonne pièce, en testant toutes les combinaisons possibles pour créer des paysages lointains qui n'appartiennent qu'à elle. Moi, je m'emploie à les défaire afin de découvrir d'où je viens. Je crée mes propres puzzles à partir des photos de mon père que j'ai imprimées à la maison.

Quand j'ai découvert ce qui lui était vraiment arrivé et quand maman a compris que j'étais capable de me débrouiller seule, elle s'est terrée chez nous et je suis devenue son aide-soignante. Elle a transformé sa chambre en refuge, gardant toujours fermée la fenêtre qui donne sur la cour intérieure de l'immeuble. Dans mes rêves, elle s'endormait rapidement, anesthésiée par les cachets qu'elle prenait avant d'aller se coucher, noyée dans ses draps gris et ses oreillers. Ces cachets la soulageaient et l'assommaient complètement, disait-elle. Parfois, je récitais une prière – si silencieuse que moi-même je ne l'entendais pas et ne m'en souvenais pas – pour qu'elle reste endormie et que sa douleur disparaisse à jamais. Je ne supportais pas de la voir souffrir.

Tous les jours, avant de partir à l'école, je lui apporte une tasse de café noir sans sucre. Le soir, elle dîne à table avec moi comme un fantôme pendant que j'invente des histoires sur mes cours. Elle m'écoute, porte une cuillère à sa bouche et me sourit afin de me montrer combien elle m'est reconnaissante d'être toujours là avec elle et d'avoir fait cette soupe qu'elle avale par devoir.

Je sais qu'elle pourrait disparaître à tout instant. Où irais-je alors ?

Tous les après-midi, après que le bus de l'école m'a déposée devant notre immeuble, je relève le courrier. Puis je prépare le dîner, je termine mes devoirs et je vérifie s'il y a des factures à payer – auquel cas je les transmets à maman.

Aujourd'hui nous avons reçu une grande enveloppe à rayures jaunes, blanches et rouges portant cet avertissement en lettres capitales : « NE PAS PLIER ». L'expéditeur se trouve au Canada et le pli est adressé à maman. Je le laisse sur la table de la salle à manger et vais m'allonger sur mon lit avec le livre qu'on m'a demandé de lire à l'école. Quelques heures s'écoulent avant que je me rappelle la lettre du Canada.

Je vais frapper à la porte de maman. À cette heure-ci ? doit-elle penser. Elle fait semblant de ne pas entendre et le silence se prolonge. Je frappe encore.

Les nuits sont sacrées pour elle : elle tente de s'endormir en se remémorant les choses qu'elle ne peut plus faire et en songeant à la vie qu'elle aurait peut-être menée si elle avait su déjouer le destin, ou simplement l'effacer.

— Il y avait une grosse enveloppe au courrier aujourd'hui, dis-je. Je crois qu'on devrait regarder ça ensemble.

Toujours pas de réponse.

J'ouvre doucement la porte pour ne pas la déranger. Toutes les lampes sont éteintes. Maman somnole dans son lit, et son corps perdu au milieu semble léger comme une plume. Je vérifie qu'elle respire encore, qu'elle vit encore.

— Ça ne peut pas attendre demain ? murmure-t-elle.

Je ne bouge pas.

Elle ferme les yeux, les rouvre et se tourne vers moi. La lumière du couloir derrière moi l'éblouit au début tant elle s'est habituée à vivre dans le noir.

— Ça vient de qui ? demande-t-elle.

Je n'en sais rien, mais j'insiste pour qu'elle me suive. Ça lui fera du bien de bouger un peu.

Je réussis enfin à la convaincre. Elle se lève en vacillant, ramène en arrière ses cheveux bruns et raides qui n'ont pas été coupés depuis des mois et s'appuie sur mon bras pour assurer son équilibre. Nous avançons ainsi vers la table de la salle à manger afin de découvrir ce qu'on nous a envoyé. Peut-être s'agit-il d'un cadeau d'anniversaire pour moi. Peut-être quelqu'un s'est-il souvenu que j'allais avoir douze ans, que j'avais grandi, que j'existais.

Maman s'assoit lentement, l'air de dire : Pourquoi m'as-tu obligée à sortir de mon lit et à bouleverser mes habitudes ?

Cependant, à peine aperçoit-elle le nom de l'expéditeur qu'elle s'empare de l'enveloppe et la presse contre sa poitrine.

— C'est la famille de ton père, déclare-t-elle d'un ton solennel, les yeux écarquillés.

Quoi ? Mais papa n'avait pas de famille ! Il est né seul et il est mort de la même façon, sans personne à ses côtés. Je sais qu'il a perdu ses parents dans un accident d'avion à l'âge de neuf ans. Comme l'a dit un jour maman, il était voué à la tragédie.

Devenu orphelin, il a été élevé par Hannah, une vieille tante probablement morte aujourd'hui. Nous ignorons complètement s'il est resté en contact avec elle, que ce soit par téléphone, par courrier ou par mail, mais elle était sa seule famille, et j'ai été prénommée Anna en son honneur.

Bien que posté au Canada, le pli vient en réalité de La Havane, la capitale de l'île des Caraïbes dont papa est originaire. Nous trouvons à l'intérieur une seconde enveloppe. « Pour Anna, de la part d'Hannah », a écrit quelqu'un d'une main tremblante. Ce n'est pas un cadeau, à mon avis. Plutôt des documents ou je ne sais quoi, en tout cas rien qui ait un rapport avec mon anniversaire. Peut-être que la dernière personne à avoir vu papa vivant s'est enfin décidée à nous envoyer ses affaires. Douze ans plus tard.

Je suis si nerveuse que je ne tiens pas en place. Je me lève, me rassois, me relève, marche jusqu'à l'angle de la pièce, reviens près de la table. Je joue à tordre et retordre une mèche de mes cheveux jusqu'à ce qu'ils soient tout emmêlés. J'ai l'impression que papa est de retour auprès de nous. Maman ouvre la seconde enveloppe, qui ne renferme que de vieilles planches-contacts et beaucoup de négatifs, ainsi qu'un magazine – en allemand ? – datant de mars 1939. L'image de couverture représente une petite fille blonde souriante, vue de profil.

— « La Jeune Fille allemande », dit maman en traduisant le titre du magazine, avant d'ajouter d'un ton mystérieux : Elle te ressemble.

Devant ces négatifs, je pense que j'ai de quoi entamer un tout nouveau puzzle. Je vais m'amuser avec ces images venues de l'île où papa est né. La découverte m'enthousiasme, même si j'espérais plutôt recevoir la montre de mon père – une montre toujours en état de marche, héritée de son grand-père Max –, ou son alliance en or blanc, ou encore ses lunettes sans monture. Je connais l'existence de ces objets grâce à la photo qui m'accompagne en permanence et qui repose à côté de moi tous les soirs sous l'oreiller qu'il utilisait autrefois.

Cette enveloppe n'a rien à voir avec papa. Pas avec sa mort, en tout cas.

Nous ne reconnaissons personne sur les planches-contacts, mais il est difficile de distinguer les gens sur ces petites images floues qui paraissent rescapées d'un naufrage. Papa pourrait figurer parmi eux. Non, c'est impossible.

— Ces photos ont au moins soixante-dix ans, déclare maman. Même ton grand-père ne devait pas être né à l'époque.

— Il faut qu'on les fasse tirer demain.

Je cache mon excitation pour éviter de la contrarier pendant qu'elle continue à étudier ces mystérieux clichés et ces visages d'antan.

— Anna, dit-elle d'un ton si sérieux que cela me surprend. Ces photos ont été prises avant la guerre.

Je suis encore plus perplexe. De quelle guerre parle-t-elle ?

Au milieu des négatifs, nous tombons sur une vieille carte postale aux couleurs délavées. Maman la saisit avec le plus grand soin, comme si elle craignait qu'elle ne se désintègre.

D'un côté, un bateau. De l'autre, un message.

Mon cœur s'affole. Ce doit être un indice. Mais la carte étant datée du 23 mai 1939, je ne vois pas comment elle pourrait avoir un rapport avec la disparition de papa. Maman la tient à la manière d'un archéologue qui aimerait avoir des gants en soie à enfiler afin de ne pas l'abîmer. Pour la première fois depuis très longtemps, elle a l'air de revenir à la vie.

— L'heure est venue de découvrir qui est papa, dis-je en utilisant le présent, tout comme elle chaque fois qu'elle l'évoque.

Je suis sûre que mon père ne reviendra pas, que je l'ai perdu pour toujours par une journée ensoleillée de septembre, mais je veux en savoir plus à son sujet. Je n'ai personne à part ma mère, qui vit enfermée dans une chambre obscure, assaillie par des pensées lugubres qu'elle refuse de partager avec qui que ce soit. Je comprends qu'on ne puisse pas toujours trouver de réponse à nos questions et qu'il faille l'accepter, mais pourquoi n'a-t-elle pas appris à mieux le connaître lorsqu'ils se sont mariés ? Pourquoi n'a-t-elle pas essayé ? Aujourd'hui, il est trop tard.

Mais telle est ma mère.

Nous avons maintenant un projet. Enfin, moi, j'en ai un. À mon avis, nous sommes sur le point de mettre au jour un indice important. Maman retourne dans sa chambre, mais je me sens prête cette fois à l'arracher à sa passivité. Je m'accroche à ce courrier envoyé par une parente éloignée que j'ai désespérément envie de rencontrer. Dans ma chambre ce soir-là, j'appuie la petite carte postale contre ma lampe de chevet et baisse la lumière. Puis je me couche, remonte les couvertures sur moi et contemple cette image jusqu'à ce que je m'endorme.

La carte montre un paquebot portant la mention « *Saint-Louis*, Hamburg-Amerika Linie », ainsi qu'un message en allemand : *« Alles Gute zum Geburtstag Hannah. »* Signé : « *Der Kapitän* ».

Hannah

Berlin, 1939

En tirant vers moi l'énorme porte en bois, j'ai par mégarde donné un coup avec le heurtoir en bronze, et le bruit s'est réverbéré dans notre immeuble silencieux, où je ne me sentais plus du tout en sécurité. Je me suis préparée au vacarme de la Französische Straße, tout envahie de drapeaux rouge, noir et blanc et de gens qui avançaient en se bousculant sans prendre la peine de s'excuser. Tout le monde donnait l'impression de fuir quelque chose.

J'ai atteint les Hackesche Höfe. Cinq ans plus tôt, l'un des immeubles délimitant cet ensemble de cours fermées appartenait encore à Herr Michael, un ami de papa, mais les Ogres l'avaient exproprié et obligé à quitter la ville. C'était là que Leo m'attendait tous les midis, à l'entrée du café de Frau Falkenhorst – et il était bien fidèle au rendez-vous, le regard espiègle, prêt à se plaindre de mon retard.

J'ai sorti mon appareil pour le photographier. Il a pris la pose, hilare, jusqu'à ce que la porte du café s'ouvre et qu'un homme au teint rougeaud en sorte, charriant avec lui un souffle d'air chaud et une odeur de bière et de tabac. Je me suis rapprochée de Leo. Son haleine sentait le chocolat chaud.

— Il faut qu'on parte, Hannah.

J'ai souri et acquiescé.

— Je veux dire, il faut qu'on quitte cette ville.

Cette fois, j'ai compris : aucun de nous ne voulait continuer à vivre avec tous ces drapeaux, ces soldats, ces bousculades dans la rue. J'irai où tu veux avec toi, ai-je pensé tandis que nous détalions.

Nous courions à contresens du vent, des drapeaux et des voitures, et je m'efforçais de suivre Leo tandis qu'il se faufilait habilement à travers cette foule de gens qui se considéraient comme purs et invincibles. Quand j'étais avec lui, il y avait des moments où je n'entendais plus le bruit des haut-parleurs, ni les cris et les chants des hommes marchant au pas. Il me semblait impossible d'être plus heureuse, même si je savais que cela ne durerait pas.

Nous avons laissé derrière nous le château de la ville et la cathédrale pour emprunter un des ponts sur la Spree. Appuyés au parapet, nous avons contemplé le cours d'eau, aussi sombre que les façades des bâtiments qui le bordaient. Mes pensées ont commencé à dériver au rythme du courant. J'aurais presque pu me jeter dans la rivière, la laisser m'emporter – et devenir ainsi encore plus impure. Mais ce jour-là, j'en suis sûre, j'étais propre. Personne n'oserait me cracher à la figure. J'étais exactement comme les autres, du moins en apparence.

En photo, la Spree avait souvent un éclat argenté, avec un pont qui se profilait au loin telle une ombre. Je me tenais au milieu du nôtre, au-dessus de la petite arche, quand Leo m'a appelée, d'un ton exaspéré.

— Hannah !

Pourquoi fallait-il qu'il m'arrache à mes rêveries ? Rien ne comptait plus pour moi à cet instant que de pouvoir me couper de la réalité, ignorer tout ce qui m'entourait et imaginer que nous n'avions à aller nulle part.

— Il y a un homme qui te prend en photo !

Alors seulement, j'ai aperçu un grand type maigrelet, quoique doté d'une bedaine naissante, occupé à faire la mise au point sur moi avec un Leica. Je me suis déplacée et n'ai cessé de bouger pour lui compliquer la tâche. Ce devait être un Ogre soucieux de signaler notre présence aux autorités, ou un de ces traîtres à la solde du poste de police de l'Iranische Straße.

— Toi aussi, il t'a photographié, Leo. Il n'y avait sûrement pas que moi. Qu'est-ce qu'il veut ? On n'a même plus le droit d'être sur notre pont ?

Maman me répétait qu'il valait mieux ne pas se promener en ville parce que les rues grouillaient d'agents de la force publique. Plus personne n'éprouvait le besoin de mettre un masque pour s'en prendre à nous. C'était nous, les délinquants. Eux représentaient la raison, le devoir, l'application de la loi. Les Ogres nous attaquaient, nous insultaient, et nous étions censés rester silencieux, muets, pendant qu'ils nous frappaient.

Ils avaient découvert notre tache originelle, notre indignité, et ils nous dénonçaient. J'ai souri à l'homme au Leica. Il avait une énorme bouche, et un liquide épais et transparent gouttait de son nez. Il l'a essuyé du revers de la main, avant d'appuyer plusieurs fois sur le bouton de son appareil. *Allez-y, prenez toutes les photos que vous voulez. Envoyez-moi en prison.*

— Arrachons-lui son appareil et balançons-le dans la flotte, a murmuré Leo à mon oreille.

Je ne pouvais pas m'empêcher de dévisager cet homme pathétique qui me reluquait et qui semblait prêt à se jeter à mes pieds pour trouver le meilleur angle de prise de vue. J'avais envie de lui cracher dessus. Son gros nez mouillé me dégoûtait aussi et me rappelait les impurs caricaturés en couverture du *Stürmer*, un magazine très populaire et haineux à notre égard. Oui, il devait faire partie de ceux qui rêvaient d'être acceptés par les Ogres. De sales voyous, disait Leo.

Je me suis mise à trembler. Leo est reparti au pas de course en me traînant derrière lui comme une poupée de chiffon. L'homme nous a fait signe et a tenté de nous rattraper.

— Jeune fille ! a-t-il crié. Ton nom, j'ai besoin de ton nom !

S'imaginait-il vraiment que j'allais m'arrêter et lui donner mon nom, mon prénom, mon âge et mon adresse ?

Nous avons traversé la rue en essayant de nous fondre dans la circulation. Un tramway bondé est passé devant nous, puis nous avons aperçu l'homme, toujours debout sur le pont. Nous avons éclaté de rire, et il a eu le culot de nous crier au revoir !

Nous avons pris ensuite la direction du café Georg Hirsch, sur Schönhauser Allee. C'était notre café préféré à Berlin, celui où nous avions l'habitude de nous goinfrer de sucreries et où nous pouvions rester des après-midi entiers sans craindre d'être insultés. Leo avait faim sans arrêt, quant à moi je salivais déjà en pensant aux *Pfeffernüße*, ces petits pains d'épice poivrés que l'on mange en général à Noël – et tant pis si ce n'était pas Noël. J'avais un faible pour la version saupoudrée de sucre et parfumée à l'anis, Leo pour celle au gingembre. Quand on avait fini de les dévorer et qu'on avait les doigts et le nez tout blancs, on faisait le salut des Ogres – lequel, chez Leo, devenait le signe stop d'un agent de la circulation. Il levait un bras bien haut et tendait l'autre à l'horizontale, comme pour dessiner un L. Quel clown, celui-là, disait maman.

Parvenus à l'angle de la rue où se trouvait le café, nous nous sommes figés. La devanture avait été brisée. J'ai pris des photos sans pouvoir m'arrêter. Leo était triste, cela se voyait. Puis un groupe d'Ogres a surgi au bout de la rue, tous marchant au pas et chantant un hymne à la perfection, à la pureté et à ce pays qui aurait dû n'appartenir qu'à eux. Adieu, *Pfeffernüße* !

— C'est un signe de plus qu'on doit partir, a déclaré tristement Leo avant que l'on s'enfuie de nouveau en courant.

Partir. J'avais compris. Pas seulement quitter ce quartier, ce pont ou l'Alexanderplatz. Il fallait simplement partir.

Il était fort probable que quelqu'un nous attende à la maison pour nous mettre la main au collet. Si ce n'était pas les Ogres, ce serait maman. Nous n'allions pas nous en tirer comme ça.

À la station Börse, nous sommes montés à l'arrière de la rame du S-Bahn et nous nous sommes assis en face de deux femmes qui passaient leur temps à se plaindre du coût de la vie, des pénuries alimentaires, du mal qu'elles avaient désormais à trouver du bon café. Chaque fois qu'elles bougeaient les bras, elles envoyaient vers nous des effluves de sueur, d'essence de rose et de tabac. Celle qui parlait le plus avait sur sa dent de devant une traînée de rouge à lèvres qui ressemblait à une entaille. Je lui ai jeté un coup d'œil et, sans m'en rendre compte tout de suite, j'ai commencé à transpirer. Ce n'est pas du sang, me suis-je dit en fixant son énorme bouche. Gênée, elle a agité une main vers moi pour que j'arrête de la dévisager. J'ai baissé les yeux, mais son odeur âcre a continué à assaillir mes narines. Puis un contrôleur en uniforme bleu s'est avancé vers nous et nous a demandé nos billets.

Des maisons aux façades noircies se sont succédé entre les stations Zoologischer Garten et Savignyplatz. Nous avons aperçu des vitres sales, une femme secouant un tapis taché sur un balcon, des hommes qui fumaient à leurs fenêtres, et partout des drapeaux rouge, blanc et noir. Leo a attiré mon attention sur un bel immeuble près du passage à niveau de la Fasanenstraße. Il était en flammes et de la fumée s'élevait du toit principal. Pourtant, personne d'autre que nous n'a observé ce spectacle. Les gens devaient se sentir coupables. Ils n'avaient aucune envie de voir ce que devenait cette ville. La femme avec la traînée de rouge à lèvres sur la dent a baissé la tête elle aussi. Non seulement elle ne souhaitait pas être témoin de cet incendie, mais elle n'osait pas non plus nous regarder en face.

Nous sommes descendus à l'arrêt suivant et revenus en arrière jusqu'à la Fasanenstraβe. Là, nous avons pris la ruelle qui longeait le côté d'un bâtiment dont la façade de stuc s'effritait sous l'effet de l'humidité et de la crasse. Avant même d'arriver à la hauteur de l'appartement de Herr Braun, nous avons entendu sa radio, montée à plein volume, comme d'habitude.

C'était un vieillard sourd et répugnant. Leo l'appelait l'Ogre – le surnom qu'il donnait à tous les Allemands prétendument purs ainsi qu'aux porteurs de chemises brunes. Nous nous sommes assis sous la fenêtre du capharnaüm qui lui tenait lieu de salle à manger, au milieu des mégots de cigarette et des flaques d'eau. C'était notre cachette favorite. Parfois, l'Ogre nous apercevait et nous insultait en nous décochant « le mot commençant par un J » que Leo et moi refusions de prononcer. Maman le martelait toujours : nous étions d'abord et avant tout des Allemands.

Leo ne comprenait pas pourquoi je photographiais des flaques d'eau, des saletés, des mégots, des murs délabrés, des éclats de verre et des vitrines fracassées, mais je considérais que chacune de ces images valait plus que les Ogres ou leurs bâtiments hérissés de drapeaux, symboles à mes yeux d'un Berlin que je ne voulais pas voir.

Même la fumée qui s'échappait du bâtiment en flammes ne suffisait pas à masquer l'haleine pestilentielle de l'Ogre, mélange d'ail, de tabac, de schnaps et de saucisse de porc rance. Il crachait et se mouchait en permanence, et j'ignorais ce qui me retournait le plus l'estomac : la puanteur de sa maison ou son visage. Mais grâce à sa surdité, nous pouvions nous tenir au courant des dernières nouvelles.

Nous n'avions plus depuis longtemps la permission d'écouter la radio à la maison, d'acheter un journal ou de nous servir du téléphone.

« C'est dangereux, s'était justifié papa. Inutile de chercher les ennuis. »

L'Ogre a changé plusieurs fois de station. L'heure des informations approchait – ou plutôt l'heure des commandements, comme disait Leo –, et le vieux ne cessait de bouger et de faire du bruit. Pour finir, il s'est assis à sa fenêtre. Leo m'a tirée sur le côté juste au moment où il regardait dehors. Nous avons ri sans pouvoir nous arrêter – il faut dire que nous connaissions ses habitudes par cœur.

Leo savait que j'aurais volontiers passé toute la journée ici, que je me sentais protégée avec lui. Quand on était ensemble, je ne pensais plus aux forces déclinantes de ma mère ni à la volonté de mon père de nous faire changer de vie.

Leo était quelqu'un d'impatient. Il ne marchait pas, il courait, toujours pressé, toujours à la poursuite d'un but quelconque, toujours soucieux de me montrer quelque chose à ne surtout pas rater. Il se promenait dans différents quartiers en essayant de comprendre ce qui se tramait dans notre ville en décomposition. De temps à autre, il se mêlait aux Ogres qui défilaient et criaient dans les rues avec leurs drapeaux, mais je n'ai jamais osé me joindre à lui dans ces moments-là. Il me parlait nerveusement, comme s'il pressentait que nous n'avions plus beaucoup de temps devant nous. Nos seuls instants de paix étaient ceux que nous parvenions à voler ici, au milieu des détritus et des crachats, par l'intermédiaire d'un vieux poste de radio.

Leo était un peu plus âgé que moi. De deux mois. Cela suffisait pour qu'il se croie plus mature, et je lui donnais raison parce qu'il était mon seul ami, la seule personne en qui j'avais une totale confiance.

Il espionnait parfois son père, qui complotait avec le mien depuis le jour de leur rencontre au poste de police de la Grolmanstraße – lequel puait l'urine, d'après Leo. Puis il venait m'exposer ses idées terrifiantes, que je préférais ignorer. Nous savions qu'ils manigançaient un truc énorme, un truc qui nous incluait peut-être nous aussi – ou peut-être pas. Je doutais qu'ils aient l'intention de nous abandonner, de nous envoyer seuls dans une école spéciale en dehors de Berlin, voire dans un pays où les gens parlaient une autre langue, comme certains voisins de Leo l'avaient fait avec leurs enfants. Mais ils mijotaient quelque chose. Ça, il en était sûr, et cela m'effrayait.

Ancien comptable, Herr Martin avait perdu tous ses clients. Leo et lui partageaient une chambre dans une pension au nº 40 de la Groβe Hamburger Straβe – un quartier où maman n'aurait jamais osé mettre les pieds –, juste à côté d'un abri accueillant des femmes, des personnes âgées et des enfants dont les autorités ne savaient pas quoi faire.

Frau Martin avait réussi à fuir au Canada et à retrouver son frère, sa belle-sœur, ses neveux et ses nièces, qu'elle n'avait jamais rencontrés auparavant, mais son mari n'avait aucun espoir de la rejoindre avant longtemps. Il cherchait donc d'« autres moyens de s'enfuir », selon l'expression employée par Leo, et mon père s'était associé à son projet. Lui aussi avait envoyé de l'argent au Canada depuis qu'on avait commencé à clôturer nos comptes bancaires à Berlin.

Ça, au moins, je m'en réjouissais. Comme Leo, j'étais prête à accepter toutes les décisions qui nous seraient imposées dès lors qu'elles nous incluaient l'un et l'autre, ainsi que nos familles – et, justement, il était persuadé que mes parents aidaient son père, contraint de vivre sans un sou ni aucune possibilité de travailler, afin qu'eux aussi puissent s'échapper.

Quand Herr Martin partait voir papa le matin, Leo l'accompagnait et, de peur qu'ils n'interrompent leurs discussions, il feignait de ne pas les écouter, de s'occuper de son côté. J'en plaisantais en disant qu'il était devenu l'espion du partenariat Martin-Rosenthal, mais tendre l'oreille et garder l'œil ouvert était une mission qu'il prenait très au sérieux.

Ce qui me chagrinait, en revanche, c'était son refus de me recevoir dans son nouveau chez-lui.

« Ça n'en vaut pas la peine, Hannah. À quoi bon ?

— Ça ne peut pas être pire que cette horrible ruelle dans laquelle on passe tant de temps.

— Frau Dubiecki n'aime pas qu'on ait de la visite. Cette vieille sorcière profite de notre situation. Personne dans l'immeuble ne l'apprécie, mais mon père serait furieux si on lui désobéissait. De toute façon, Hannah, il n'y a même pas de place pour s'asseoir. »

Il a sorti un bout de pain noir de sa poche et enfourné un gros morceau dans sa bouche. Je n'ai pas voulu de celui qu'il m'a proposé – j'avais perdu l'appétit et ne me nourrissais que parce qu'il le fallait –, mais je l'ai bien regardé pendant qu'il mangeait.

Il débordait d'énergie, et cette vigueur transparaissait jusque dans son teint rouge vif et ses yeux marron.

« Le sang coule dans mes veines ! se vantait-il, les joues enflammées. Alors que toi, tu es si pâle que tu en deviens presque transparente. Je vois à l'intérieur de toi, Hannah. »

Cela me faisait rougir.

Il faisait peu de gestes, tant son visage exprimait déjà une foule d'émotions. Je ne pouvais m'empêcher de l'écouter parler avec attention. Il me bombardait de mots. Il me rendait nerveuse, me faisait rire et trembler tout à la fois. Écouter Leo, c'était avoir l'impression que la ville allait exploser d'un instant à l'autre.

Il était maigre et grand. Malgré nos tailles identiques, il donnait l'impression de me dépasser de quelques centimètres grâce à ses épais cheveux ondulés qui semblaient ne jamais avoir été peignés. Dès qu'il s'apprêtait à faire une remarque importante, il se mordait les lèvres si fort qu'on les aurait dites sur le point de saigner. Il avait aussi de grands yeux écarquillés, et les cils les plus noirs et les plus longs que j'aie jamais vus.

« Ils te précèdent partout où tu vas », le taquinais-je.

Je l'enviais beaucoup, en réalité. Les miens étaient si clairs qu'on aurait pu croire que je n'en avais pas, comme maman, et cela m'attristait.

« Tu n'en as pas besoin », répondait-il pour me réconforter. Pas avec tes grands yeux bleus.

La puanteur autour de nous m'a soudain rappelé que nous étions toujours dans cette ruelle sordide. L'Ogre allait et venait chez lui – il sortait rarement, si ce n'est pour faire des courses.

D'après Leo, il avait travaillé autrefois dans la boucherie d'Herr Schemuel, à quelques rues de là, jusqu'au jour où il l'avait dénoncé. Il se sentait tout-puissant depuis que les Ogres, en prenant le pouvoir, l'avaient rendu libre de faire et défaire des existences à sa guise.

Ce terrible soir de novembre dont tout le monde parlait encore, la devanture de la boucherie avait été brisée et Herr Schemuel, obligé de mettre la clé sous la porte. C'était à partir de ce moment-là qu'une odeur pestilentielle s'était répandue dans toute la ville – l'odeur des canalisations éventrées, des eaux usées et de la fumée. Herr Schemuel avait été arrêté, et plus personne n'avait jamais eu de nouvelles de l'homme qui vendait les meilleures pièces de viande du quartier.

L'Ogre se retrouvait donc au chômage aujourd'hui, et j'aurais bien aimé savoir ce qu'il avait obtenu en échange de son forfait.

Berlin était rempli de gens comme lui. Dans chaque quartier, il y avait un milicien qui se chargeait de signaler et de persécuter quiconque ne partageait pas les opinions des Ogres ou appartenait à une famille non conforme à leur idéal. Il fallait faire très attention avec eux – et aussi avec les traîtres parmi nous qui pensaient pouvoir sauver leur peau en nous dénonçant.

— Il vaut mieux rester chez soi, avec les portes et les fenêtres bien fermées, disait Leo.

Mais nous ne tenions jamais en place, lui et moi. Et à quoi cela rimait-il, puisque nos parents s'apprêtaient à nous envoyer on ne savait où ?

De toute façon, les Ogres avaient du mal à déterminer ce que j'étais. Personne ne me faisait jamais de remarque lorsque je m'asseyais sur les bancs du parc qui nous étaient interdits ou que j'entrais dans les wagons du tram réservés à la race pure. Si je l'avais voulu, j'aurais même pu acheter un journal.

Leo disait que je passais totalement inaperçue. Je n'avais pas de marques extérieures visibles, même si je portais en moi ce stigmate transmis par mes quatre grands-parents et si détesté des Ogres. Pareil pour lui. Les Ogres supposaient qu'il était des leurs, malgré son nez et son regard qui, selon lui, le trahissaient. Cela étant, il se moquait bien d'être repéré, parce qu'il n'avait pas son pareil pour s'échapper et qu'il courait plus vite encore que le grand champion olympique américain Jesse Owens.

Ma capacité à me fondre dans la masse, à l'abri des crachats et des coups de pied, était mal acceptée par mes semblables, qui me reprochaient d'avoir honte d'eux. Personne ne m'aimait. Je n'appartenais à aucun camp, mais cela ne me préoccupait pas vraiment. Après tout, j'avais Leo.

On se cachait souvent dans la ruelle sous les fenêtres de l'Ogre pour nous tenir informés des derniers événements. S'il arrivait qu'un après-midi s'écoule sans qu'on ait eu le temps d'y aller, Leo s'inquiétait, craignant d'avoir raté une nouvelle de nature à changer nos destinées.

Le fils du boulanger, celui qui était si fier de son grand nez, nous a interrompus. C'était un ami de Leo, et j'ai baissé la tête. Si Leo voulait jouer avec lui, soit. Je trouverais autre chose à faire.

— Encore avec elle ? a-t-il crié. Sors de ce trou à rats et laisse *La Jeune Fille allemande.*

Chaque fois qu'il m'appelait ainsi, il détachait soigneusement chaque syllabe en grimaçant.

— Laisse-la. Elle s'imagine qu'elle vaut mieux que nous. Suis-moi, il y a une bagarre au bout de la rue et les types sont prêts à s'entretuer. Viens voir !

Leo lui a demandé de baisser la voix et de s'en aller.

— *Liebchen*, *Liebchen*, *Liebchen*, a roucoulé son ami, comme si Leo et moi étions amoureux.

Puis il a disparu.

— Ne l'écoute pas, a dit gentiment Leo pour tenter de me consoler. C'est juste un sale gosse.

J'aurais voulu rentrer chez moi, m'élargir le nez, me friser les cheveux et les teindre en noir. J'en avais assez de ces gens qui se méprenaient sur mon compte. Peut-être que je n'étais pas la fille de mes parents, mais une orpheline, une orpheline véritablement « pure » adoptée par un riche couple impur qui se croyait supérieur parce qu'il possédait de l'argent, des bijoux et des biens immobiliers.

Mais j'ai vite cessé de m'apitoyer sur mon sort en entendant les nouvelles diffusées par la vieille radio de l'Ogre. Nous allions devoir nous soumettre à de nouvelles lois et réglementations. J'ai sursauté à l'énoncé de chacune, tant elles résonnaient comme des rugissements. Cela faisait mal.

Nous avions ordre de dresser la liste de tous nos biens. Un grand nombre d'entre nous seraient contraints de changer de nom et de vendre leurs propriétés, leurs maisons et leurs entreprises au prix qui leur serait imposé.

Nous étions des monstres. Nous volions l'argent des autres. Nous réduisions en esclavage les moins fortunés que nous. Nous détruisions le patrimoine national. Nous avions saigné l'Allemagne. Nous sentions mauvais. Nous vénérions des dieux différents. Nous étions des corbeaux. Nous étions impurs. J'ai regardé Leo, avant de baisser les yeux sur moi.

Je ne voyais pas ce qui nous distinguait tant, lui, Gretel et moi.

Le grand nettoyage avait commencé à Berlin, la ville la plus souillée d'Europe. De puissants jets d'eau étaient sur le point de nous asperger pour nous débarrasser de notre crasse.

On ne nous aimait pas. Personne ne nous aimait.

Leo m'a hissée sur mes pieds et nous sommes partis. J'ai avancé machinalement, en le laissant m'entraîner à sa suite.

L'Ogre est apparu à sa fenêtre, l'air très content de lui et ravi comme tous les autres d'apprendre qu'un grand coup de balai allait être donné, dans la droite ligne de ce que lui-même avait déjà entrepris dans notre quartier. Il était temps ! Le moment était venu pour les Ogres de broyer les indésirables, de les brûler, de les étouffer jusqu'à ce qu'il n'en reste plus un seul de vivant dans les parages pour porter atteinte à leur perfection, à leur pureté.

Et avec la suffisance conférée par le droit – celui de détruire, d'être ce qu'il était, de se sentir supérieur à tout le monde et de se prendre pour Dieu dans son merveilleux bunker entouré de mégots et de saletés –, il a envoyé par terre un gros crachat glaireux et bien sonore.

Anna

New York, 2014

Aujourd'hui, j'ai ouvert les yeux plus tôt que d'habitude. Je n'arrive pas à m'ôter de l'esprit le visage de cette petite fille allemande – normal, elle a les mêmes traits que moi – et je sens que j'ai besoin d'être bien réveillée pour l'oublier.

À côté de la carte postale aux couleurs délavées que j'ai posée sur ma table de nuit, il y a la photo de mon père. C'est ma préférée, celle où il a l'air de me regarder, avec ses cheveux bruns coiffés en arrière, ses grands yeux aux paupières tombantes, ses épais sourcils noirs cachés derrière ses lunettes sans monture et ses lèvres fines sur lesquelles flotte un léger sourire. Papa est le plus bel homme du monde.

Dès que j'éprouve le besoin de me confier sur mon école, de parler de ce qui s'est passé durant la journée ou de partager mes inquiétudes avec quelqu'un, je prends cette photo et je la pose sous la lampe dont l'abat-jour couleur ivoire s'orne de licornes grises qui tournent et tournent au galop jusqu'à ce que la lumière s'éteigne et que je m'endorme.

On prend parfois le thé ensemble, papa et moi. On partage un cookie au chocolat, ou bien je lui lis un passage d'un livre que j'ai emprunté à la bibliothèque pour faire un devoir.

Quand je dois m'entraîner à dire un exposé pour mon cours d'espagnol, je le fais avec lui. Il est le meilleur auditoire qui soit, le plus compréhensif et le plus cool.

Maman m'a confié un jour que, lorsqu'il était petit, son livre préféré était *Robinson Crusoé*, et c'est précisément celui-là qu'elle m'a offert le jour de ma première rentrée des classes.

« Pour que tu puisses vite apprendre à lire. »

J'ai jeté un coup d'œil aux quelques illustrations montrant deux hommes en haillons sur une île déserte, et je me suis demandé pourquoi il n'y avait pas davantage d'images dans ce livre qui comptait beaucoup plus de cent pages. Je ne voyais pas ce que cet amas de feuilles blanches couvertes de caractères noirs et dépourvues de la moindre couleur avait de si intéressant.

Une fois que j'ai su lire, j'ai tenté de les déchiffrer en me répétant chaque mot, chaque syllabe, mais je trouvais toujours ça très dur. Ces phrases compliquées me semblaient si étrangères que je n'arrivais pas à aller au-delà de la première : « Je suis né en 1632, dans la ville d'York, dans une bonne famille mais, qui n'était pas originaire de ce pays. Mon père, en effet, était natif de Brême… »

Aucune allusion à des chiens, des chats, des lunes perdues ou des forêts enchantées. C'était donc un livre d'aventures. Premier mystère résolu.

J'ai entamé la lecture avec papa, une syllabe après l'autre. Tous les soirs, nous venions à bout d'une page. J'ai bataillé au début, mais, très vite, les phrases se sont succédé avec fluidité sans même que je m'en rende compte.

Cette histoire d'un homme échoué sur une île soumise à deux saisons, l'une pluvieuse, l'autre sèche, où il restait coincé avec son ami Vendredi, arraché aux griffes de cannibales, m'emplissait d'espoir – au point que j'ai commencé plus tard à imaginer mes propres aventures.

Papa était peut-être perdu sur une île lointaine, et un jour, à bord de mon majestueux navire, je traverserais les mers et les océans, affrontant de terribles tempêtes et d'énormes vagues jusqu'à le retrouver.

Mais l'heure n'est pas à la lecture aujourd'hui. Il faut que je lui parle de cette enveloppe, cette véritable relique familiale qui nous est arrivée de Cuba. Parce que, s'il y a quelqu'un qui peut nous en dire plus sur ce bateau et ce message écrit en allemand, c'est bien lui. Je persuaderai maman d'aller faire développer les photos. Papa m'aidera à découvrir qui sont ces gens, je le sais. Ses parents figurent probablement parmi eux, voire ses grands-parents – pour autant qu'on puisse en juger, les clichés ont été pris avant la guerre. La Seconde Guerre mondiale, la plus terrible de toutes.

Chaque matin, à mon réveil, j'embrasse sa photo. Après quoi je vais préparer le café de maman. C'est le seul moyen d'être sûre qu'elle se lèvera.

Aujourd'hui, je respire par la bouche pour échapper à l'odeur du café qui me donne la nausée. Mais maman l'aime bien, et cela la réveille. Je me dirige lentement vers sa chambre en tenant la grande tasse par son anse pour éviter de me brûler. On dirait une potion magique qui l'arrachera à sa torpeur. Je frappe deux fois à sa porte. Comme d'habitude, elle ne répond pas. Je pousse doucement le battant, et la lumière du couloir entre dans la pièce en même temps que moi.

Alors je la vois. Elle est toute pâle, immobile, les yeux révulsés, son corps est tordu et son menton pointe vers le plafond. La tasse m'échappe et se brise par terre en éclaboussant de café les murs blancs.

Je me précipite vers la porte d'entrée, bataille un peu pour l'ouvrir, puis monte en courant au quatrième étage prévenir M. Levin. À peine a-t-il ouvert que son chien Tramp me bondit dessus.

— Je ne peux pas jouer avec toi, maman a besoin de moi.

Voyant mon angoisse, M. Levin enroule un bras autour de mes épaules. Je ne peux plus retenir mes larmes.

— Maman ne va pas bien ! dis-je, faute de réussir à prononcer les mots que je redoute le plus.

Je l'ai perdue, elle est partie, elle m'a abandonnée. À compter de maintenant, je ne serai plus seulement orpheline de père, mais aussi de mère. Si ça se trouve, je devrai quitter l'appartement, mes photos, mon école. Qui sait où on m'enverra. Peut-être à Cuba. Oui, je pourrais demander aux assistants sociaux qui viendront me chercher s'ils veulent bien localiser ma famille à Cuba – et surtout Hannah, la seule personne qu'il me reste.

Je dévale l'escalier avec Tramp sur les talons pendant que M. Levin descend par l'ascenseur. Arrivée la première, je l'attends devant la chambre de maman, sans oser regarder à l'intérieur. Mon cœur cogne dans ma poitrine. Il bat si fort que tout mon corps me fait mal. M. Levin entre très calmement, allume la lampe et s'assoit au bord du lit pour prendre le pouls de maman. Puis il se tourne vers moi et me sourit, avant de l'appeler :

— Ida ! Ida ! Ida !

Elle ne bouge toujours pas.

Au bout d'un moment, pourtant, ses bras se détendent et sa tête pivote légèrement vers la gauche, comme pour s'écarter de nous. Ses joues retrouvent des couleurs, et elle paraît contrariée par toute cette lumière dans sa chambre.

— Ne t'inquiète pas, Anna, j'ai déjà alerté les secours. Ta maman va s'en sortir. À quelle heure passe le bus qui t'emmène à l'école ? me demande le seul ami que j'aie dans tout l'univers – et le maître du plus auguste chien de notre immeuble.

Ma mère semble plus triste que jamais à la vue de mes joues striées de larmes. J'ai l'impression qu'elle a honte et qu'elle me prie de lui pardonner, mais sans avoir la force d'articuler le moindre mot. Je m'approche et la serre doucement dans mes bras pour ne pas lui faire mal.

Puis je sèche mes yeux et je file. Quand je monte dans le bus et longe l'allée centrale, je vois M. Levin s'assurer depuis notre balcon que le chauffeur s'est bien arrêté. Les autres enfants ne peuvent manquer de remarquer que j'ai pleuré, et cela ne rate pas : alors que je viens tout juste de m'asseoir au fond, une fille avec des couettes juste devant moi se retourne pour me dévisager. Elle pense sûrement que j'ai été punie parce que j'ai fait quelque chose de mal, comme omettre de finir mes devoirs, de ranger ma chambre, de prendre mon petit déjeuner ou de me brosser les dents avant de partir.

Impossible aujourd'hui de me concentrer sur mes cours. Par chance, mes professeurs ne m'ennuient pas avec des questions auxquelles je serais incapable de répondre. J'ignore encore totalement si maman devra rester quelques jours à l'hôpital et si je pourrai aller chez M. Levin pendant ce temps.

À mon retour de l'école, mon ami se tient de nouveau dehors sur le balcon. Cela doit vouloir dire que maman est à l'hôpital et qu'il me faut trouver un endroit où aller.

Je descends du bus sans saluer le chauffeur et m'attarde au pied de notre immeuble en notant les premiers bourgeons de la vigne vierge à trois pointes qui couvre le flanc du bâtiment. Je n'ai aucune envie de rentrer.

Pour finir, je ramasse le courrier, comme chaque jour, et je me dépêche de monter jusqu'à notre appartement, où Tramp se précipite pour me lécher. Je m'assois par terre et le caresse un peu, afin de retarder le moment de passer dans le salon. Lorsque je le fais enfin, je trouve maman dans son fauteuil en cuir et, dans l'encadrement de la porte-fenêtre à côté d'elle, M. Levin toujours sur le balcon. Tous deux sourient. Puis maman se lève et s'avance vers moi à grands pas.

— Ce n'était qu'une petite frayeur, murmure-t-elle à mon oreille afin que notre voisin ne l'entende pas. Je te promets que cela n'arrivera plus, ma chérie.

Cela fait longtemps qu'elle ne m'a pas appelée ainsi, « ma chérie ».

Elle commence à me caresser les cheveux. Je ferme les yeux et me blottis contre elle, comme lorsque j'étais petite, sans aucune idée de ce qu'était devenu papa, et que j'espérais qu'il réapparaisse soudain chez nous. J'inspire profondément. Maman sent le linge propre et le savon.

Nous restons plusieurs minutes ainsi. Soudain, la pièce me paraît gigantesque et cela me donne le vertige. *Ne bouge pas, reste encore un peu comme ça. Serre-moi contre toi jusqu'à ce que tu sois trop fatiguée.* Tramp met fin à ma rêverie en venant me lécher les pieds, mais lorsque je rouvre les yeux, je vois que ma mère est debout, qu'elle sourit et qu'elle a les joues rouges. Elle est de nouveau belle.

— Elle a fait une chute de tension, m'explique M. Levin, mais tout ira bien.

Maman le remercie, s'écarte de moi et se dirige vers la cuisine.

— Nous allons dîner, annonce-t-elle en entrant dans cette pièce où elle n'a pas mis les pieds depuis deux ou trois ans.

La table est déjà dressée, avec des serviettes, des assiettes et des couverts pour trois personnes. Une odeur de saumon aux câpres et au citron s'échappe du four. Maman apporte le plat, que nous attaquons aussitôt.

— Demain, on ira dans un labo photo à Chelsea. J'ai pris rendez-vous par téléphone.

C'est ce que j'ai besoin d'entendre pour me remettre de ma peur bleue de ce matin. Bizarrement, je me sens coupable. Il m'est déjà arrivé de souhaiter qu'elle ne se réveille pas, qu'elle ne fasse plus que dormir, libérée de sa douleur. Je ne sais pas comment je pourrais lui demander de me pardonner. Mais, pour le moment, notre priorité est de découvrir qui sont les personnes sur ces photos. J'ai l'impression que maman reprend le contrôle de sa vie, ou du moins qu'elle a un regain d'énergie.

Je raccompagne M. Levin chez lui. En chemin, nous croisons une vieille voisine revêche qui ne supporte pas le chien le plus auguste de l'immeuble.

« C'est un sale clébard qui a été ramassé dans la rue, a-t-elle dit plusieurs fois à nos autres voisins. Si ça se trouve, il est couvert de puces. »

Pour tout le monde, c'est une folle.

Tramp, le meilleur chien du monde, continue pourtant à lui faire la fête dès qu'il la voit. Il se moque d'être rejeté. Il a une paupière tombante, il est un peu sourd et sa queue est tordue. C'est pour ça que cette femme le déteste, mais vraiment, il s'en moque. M. Levin s'adresse à lui en français en l'appelant « mon clochard ». Il m'a expliqué que son chien appartenait avant à une Française très âgée qui vivait toute seule, comme lui, et qu'on avait retrouvée morte à La Touraine, l'un des plus vieux immeubles de Morningside Drive – cela m'avait d'ailleurs fait penser à ce que me disait maman à l'époque où elle me racontait des histoires le soir à l'heure du coucher : « Nous vivons dans la partie française de Manhattan. » Quand le gardien de l'immeuble avait ouvert la porte de la vieille dame, Tramp s'était sauvé, et personne n'avait réussi à l'attraper. Une semaine plus tard, durant l'une de ses promenades matinales, M. Levin l'avait aperçu qui peinait à monter les marches raides du Morningside Park. Tramp s'était assis à ses pieds.

« *Mon clochard* », lui avait-il dit.

Le chien avait sauté de joie, puis sagement suivi ce vieillard corpulent aux sourcils gris broussailleux jusqu'à son appartement. Dès lors, il était devenu son fidèle compagnon.

« J'aurai quatre-vingts ans l'année prochaine. À cet âge, on compte les minutes qu'il nous reste, m'a déclaré

M. Levin d'un ton très sérieux le jour où il m'a présenté Tramp. Il n'est pas question que *mon clochard* vive deux fois la même situation. Lorsqu'on forcera ma porte pour savoir pourquoi je ne réponds plus, je veux qu'il connaisse le chemin qui mène chez toi.

— *Mon clochard* », ai-je dit à Tramp avec mon accent américain en le caressant.

Maman n'a jamais voulu que j'aie un animal domestique – à part des poissons rouges, qui n'ont même pas la longévité d'une fleur –, mais elle ne pourra pas refuser que Tramp vienne chez nous. Nous devons bien cela à mon seul ami.

« Anna, M. Levin a encore beaucoup d'années devant lui. Ne te fais pas trop d'illusions », a-t-elle objecté lorsque je lui ai expliqué avec insistance qu'il nous faudrait prendre soin de son chien.

Pour moi, M. Levin n'est ni vieux ni jeune. Je sais qu'il n'est pas robuste parce qu'il marche en faisant très attention, mais son esprit est toujours aussi vif que le mien. Il a réponse à tout, et quand il vous regarde droit dans les yeux, vous avez intérêt à bien l'écouter.

Tramp ne veut plus que je parte à présent et commence à gémir.

— Ça suffit, espèce de malotru, dit son maître d'un ton apaisant. La petite miss Anna a des choses plus importantes à faire.

En prenant congé de moi sur le pas de sa porte, il effleure du bout des doigts sa mezouzah. Je remarque une vieille photo solitaire accrochée au mur qui le représente avec ses parents à l'époque où il était un beau jeune homme souriant aux épais cheveux bruns. Qui sait s'il se souvient de ces années passées dans son village en Pologne. C'était il y a si longtemps.

— Tu es une jeune fille dotée d'une vieille âme, déclare-t-il en posant sa grosse main sur ma tête et en m'embrassant sur le front.

Je ne comprends pas ce que cela veut dire, mais je l'interprète comme un compliment.

Je retourne ensuite dans ma chambre afin de raconter cette journée à papa, qui m'attend sur la table de nuit. Demain, nous irons déposer les négatifs au labo photo. Je lui parle de Tramp, de M. Levin et du dîner que maman a préparé. Mais je garde pour moi la frayeur qu'elle nous a faite ce matin. Je n'ai pas envie de l'inquiéter avec ce genre de détail. Tout ira bien, je le sais.

Je me sens plus fatiguée que jamais, incapable de garder les yeux ouverts. Alors que je m'assoupis, j'entends maman entrer dans ma chambre et éteindre ma lampe. Les licornes cessent de tourner pour enfin se reposer, elles aussi, juste avant que maman remonte le dessus-de-lit violet sur moi et me donne un long et doux baiser.

Le lendemain matin, c'est un rayon de soleil qui me réveille. J'ai oublié de descendre les stores. Je me redresse en sursaut et, l'espace de quelques secondes, je m'interroge : n'était-ce qu'un rêve ?

Mais j'entends des bruits derrière la porte. Il y a quelqu'un dans le salon ou dans la cuisine. Je m'habille à la va-vite et ne prends même pas la peine de me coiffer tant je suis curieuse de savoir ce qui se passe.

Vêtue d'une blouse couleur lilas, d'un pantalon bleu foncé et de ces chaussures qu'elle appelle des ballerines, maman s'est installée dans la cuisine et serre entre ses mains une tasse de café qu'elle boit lentement. Ses yeux noisette s'éclairent à ma vue. Elle sourit, s'approche pour m'embrasser. Je ne peux pas dire pourquoi, mais, en la sentant tout près de moi, je ferme les yeux.

Puis je me dépêche d'avaler mon petit déjeuner.

— Prends ton temps, Anna…

Seulement j'ai envie de finir au plus vite, moi. J'ai envie de savoir qui sont ces gens sur les photos, parce que je crois que nous sommes à deux doigts de découvrir qui est la famille de papa et de reconstituer l'histoire d'un bateau qui a peut-être fait naufrage dans l'océan.

Au moment de quitter l'appartement, maman se retourne brièvement vers la porte qu'elle a fermée à clé et reste un instant immobile, comme si elle avait changé d'avis. Une fois dehors, cependant, elle descend sans se tenir à la rampe les six marches du perron, frontière d'un monde qu'elle avait oublié, et me prend par la main pour m'obliger à presser le pas. Elle semble soudain vouloir inspirer autant d'air que possible, si frais soit-il, et sentir le soleil printanier sur son visage. Souriant aux gens que nous croisons, elle a l'air libérée.

Au labo photo, je dois l'aider à ouvrir la lourde double porte vitrée. L'homme derrière le comptoir nous attendait. Il enfile une paire de gants blancs, étale les négatifs sur une table lumineuse et les examine un par un à la loupe.

Nous avons reçu un trésor de La Havane et je suis une enquêtrice sur le point de résoudre un mystère. Les images que nous voyons sont inversées : le noir devient blanc, le blanc devient noir. Nos fantômes s'apprêtent à renaître à la vie sous l'effet de lampes et de produits chimiques puissants.

Nous nous attardons plus particulièrement sur un cliché marqué d'une croix blanche avec une inscription floue en allemand dans un coin. Maman la traduit pour nous : « Pris par Leo le 13 mai 1939 ». Une petite fille qui me ressemble beaucoup regarde par une fenêtre – a priori le hublot d'une cabine, selon l'employé aux cheveux gris du laboratoire.

Je crois que maman s'inquiète un peu de me voir si excitée. Elle doit s'imaginer que j'espère des réponses à un trop grand nombre de mes questions et que je vais être déçue. En attendant, nous allons devoir déterminer d'où viennent ces photos, quels proches parents de mon père y figurent et ce qu'ils sont devenus. Nous savons que l'un d'entre eux au moins est allé à Cuba, mais qu'en est-il des autres ?

Papa est né à la fin de l'année 1959. Ces négatifs vieux de plus de soixante-dix ans datent donc de l'époque où mes arrière-grands-parents ont débarqué à La Havane. Il est possible que l'on y voie aussi mon grand-père encore bébé. Maman pense quant à elle que ces photos ont été prises en Europe et lors de la traversée en mer que mes aïeux ont effectuée pour fuir la guerre imminente.

— Ton père était un homme de peu de mots, me répète-t-elle.

Dans le taxi qui nous ramène chez nous, elle me saisit la main afin de s'assurer toute mon attention. Je devine qu'elle a une autre nouvelle à m'annoncer, quelque chose qu'elle a gardé pour elle durant toutes ces années. Elle me trouve toujours trop jeune pour comprendre ce qui est arrivé à ma famille.

Je suis forte, maman, aimerais-je parfois lui crier. Tu peux tout me dire. Je n'aime pas les secrets, et il me semble que cette famille en a trop.

Il aurait été plus simple qu'elle me dise comment j'avais perdu mon père avant que j'entre en maternelle à Fieldston, mais elle s'en est toujours tenue à cette explication : « Ton père est parti un jour et n'est pas revenu. » Un point c'est tout.

— Il est temps à mon avis que tu saches quelque chose. Tu es aussi allemande par ton père, m'avoue-t-elle avec un petit sourire, comme pour s'excuser.

Je ne réponds pas. Je ne réagis pas.

Lorsque le taxi s'engage sur la West Side Highway, j'ouvre la vitre. La brise fraîche de l'Hudson River et le bruit de la circulation empêchent maman de poursuivre. Je ne pense plus qu'à cette dernière révélation.

À notre arrivée, j'ai les joues rougies par le froid. Nous croisons M. Levin et Tramp, qui s'accordent une pause sur le perron, comme souvent après leur promenade.

— Je peux rester avec eux ?

Maman acquiesce en souriant.

— Quand les photos seront-elles prêtes ? me demande M. Levin.

Je ne peux lui répondre – Tramp saute après moi et me chatouille trop. C'est un chien très mal élevé, mais aussi très drôle.

En regagnant notre appartement, je file tout droit dans ma chambre et me plante devant mon miroir en essayant de discerner ces traits allemands hérités d'un père que je croyais cubain. Que vois-je dans la glace ? Une petite fille allemande. Ne suis-je donc pas une Rosen ?

Plus tard, j'interroge maman, qui me dit que la famille Rosen a quitté l'Allemagne en 1939 pour s'installer à La Havane.

— C'est tout ce que je sais, Anna.

Et au lieu d'aller se coucher, elle s'assoit dans son fauteuil pour lire un peu.

Je ne sais pas pourquoi j'ai appris l'espagnol à l'école. L'allemand aurait été un choix plus judicieux. J'ai cette langue dans le sang, n'est-ce pas ?

La Jeune Fille allemande.

Hannah

Berlin, 1939

Le dîner était servi. Avec ses lambris sombres que plus personne n'astiquait et son plafond aux épaisses moulures rectilignes, prêt semblait-il à s'écrouler sur nos têtes à tout instant, la salle à manger était devenue notre prison.

Nous n'avions plus de domestiques. Tous étaient partis, y compris Eva, qui travaillait déjà chez nous au moment de ma naissance. La situation était dangereuse pour elle, et elle ne voulait pas nous voir souffrir – même si je pense qu'elle nous avait en réalité abandonnés afin de ne pas avoir à nous dénoncer.

En secret pourtant, elle n'avait jamais cessé de venir, et maman continuait à la payer comme si elle était toujours notre bonne.

« Elle fait partie de la famille », disait-elle à papa lorsqu'il soulignait la nécessité de réduire notre train de vie pour ne pas finir sans un sou à Berlin.

Eva nous apportait parfois du pain ou une grosse marmite contenant un plat cuisiné chez elle que nous n'avions plus qu'à faire réchauffer. Elle avait la clé de l'appartement, mais elle qui passait autrefois par la porte principale devait à présent utiliser l'entrée de service afin que Frau Hofmeister ne l'aperçoive pas depuis sa fenêtre.

Cette femme était une vraie fouine, le cerbère de l'immeuble. Je sentais son regard sur ma nuque quand je la croisais, et chaque fois que je sortais dans la rue, ses yeux me suivaient et me jaugeaient. C'était une sangsue qui aurait donné n'importe quoi pour mettre la main sur l'une des robes de maman ou s'introduire chez nous et rafler ses bijoux, ses sacs et ses chaussures faites main, pourtant bien trop étroites pour ses pieds boudinés.

« L'argent n'achète pas le bon goût », affirmait maman.

Frau Hofmeister dépensait une fortune en vêtements, mais, sur elle, ils avaient toujours l'air d'avoir été empruntés à quelqu'un.

Je ne comprenais pas pourquoi maman s'habillait et se maquillait avec autant de soin que si elle comptait aller à une soirée. Elle portait même des faux cils, ce qui donnait à ses yeux une expression encore plus langoureuse. Elle avait de grandes paupières tombantes, « idéales pour le maquillage », selon ses amies. Pour autant, elle se fardait avec parcimonie : un peu de rose et de blanc sur le visage, un peu de noir et de gris autour des yeux. Le rouge à lèvres était réservé aux grandes occasions.

Notre salle à manger me paraissait chaque jour de plus en plus grande. Avachie sur ma chaise, j'ai observé mes parents comme à distance, sans parvenir à distinguer leurs traits brouillés. La seule lumière provenait de la lampe suspendue au-dessus de la table – celle qui donnait aux assiettes de porcelaine blanche une légère teinte orangée.

L'atmosphère était oppressante autour de la table rectangulaire en acajou aux pattes massives. À côté de papa se trouvait un exemplaire de *Das Deutsche Mädel*, le magazine de propagande de la Ligue des jeunes filles allemandes. Toutes mes amies, ou plutôt toutes mes camarades de classe, y étaient abonnées, mais papa refusait que je rapporte « ce torchon » à la maison. Pourquoi dans ce cas en avait-il posé un à côté de lui ? Pouvions-nous commencer à manger ?

Tête baissée, la mine soucieuse, maman et lui semblaient ne pas oser m'adresser la parole. En silence, ils ont porté à leur bouche des cuillerées de soupe qu'ils ont avalées non sans mal. Tous deux m'ignoraient ostensiblement. Qu'avais-je donc fait ? Enfin, papa a marqué une pause et levé la tête. En me toisant cette fois, il a retourné le magazine et l'a poussé vers moi avec une rage contenue.

Je suis restée stupéfaite. Qu'allais-je devenir ? Leo me détesterait, c'était sûr. Finis nos rendez-vous quotidiens dans le café de Frau Falkenhorst. Personne ne boirait plus jamais un chocolat chaud avec moi. *Le fils du boulanger avait raison, Leo. Tu aurais mieux fait de me laisser. Ne reviens pas me chercher.*

La couverture de ce magazine pour jeunes filles pures – celles à qui leurs grands-parents n'avaient transmis aucune souillure, celles au petit nez retroussé, à la peau blanche comme l'écume, aux cheveux blonds et aux yeux plus bleus que le ciel lui-même –, cette couverture, donc, me montrait toute souriante, le regard tourné vers l'avenir. J'étais devenue « la jeune fille allemande » du mois.

La salle à manger a soudain eu l'air vide. On n'entendait même plus le bruit des cuillères plongeant dans la soupe infâme. Personne ne me parlait. Personne ne me faisait de reproches.

— Ce n'est pas ma faute, papa ! Crois-moi !

Le photographe que nous avions pris pour un délateur était en réalité un Ogre employé par le magazine. Même si je m'étais frotté la peau si fort ce jour-là qu'elle avait pelé, j'étais persuadée qu'il avait décelé ma souillure et que c'était pour cette raison qu'il m'avait photographiée.

— Comment a-t-il pu se tromper ? me suis-je écriée.

Personne ne m'a répondu.

— Tu es toute sale, Hannah. Je ne veux pas te voir à table dans cet état, a déclaré maman.

Pour la première fois, m'entendre dire que j'étais sale m'a fait l'effet d'une caresse. Oui, j'étais sale, et je voulais que le monde entier sache que je me moquais bien d'être souillée et chiffonnée. Je voulais le dire à mes parents, mais je n'ai pas pu car, au bout du compte, ils l'étaient tout autant que moi. Personne n'était sauvé. Pas même la très intelligente et très hautaine Alma Strauss, désormais une Rosenthal parmi d'autres, aussi sale que les indésirables qui s'entassaient dans des chambres du quartier de Spandauer Vorstadt. Pas même papa, l'éminent Pr Max Rosenthal, qui faisait à cet instant les cent pas en fixant tristement le sol.

Je suis sortie de table et, pour contenter ma mère, je suis allée enfiler une robe blanche à manches courtes parfaitement repassée. *Ça te plaît, maman ? Mais je ne porterai pas cette robe le jour où on devra tout abandonner derrière nous.* Je ne pouvais plus bouger. Si je le faisais, le tissu allait s'étirer. Si je m'asseyais, il se plisserait. Une simple larme suffirait à le tacher. Je me suis savonné les mains, tant et si bien qu'elles sentaient le sulfate quand je suis retournée à table. Maman m'a examinée de haut en bas, mais sans la moindre amertume.

En soupirant, papa a repris le magazine et l'a rangé dans son attaché-case.

— Peut-être que ton visage sur cette couverture aura son utilité un jour, a-t-il dit d'un ton résigné. Le mal est fait.

— Pouvons-nous manger tranquillement maintenant ? a lancé maman.

On n'a plus entendu après ça que le délicat raclement des cuillères sur le service en porcelaine de Saxe qu'elle avait commencé à utiliser seulement le jour où elle avait compris qu'elle devrait bientôt s'en séparer pour le laisser aux mains d'une vulgaire famille berlinoise. « Un service qui est dans la famille Strauss depuis plus de trois générations », s'était-elle lamentée.

Je n'ai pas touché à mon bol. J'étais persuadée que si je venais à casser quoi que ce soit, ils veilleraient à envoyer « la jeune fille allemande » Dieu sait où par le premier train. Et malheur à moi si je faisais le moindre bruit en sirotant le liquide clair et insipide dans lequel surnageaient deux pommes de terre et une rondelle mal coupée d'oignon rouge – nul doute que je devrais alors aller me coucher le ventre vide.

— Madagascar, a dit papa, sans que je voie à quoi il faisait allusion.

Maman s'est forcée à avaler une nouvelle cuillerée de sa soupe désormais froide. Le silence s'est prolongé. J'ai attendu que papa poursuive. Madagascar ?

— Cela fait partie de quel continent ? L'Afrique ? Tu comptes nous emmener aussi loin ? ai-je demandé.

Ils n'ont pas répondu.

Malgré tous ses efforts, la Déesse n'a pu empêcher une larme de rouler sur sa joue. Elle s'est hâtée de l'essuyer avec sa serviette blanche en dentelle, puis elle a souri et effleuré ma main pour essayer de me faire croire que cette larme ne signifiait rien. Ce moment de tristesse n'a pas duré. Il fallait qu'on émigre, nous n'avions pas le choix.

— Plus on ira loin, mieux cela vaudra, a-t-elle dit en portant ses mains blanches à son cou, qu'elle a caressé d'un air aristocratique.

— L'Éthiopie, l'Alaska, la Russie, Cuba…, a continué papa en énumérant des destinations incertaines.

Maman m'a souri, avant de se lancer dans un interminable laïus :

— Ne pleure pas, Hannah. On ira où il le faudra. Nous parlons plusieurs langues et nous pouvons bien en apprendre encore une. Ils ont beau vouloir nous traiter comme tous les autres, nous sommes différents. On repartira de zéro. Et à supposer qu'on ne puisse pas avoir de maison en face d'un parc ou d'un fleuve, on en trouvera une à côté de la mer. Profitons de nos derniers jours à Berlin.

Elle affichait une telle sérénité que cela m'a effrayée. Elle accentuait chaque mot et étirait chaque voyelle à la manière d'une incantation. C'est à peine si elle s'est interrompue pour reprendre son souffle. J'ai senti qu'elle risquait à tout instant d'éclater en sanglots, d'accabler papa de reproches, de maudire sa propre existence, son passé, son héritage.

Elle avait l'air tellement fragile que j'étais certaine qu'elle ne survivrait pas à un voyage jusqu'à Madagascar. Ni même à une simple sortie à l'hôtel Adlon. Elle ne supporterait pas non plus de revoir la porte de Brandebourg une dernière fois ni de dire adieu au Siegessäule, la Colonne de la Victoire célébrant les soldats tombés lors des guerres prussiennes de la fin du XIXe siècle, près de laquelle nous allions nous promener les après-midi d'automne.

— On pourrait aller à l'Adlon, Hannah. On devrait dire au revoir à M. Fourneau. Il a toujours été très gentil avec nous. Et à Louis aussi, bien sûr.

J'ai salivé en pensant aux entremets que M. Fourneau nous servait autrefois. Je revoyais son nez pointu s'approcher si près de moi que je respirais son haleine lorsqu'il dépliait ma serviette. Quant à Louis, c'était le fils du propriétaire, dont il avait pris la succession. Il n'y avait pas si longtemps encore, la présence distinguée de maman au sein de son hôtel le ravissait et il s'asseyait avec nous pour évoquer les célébrités de la haute société allemande, et même d'Hollywood, qui séjournaient dans son établissement.

Maman acceptait mal de ne plus être la bienvenue dans ce lieu où elle s'était sentie chez elle. Elle aimait clamer que l'Adlon symbolisait la modernité, l'élégance allemande. Que derrière sa façade sobre se cachaient de gigantesques colonnes de marbre et une fontaine exotique avec une sculpture représentant des éléphants noirs.

Ses parents avaient été invités à l'inauguration en 1907. À cette occasion, grand-père avait offert à grand-mère la Larme, une perle imparfaite devenue son bijou préféré. Elle me reviendrait un jour, me rappelait maman chaque année. Elle-même l'avait reçue à douze ans et ne l'arborait que lors de célébrations importantes.

Seulement c'était les Ogres que Louis accueillait désormais à bras ouverts. C'était eux qui apportaient de l'éclat à son hôtel, qui représentaient la haute société et le pouvoir, et non une simple héritière assez présomptueuse pour se croire plus auréolée de mystère que la divine Garbo alors qu'elle était mariée à un professeur pouilleux. Rabaissés au rang de vermine, nous ternissions la réputation d'une institution légendaire.

Je me souvenais pourtant d'un séjour que nous avions fait à l'Adlon le temps que nos immenses tapis persans subissent un grand nettoyage à la maison. Nous avions occupé deux vastes chambres communicantes qui donnaient sur la porte de Brandebourg. Le matin, je tirais les rideaux de velours rouge et j'ouvrais les fenêtres pour laisser entrer le bruit de la ville. J'adorais observer la circulation chaotique sur l'avenue et les gens courant après les tramways. L'air froid de Berlin avait un parfum de tulipes, de barbe à papa et de *Pfeffernüße*.

Je revenais ensuite m'enfoncer dans mes oreillers de plume et mes draps blancs satinés qu'on changeait deux fois par jour. On m'apportait le petit déjeuner au lit et les femmes de chambre se fendaient d'un « *Guten Morgen, Prinzessin Hannah* ». Nous nous mettions sur notre trente et un pour le déjeuner, puis nous changions avant de prendre le thé, et encore avant le dîner.

— Oh oui ! Les gâteaux de Louis fourrés aux cerises ! me suis-je exclamée avec enthousiasme et gourmandise afin de faire plaisir à ma mère.

Dans le même temps, j'ai examiné avec attention ses gestes lents, la peine qu'elle avait à porter une simple cuillère à sa bouche. Je voulais qu'elle me regarde, qu'elle prenne conscience que j'existais, mais je suis retournée seule dans ma chambre.

Maman, s'il te plaît, reviens me lire ces romans français romantiques du siècle dernier. Parle-moi de Mme Bovary, cette femme qui s'ennuyait et qui était si désespérément amoureuse. Tu as failli m'appeler Emma en son honneur, mais papa s'y est opposé. De cette histoire d'idylles et de trahisons, je ne me souviens que d'une chose : la scène où Emma avalait des cuillerées de vinaigre afin de paraître malade et hagarde aux yeux de son mari. Un matin, je me suis levée tôt. J'étais très triste, mais personne ne s'en est rendu compte – ni vous ni Eva. Je suis allée dans la cuisine boire du vinaigre et essayer de faire en sorte que mon visage reflète mes sentiments. J'aurais aimé aussi avoir toujours à portée de main un mouchoir en coton imbibé de quelques gouttes de vinaigre, comme Emma, juste au cas où quelqu'un s'évanouirait. Mais, dans notre famille, je suis la seule à avoir jamais perdu connaissance – il suffit que j'aperçoive une simple goutte de sang.

Papa, maman, n'attendez pas de moi aujourd'hui le comportement d'une petite fille intelligente, capable de bien se tenir et de parler littérature et géographie dans des salons de thé. Avec vous, j'ai envie de mal me conduire, de courir, de crier et de sauter. Ce serait l'instant parfait pour piquer une colère enfantine. « Je n'irai pas ! Je ne veux pas partir ! Allez-y tous les deux, laissez-moi ici avec Eva ! »

J'ai emporté dans mon lit une poupée en robe de taffetas rouge que maman m'avait offerte l'année précédente et que je détestais. Je jouais à être de nouveau une petite fille en accusant mes parents de tout ce qui nous arrivait, mais, au fond, je savais que mon sort ne dépendait ni d'eux ni de moi, et qu'ils essayaient simplement de survivre au sein d'une ville en perdition.

Des coups légers ont été frappés à ma porte. Je me suis cachée sous mes draps, et puis j'ai senti que quelqu'un s'asseyait sur le lit à côté de moi. C'était papa.

— Ma petite fille, ma petite Allemande chérie, a-t-il dit d'un air compatissant.

Et j'ai laissé l'homme que j'aimais le plus au monde me serrer contre lui.

— Nous allons partir pour l'Amérique, à New York, mais nous sommes sur liste d'attente et nous ne pouvons pas y entrer tout de suite. C'est pour ça qu'il faut qu'on passe par un autre pays. Ce sera temporaire, je te le promets.

Sa voix m'a apaisée et sa chaleur m'a enveloppée en même temps que son souffle. S'il continuait à me parler comme ça, je ne tarderais pas à m'endormir.

— Notre appartement nous attend déjà dans la ville des gratte-ciel, Hannah. On s'installera sur Morningside Drive, dans un immeuble tout recouvert de lierre et baptisé du nom d'une montagne, le mont Cenis. Depuis notre salon, nous verrons le soleil se lever chaque matin.

Il est temps que tu me dises de dormir, papa. Je ne veux pas connaître tes rêves. Je veux que tu me chantes une berceuse, comme quand j'étais petite et que je m'endormais dans tes bras, les plus forts du monde.

J'étais redevenue une petite fille sage. Une petite fille qui ne comptait plus s'opposer à la volonté des adultes. Une petite fille qui ne voulait pas être séparée de son père et qui s'est accrochée à lui jusqu'à ce que le sommeil la gagne.

Je serais de nouveau une enfant. Je me réveillerais en pensant que tout ceci était un cauchemar. Que rien n'avait changé.

Papa ne souffrait pas à l'idée de perdre tout ce que nous avions ou de quitter Berlin pour aller au bout du monde. Il avait un métier et il pouvait démarrer une nouvelle vie sans un sou en poche – c'était dans son sang. Non, il souffrait pour maman, parce qu'il voyait bien que chaque jour pesait sur elle comme une année entière.

Je ne la pensais pas capable de s'en sortir loin de chez elle, sans ses bijoux, ses robes, ses parfums. Elle allait devenir folle, j'en étais sûre. Sa vie s'échappait lentement d'entre ces murs qui appartenaient à sa famille depuis des générations – le seul endroit où elle se sentait bien, entourée des photos de ses parents et de la Croix de fer que son père avait gagnée durant la Grande Guerre.

Papa allait davantage regretter son gramophone et ses disques. Il devrait dire au revoir à Brahms, Mozart et Chopin. Mais ce qu'il y a de positif avec la musique, disait-il toujours, c'est qu'on peut l'emporter avec soi, dans son esprit. Personne n'était en mesure de vous voler ça.

Moi, ce qui commençait déjà à me manquer, c'était les après-midi que je passais avec lui dans son bureau, à découvrir des pays sur ses cartes anciennes, à écouter le récit de ses voyages en Inde ou le long du Nil, à imaginer une expédition en Antarctique ou un safari en Afrique à ses côtés.

« On le fera un jour », me répétait-il pour me réconforter.

Ne m'oublie pas, papa. Je veux redevenir ton élève et apprendre avec toi la géographie des continents lointains. Et je veux rêver, tout simplement rêver.

Anna

New York, 2014

Je ferme les yeux, et me voilà sur le pont d'un gigantesque bateau à la dérive. Puis je les ouvre et me retrouve aveuglée par le soleil. Je suis la fille aux cheveux courts sur un paquebot, seule au milieu de l'océan.

Je me réveille, mais toujours sans savoir qui je suis : Hannah ou Anna. Comme si nous étions la même personne.

Maman étale sur la table en bois de la salle à manger les photos en noir et blanc qui nous sont parvenues d'une île tout en bas de la carte, dans les Caraïbes.

Sur le mur blanc du couloir, à côté de la bibliothèque, nous avons accroché le portrait agrandi de la fille près du hublot de sa cabine. Elle ne contemple pas le rivage, ni l'eau ni l'horizon. Non, elle a plutôt l'air d'attendre quelque chose. On ne peut pas dire si son navire entre dans un port ou s'il est encore en pleine mer. La tête appuyée sur une main, elle paraît résignée. Ses cheveux séparés par une raie de côté dévoilent son visage rond et son cou délicat. Sans doute est-elle blonde, mais le contraste des couleurs est tel que j'ai du mal à distinguer ses yeux et à déterminer si elle me ressemble vraiment ou pas.

— Son profil, Anna. Son profil, me dit maman avec un sourire.

Elle aussi est fascinée par ces images, en particulier celles de la petite fille.

Je reprends le magazine aux pages effritées et aux photos ternies pour vérifier une fois de plus que c'est bien la même enfant qui figure sur la couverture, mais je n'y trouve nulle part la moindre référence à un voyage transatlantique. Personne ne peut résoudre ce mystère. Maman comprend un peu l'allemand, mais elle ne s'attarde pas sur le magazine. Ce sont les photos que nous avons fait développer qui l'intéressent le plus. Elle a commencé à les trier par thèmes – les portraits de famille, les scènes d'intérieur et les passagers du bateau –, et elle a mis à part au bout de la table tous les clichés représentant le même garçon.

Je n'arrive pas à croire qu'une lettre de Cuba ait réussi à la tirer de son lit. C'est une femme différente qui se tient devant moi, et je me demande encore s'il faut y voir la conséquence de ce courrier ou de la frayeur que nous avons eue quelques jours plus tôt. Pour la première fois, me semble-t-il, elle est attentive à ce que je fais. Et je vois aussi combien elle se concentre sur ces images d'une famille fuyant un autre continent à la veille de la guerre.

— Ça donne l'impression de regarder un film tourné dans le Berlin des années 1920 et 1930, c'est-à-dire dans un monde sur le point de disparaître. Il ne reste plus grand-chose de cette époque, Anna, dit-elle après avoir bien examiné les photos.

Elle coince ses cheveux derrière son oreille, à la manière d'autrefois, et je note qu'elle s'est légèrement fardée. Avec un peu de chance, elle me laissera la maquiller ce week-end et jouer avec ses cosmétiques, comme avant, quand je n'allais pas encore à l'école et qu'elle se levait le matin.

Il est temps que j'aille faire mes devoirs, mais je préfère m'attarder là. Encore quelques minutes. Après ça, j'irai préparer du thé dans la cuisine.

Des devantures de magasins brisées. L'étoile de David. Des éclats de verre partout. Des graffitis sur les murs. Des flaques d'eau. Un homme fuyant l'objectif. Un vieillard triste aux bras chargés de livres. Une femme poussant un gros landau. Une autre coiffée d'un chapeau qui saute par-dessus une flaque pareille à un miroir. Deux amants dans un parc. Des hommes vêtus de noir, peut-être en uniforme, tous la tête couverte. Des trams bondés. Encore des éclats de verre… Le photographe était obsédé par ce verre brisé jonchant le sol.

Maman a également rapporté un CD des photos afin que je puisse les imprimer à ma guise, les recadrer, les agrandir. Il y a tant de choses à découvrir dessus.

Une fois le thé préparé, je me rapproche d'elle et j'en profite pour humer le parfum de son savon. Je remarque alors sa main. Elle tient la photo d'un bel immeuble au toit détruit par le feu, mais, surtout, ses ongles sont courts et manucurés, et elle ne porte aucune bague, pas même son alliance. Tandis que je l'effleure doucement, elle incline la tête en arrière contre moi. Nous sommes de nouveau ensemble.

— La nuit du 9 novembre 1938 a été si horrible, dit-elle, la gorge nouée. Personne ne s'y attendait.

Le récit qu'elle fait de ces terribles événements ne m'inspire pas de tristesse, tant je suis heureuse qu'elle soit là, avec moi. Je crains juste que cette sombre évocation ne la renvoie tout droit dans son lit. Mieux vaut laisser les photos de côté jusqu'à ce qu'elle soit complètement remise.

Mais elle continue.

— Ils ont fracassé les devantures de tous les magasins. Peut-être que l'une de ces boutiques détruites appartenait à tes arrière-grands-parents. Qui sait. Durant cette *Kristallnacht*, la Nuit de cristal, toutes les synagogues ont été incendiées. Une seule est restée debout, Anna. Ils ont arraché les hommes à leurs familles et les ont emmenés. Ils les ont obligés à prendre le nom d'Israël, et les femmes, celui de Sarah. J'ai dit à mon père que si on m'obligeait un jour à changer de nom, je préférerais mourir. Une partie de ces malheureux ont réussi à s'enfuir, les autres ont été exterminés dans les chambres à gaz.

Un film d'horreur. Je ne nous imagine absolument pas seules toutes les deux à cette époque et dans cette ville. Je ne sais pas si maman aurait survécu. Berlin était un enfer pour nos semblables. Ils ont tout perdu.

— Les gens ont abandonné leurs maisons, leurs vies. Quelques-uns ont pu échapper à la mort en restant cachés dans des sous-sols ou en quittant le pays – c'était leur unique chance de s'en sortir, sinon ils étaient attaqués dans la rue, arrêtés, jetés en prison. Et on ne les revoyait plus. Certains ont choisi d'envoyer leurs enfants tout seuls à l'étranger, afin qu'ils puissent être élevés dans une autre culture et dans une autre religion par des familles qu'ils ne connaissaient pas.

Je ferme les yeux. Je vois papa à Berlin, à La Havane, à New York. Je suis allemande. Parmi ces personnes que l'on a obligées à prendre le nom de Sarah ou d'Israël et dont les commerces ont été détruits, il y a des membres de ma famille, ceux qui ont fui, qui ont survécu. C'est de là que je viens.

De l'avis de maman, les photos les plus tristes sont celles montrant des intérieurs, mais on y voit un couple très élégant dans de grandes pièces dignes d'un palais – sur l'une d'elles, la femme en robe cintrée pose devant une fenêtre, un grand chapeau incliné sur la tête, tandis que l'homme est assis en costume-cravate à côté d'un de ces vieux gramophones au haut-parleur incurvé comme une fleur géante. Sur un autre cliché, ils sont habillés pour une occasion particulière – lui en tenue de cérémonie, elle en longue robe de soie.

— Dieu seul sait s'ils ont été séparés ou s'ils sont morts ensemble, poursuit maman d'une voix brisée par l'émotion.

Mes photos préférées sont celles d'un garçon aux grands yeux noirs qui tantôt court, saute, escalade une fenêtre ou grimpe à un réverbère, tantôt se prélasse dans l'herbe. Oui, c'est bien le même. Et il sourit toujours.

Je vais me poster devant l'image agrandie de la Jeune Fille allemande. On se ressemble vraiment. L'enfant photographiée sur le bateau est aussi celle qui figure sur la couverture du magazine de la Ligue des jeunes filles allemandes. Je crois que, ce week-end, j'irai me faire couper les cheveux comme elle.

— C'est Hannah, la tante de ton père. Celle qui l'a élevé, dit maman derrière moi.

Elle m'étreint et me donne un baiser.

— On t'a appelée Anna en son honneur.

Je veux échapper à ce piège, mais je n'y parviens pas. Je n'ai aucune idée de l'endroit où je suis et lorsque j'essaie d'ouvrir les yeux, je constate que mes paupières sont scellées. De l'air ! J'ai besoin d'air ! Est-ce encore un cauchemar ou suis-je éveillée ? Le poids de mes bras m'entraîne vers l'abîme. Je ne sens plus mes jambes engourdies par le froid. Je n'ai plus aucune force, et juste quand mes poumons me lâchent, je perds conscience et dérive vers l'inconnu. Je lève le menton et mon nez surgit... à la surface ? Je me redresse, me tourne à droite et à gauche, tente de déterminer où je suis pendant que le vent fouette mon visage.

Mes joues sont mouillées. Ma peau me brûle. J'ai chaud, ma tête tourne, et pourtant mon corps est si glacé que cela me paralyse. J'inspire désespérément, ce qui me fait avaler un mélange d'air et d'eau salée. Je crois bien que je vais me noyer, et une quinte de toux incontrôlable me secoue, qui finit par me donner mal à la gorge. Puis j'ouvre les yeux.

Je flotte sans aucun but.

Le reflet de mon visage m'apparaît à la surface de l'eau. Je suis la fille sur le bateau.

J'ignore comment je suis arrivée là, mais il faut maintenant que je réfléchisse au moyen de revenir en arrière, si c'est possible. J'ai les pupilles dilatées, les yeux remplis d'eau salée. J'agite les bras pour ne pas couler et commence à retrouver des sensations dans les jambes. Je suis réveillée et vivante. Je devrais pouvoir essayer de nager.

En voulant me frotter les yeux, je m'aperçois que j'ai la paume des mains toute fripée. Qui sait depuis combien de temps je flotte dans cette eau froide. Suis-je sur une plage ? Non, j'erre au milieu d'un océan sombre.

— Maman !

Mais pourquoi crier si je suis toute seule ?

— Maman !

Ça ne sert à rien de gaspiller le peu d'énergie qu'il me reste. *Nage aussi vite que tu le peux ! Tu es forte. Nage jusqu'au rivage, profite de toutes les poussées du vent, des vagues et du courant.*

La lumière m'éblouit. Je dois fermer les yeux. J'ai soif, mais je ne veux pas boire cette eau salée qui s'insinue dans mes blessures de plus en plus profondes. Tout mon corps me brûle.

Je dois nager vers l'infini. Loin du soleil. Je vois le rivage et distingue même une ville. Il y a des arbres, du sable blanc. Non, ce n'est pas une ville. C'est une île.

Je fais de petits mouvements de brasse, avec le vent et le soleil de face. La lumière m'aveugle toujours.

Va jusqu'au rivage ! C'est ton objectif. Tu peux le faire. Bien sûr que je le peux. Mais le sommeil me gagne…

Non ! Réveille-toi et continue à avancer. Ne t'arrête surtout pas ! Je me laisse porter par le courant sans cesser de rouler sur moi-même.

Papa m'attend. Cette île est celle qu'il a atteinte le jour de sa disparition. C'est là qu'il a trouvé refuge. Peut-être qu'il a fui en avion, qu'il y a eu un problème et qu'il s'est abîmé en mer. Comme moi, il a nagé et nagé, jusqu'ici.

Voilà pourquoi j'ai échoué au milieu de cet océan. Parce que je sais que tu es là et que tu veilles sur moi. Je suis venue pour être ton Vendredi, papa. C'est la seule chose qui m'aide à tenir bon : la perspective de te rencontrer. Nous serons ensemble, tels deux Robinson sur cette île déserte, et tu me protégeras des cannibales, des pirates et des ouragans.

Après bien des années, quand nous aurons survécu à des tempêtes, des tremblements de terre, des éruptions volcaniques, des épisodes de sécheresse et des attaques, nous serons enfin sauvés et nous regagnerons tous les deux le continent. Maman sera là, en train de guetter notre retour. Elle a autant besoin de toi que moi, papa.

Je suis sortie de l'eau à présent. Mon corps est étendu sur un sable chaud qui colle à ma peau en feu. Le soleil m'embrouille les idées. Je rouvre les yeux et je te vois. Est-ce bien toi ?

Je savais que tu ne m'abandonnerais pas, qu'un jour tu viendrais me chercher et qu'on se retrouverait sur une terre lointaine, sur un autre continent, sur une île perdue au milieu de l'océan. Je serais ta petite fille. Ta seule et unique fille, celle dont tu prendrais soin à jamais.

— Anna ! crie quelqu'un.

Je me redresse vivement. C'est maman, et je suis trempée de sueur dans mon lit. Ceci est mon île. Je me tourne vers ma table de nuit. Papa est bien là, qui me fixe toujours avec son petit sourire à côté de la carte postale du bateau envoyée par sa tante.

J'éclate en sanglots quand maman me serre contre elle. Je suis de nouveau sa petite fille, et je la laisse me consoler, me caresser. Elle commence à fredonner. Stupéfaite, je reconnais une berceuse.

— « Dodo, l'enfant do, l'enfant dormira bien vite, dodo, l'enfant do, l'enfant dormira bientôt… », murmure sa voix douce à mon oreille.

Je redeviens son bébé. Je me blottis dans ses bras, l'attire encore plus près, et j'entends sa voix, comme autrefois. Oui, c'était bien cette berceuse qu'elle me chantait quand j'étais petite et que je faisais des cauchemars. *Ne t'arrête pas, maman*. Nous sommes toujours ici toutes les deux, à attendre le jour où nous apprendrons avec surprise que papa est vivant sur une île lointaine, qu'il a été sauvé et qu'il va nous rejoindre.

— Qu'allons-nous faire pour ton anniversaire ?

Maman a cessé de chanter. Je rouvre les yeux.

Je ne me rappelle pas qu'on ait jamais fêté mon anniversaire autrement qu'en mangeant ensemble un cupcake au chocolat surmonté d'une bougie rose. La plupart de mes amies de Fieldston habitent en dehors de la ville, si bien que je ne les vois qu'à l'école les jours de classe.

Les fêtes ne m'intéressent pas vraiment. J'ai envie de quelque chose de mieux : un voyage. Oui, traversons le golfe du Mexique. Domptons les vagues des Caraïbes jusqu'à ce que nous apercevions la côte d'une île ensoleillée et couverte de palmiers et de cocotiers. Nous atteindrons un port où nous serons accueillies en musique avec des fleurs et des ballons. Les gens danseront sur le rivage et s'écarteront sur notre chemin pour nous laisser avancer vers cette terre promise.

— Cuba ! Allons à Cuba !

Le visage de maman s'anime. Ses lèvres s'entrouvrent et une lueur éclaire son regard. Maman, nous ne sommes pas seules, aimerais-je lui dire. Mais je n'ose pas.

— On pourrait aller voir la famille de papa et la tante qui l'a élevé, dis-je à la place.

Elle ne réagit pas tout de suite.

Avec un peu de chance, la tante de papa me recueillera s'il arrive quoi que ce soit à maman. Peut-être me découvrirai-je même d'autres oncles et tantes, ou des cousins qui s'occuperont de moi jusqu'à ce que je sois assez grande pour faire mes propres choix. Cela éviterait ainsi qu'un assistant social ne m'oblige à aller vivre chez des inconnus.

J'ai un but maintenant : savoir qui était vraiment mon père. Pour cette raison, j'insiste auprès de maman :

— Pourquoi on n'irait pas à Cuba ?

Elle ne dit toujours rien. Au bout d'un moment, elle sourit et resserre son étreinte sur moi.

— Demain, on parlera à ta tante Hannah.

Hannah

Berlin, 1939

Je suis arrivée tôt à notre rendez-vous au café de Frau Falkenhorst. Ne voyant pas Leo, j'ai commencé à déambuler dans la station Börse, qui grouillait de soldats et de voyageurs – plus encore que d'habitude. Il se passait quelque chose, et Leo n'était pas avec moi. Des drapeaux, toujours plus de drapeaux. Je ne distinguais que du rouge et du noir autour de moi. C'était une torture. Les rues étaient remplies de bannières et d'hommes et de femmes aux bras levés vers le ciel.

Des haut-parleurs s'échappait une voix animée qui évoquait un anniversaire, la fête d'un homme sur le point de changer le destin de l'Allemagne. Nous étions censés le suivre, l'admirer, le vénérer, lui, l'homme le plus pur d'un pays où, bientôt, seuls les gens comme lui seraient autorisés à vivre. Le bruit couvrait les annonces des arrivées et des départs des trains. Une énorme bannière remerciait l'Ogre pour l'Allemagne dans laquelle nous vivions : « *Wir danken dir.* » Puis une cantate de Bach a résonné dans toute la station. « *Wir danken Dir, Gott, wir danken Dir.* » Nous te remercions, Seigneur, nous te remercions. Ainsi donc, l'Ogre était devenu Dieu. On était le 20 avril.

Le vert de ma robe se fondait si parfaitement avec celui du carrelage autour de moi que je me faisais l'effet d'un caméléon. Leo allait rire, c'était sûr. Je courais vers la sortie menant au café de Frau Falkenhorst quand je suis tombée sur lui.

— Tiens, la petite Allemande de la Französische Straße, a-t-il ironisé, les yeux brillant d'une lueur encore plus espiègle que les autres jours. Tu connais la nouvelle ? On va à Cuba. Et tu verras que ce magazine t'ouvrira des portes. La Jeune Fille allemande est ici ! a-t-il crié, hilare.

Cuba. Encore une nouvelle destination. Leo avait tout découvert et il était certain que ce serait Cuba. Parce qu'il commençait à pleuvoir, nous avons filé jusqu'au grand magasin Hermann Tietz – lequel ne portait plus ce nom trop impur. On l'appelait Hertie désormais, afin de ne froisser personne. Malgré la pluie, tous les étages semblaient déserts.

— Où sont les gens ?

Nous avons grimpé quatre à quatre l'escalier central en heurtant des femmes qui nous ont regardés avec l'air de se demander où pouvait bien être l'adulte responsable de nous. Après être passés devant les tapis persans accrochés à la rampe, nous avons atteint le dernier étage, sous le toit de verre, là où l'on pouvait voir tomber la pluie.

— Cuba ? C'est où, ça ? En Afrique ou dans l'océan Indien ? C'est une île ? Comment tu écris ça ? ai-je demandé à Leo tout en le suivant.

Essoufflée, j'aurais aimé m'asseoir et ne plus avoir à éviter toutes ces femmes chargées de sacs de courses.

— K-H-U-B-A, a-t-il répondu en épelant le nom en allemand. Il est question d'acheter des billets pour prendre un bateau. Ton père va nous aider à obtenir les nôtres.

C'était une île. On n'avait nulle part ailleurs où se réfugier. J'espérais juste qu'elle était située très loin des Ogres.

— Il ne pleut plus, allons-nous-en.

Leo a redescendu l'escalier sans me laisser le temps de reprendre ma respiration. Je ne voyais pas du tout où il m'emmenait.

Nous avons émergé sur la place, désormais parsemée de flaques d'eau, et nous sommes allés attendre un tram. Leo s'est baissé pour tracer dans la boue une toute petite île ronde sous une esquisse de ce qui, selon lui, représentait l'Afrique. De l'eau et de la boue qui recouvraient le sol, il avait tiré une carte géographique. Puis il a dessiné une ville sous une autre flaque.

— C'est là qu'on habitera, près de la mer, a-t-il dit en prenant ma main dans la sienne, toute sale et mouillée. Nous irons à Khuba, Hannah !

Sa mine s'est assombrie lorsqu'il a constaté que je ne partageais pas son enthousiasme.

— Et qu'est-ce qu'on fera là-bas ?

C'était la seule pensée à m'avoir traversé l'esprit, même si je savais qu'il ne pourrait me répondre.

L'hypothèse de notre départ devenait de plus en plus réelle, et cela me rendait nerveuse. Jusqu'à présent, nous avions réussi à nous accommoder des Ogres et des crises de nerfs de maman, mais je tremblais à l'idée de devoir bientôt partir.

Brusquement, Leo s'est mis à parler mariage, enfants et vie commune, sans même préciser si nous étions déjà fiancés à ses yeux. *Nous sommes si jeunes, Leo !* J'estimais qu'il aurait au moins dû me demander mon avis, afin que je puisse accepter. C'était ainsi que les choses se passaient normalement. Mais il ne croyait pas aux conventions. Il avait ses propres règles et traçait ses propres cartes dans l'eau.

Ainsi donc, nous irions à Khuba, nos enfants seraient khubains et nous apprendrions le dialecte khubain.

Alors que nous étions accroupis pour dessiner par terre devant la sortie de chez Hermann Tietz, une femme portant une boîte à chapeau a sauté au beau milieu d'une flaque d'eau, effaçant d'un coup notre carte.

— Sales morveux, a-t-elle craché en fusillant Leo du regard.

J'ai levé les yeux vers elle. On aurait dit une géante aux gros bras poilus et aux ongles pareils à des serres peintes en rouge écarlate.

J'en avais assez de la grossièreté ambiante. Les bonnes manières disparaissaient un peu plus chaque jour dans cette ville dont les habitants ne pensaient plus qu'à briser des devantures et à frapper quiconque croisait leur chemin. Elles n'étaient plus nécessaires. Les gens ne parlaient pas, ils criaient. Papa déplorait que la langue allemande perde toute sa beauté, et maman ne voyait plus en elle qu'un amas de consonnes vomies par les haut-parleurs.

Le ciel se faisait de nouveau menaçant et les nuages qui s'accumulaient présageaient un gros orage. Tout le monde autour de nous courait vers la porte de Brandebourg. Cette journée était fériée en l'honneur de l'homme le plus pur d'Allemagne, qui fêtait ses cinquante ans, et un défilé allait avoir lieu pour l'occasion.

Combien de drapeaux supplémentaires la ville pouvait-elle encore déployer ? Nous avons tenté de nous frayer un passage au milieu de la foule pour rejoindre l'avenue Unter den Linden, mais c'était impossible. Des enfants et des jeunes gens se pressaient le long des devantures des magasins, contre les murs et sur les balcons afin d'admirer la procession militaire. « Nous sommes invincibles ! Nous dominerons le monde entier ! » semblaient-ils tous hurler.

Leo s'est moqué d'eux en singeant leur salut et en levant une fois de plus sa main droite pour faire le signe « stop ».

— Tu es fou, Leo ? Ces gens-là ne plaisantent pas avec ça, ai-je dit en tirant sur son bras.

Nous avons replongé au milieu de la foule, avec pour but cette fois de rentrer chez nous.

Un bruit assourdissant a retenti dans les airs. Un avion a déchiré le ciel, puis un autre, et encore un autre. Ils étaient des dizaines à survoler Berlin. Leo est soudain devenu sérieux. Au moment où nous nous disions au revoir, un détachement de cavalerie est passé près de nous. Les hommes nous ont fixés d'un air stupéfait, comme s'ils se demandaient pourquoi nous n'étions pas au défilé.

La première chose que j'ai faite en arrivant à la maison a été d'ouvrir un atlas, mais je n'ai trouvé Khuba ni à proximité de l'Afrique, ni dans l'océan Indien, ni près de l'Australie ou du Japon. Cet endroit n'existait pas. Il n'apparaissait sur aucun continent. Ce n'était ni un État, ni une île. J'allais avoir besoin d'une loupe pour lire les noms les plus petits perdus au milieu des zones coloriées en bleu foncé.

Peut-être était-ce une île rattachée à une autre, ou une toute petite péninsule qui n'appartenait à personne. Ou, pourquoi pas, une terre inhabitée dont nous serions les premiers colons.

À partir de rien, nous ferions de Khuba un pays idéal où chacun pourrait être indifféremment blond ou brun, grand ou petit, gros ou maigre, pourrait acheter un journal, téléphoner, parler n'importe quelle langue et porter le nom de son choix sans avoir à se soucier de la couleur de sa peau ou du dieu qu'il vénérait.

Sur nos cartes faites d'eau et de boue, au moins, Khuba existait déjà.

J'ai toujours pensé qu'il n'y avait personne de plus courageux et de plus intelligent que papa. Dans sa jeunesse, il avait un profil parfait, disait maman. Un profil de statue grecque. Désormais elle ne vantait plus ses qualités. Elle ne courait plus vers lui lorsqu'il rentrait fatigué de l'université, où on le tenait en très haute estime. Son visage ne s'éclairait plus comme dans les soirées mondaines d'autrefois, quand on l'appelait « l'épouse de l'éminent docteur » ou « la femme du professeur ». Elle était alors divine dans ses robes de bal plissées créées par Madame Grès.

« Les couturiers français sont inégalables », fanfaronnait-elle devant ses admirateurs.

Papa aimait la voir ainsi : heureuse, sensuelle, élégante. L'aura de mystère cultivée par tant de stars du cinéma paraissait innée chez elle. Quiconque l'apercevait pour la première fois mourait d'impatience d'être présenté à cette beauté éthérée. Hôtesse parfaite, Alma Strauss pouvait parler savamment d'opéra, de littérature, d'histoire, de religion et de politique sans offenser personne. Papa et elle se complétaient parfaitement à cet égard – pétri de ses propres idées, il arrivait en effet qu'il déconcerte les gens avec ses théories scientifiques incompréhensibles.

Il avait changé. La douleur et l'inquiétude que faisait naître chez lui sa recherche d'un pays prêt à nous accepter l'avaient détruit. Cet homme invincible était devenu plus frêle encore que la feuille d'arbre que je conservais dans mon journal intime – cadeau de Leo, elle provenait du plus vieil arbre du Tiergarten. Chaque jour lui apportait une nouvelle raison de se plaindre.

— Je perds la vue, a-t-il dit un matin.

Je le regardais mourir à petit feu. J'en avais conscience, et je m'étais déjà préparée à finir orpheline de père et à veiller sur une mère dépressive qui ne cesserait jamais de pleurer sa gloire d'antan.

J'ignorais comment surmonter cette inertie qui s'abattait sur nous quand nous nous retrouvions tous les trois à la maison. Nous n'avancions pas du tout. J'étais incapable de prédire le chemin que nous allions suivre, mais je sentais qu'une surprise nous guettait. Or je détestais les surprises.

Il était temps pour nous de prendre une décision. Qu'importe si c'était une erreur et si nous atterrissions au mauvais endroit. Il fallait qu'on agisse, quitte même à aller à Madagascar ou dans le Khuba de Leo.

« Mais où est Khuba ? » ne cessais-je de me demander.

Anna

New York, 2014

Maman dit que ma grand-tante est une rescapée, comme M. Levin. Je l'imagine ridée et couverte de taches de vieillesse, avec des cheveux blancs clairsemés, un dos voûté et des articulations toutes raides. Peut-être qu'elle ne peut pas marcher, ou alors à l'aide d'une canne. À moins qu'elle ne se déplace en fauteuil roulant. Mais elle a l'esprit aiguisé, un sens de l'humour très particulier, et sa gentillesse teintée d'une pointe d'amertume a séduit maman, qui s'est montrée surprise après lui avoir parlé. Selon elle, cette femme s'exprime très clairement, lentement et avec précision, en passant sans problème de l'anglais à l'espagnol, et sa voix la fait paraître plus jeune qu'elle ne l'est en réalité. Il est certain que nous n'allons pas trouver une vieille dame brisée.

— Elle est si calme et si sereine, dit-elle avec l'air de réfléchir à voix haute. Elle n'est pas triste, Anna. Elle s'est résignée à sa situation, mais elle souhaite te rencontrer. À l'en croire, elle en a besoin.

Cuba ne m'évoque rien, à moi. Quand, depuis ma chambre, j'entends maman et M. Levin évoquer notre voyage, j'ai toujours cette impression d'un pays qui manque de tout. Je me représente une île déserte entourée de vagues furieuses et balayée par les ouragans et les tempêtes tropicales. Un tout petit point au milieu de la mer, dépourvu d'immeubles, de rues, d'hôpitaux et d'écoles. Sans rien d'autre que du vide. Je ne sais pas comment papa a pu faire des études dans un tel endroit. Peut-être est-ce pour ça qu'il a atterri à Manhattan, une île digne de ce nom, elle, à quelques pas seulement du continent.

Sa famille est arrivée à Cuba sur un bateau et elle est restée sur place. Mais lui, une fois devenu grand, il est parti, comme presque tous ceux qui sont nés là-bas.

— Une île, il faut la quitter, disait-il toujours à maman. Voilà à quoi tu penses quand tu n'as que la mer à l'infini pour seule frontière.

Papa était timide. Il ne savait pas danser, ne buvait pas et n'avait jamais fumé. Maman en plaisantait en disant qu'il n'avait de cubain qu'un vieux passeport. Et aussi la langue espagnole, qu'il parlait doucement, en prononçant bien les *s* et en se gardant d'avaler les consonnes. L'anglais était sa seconde langue, mais il la maîtrisait tout aussi parfaitement, et sans aucun accent, grâce à la tante qui l'avait élevé après la mort de ses parents. C'était à son père, né à New York, qu'il devait d'avoir obtenu la citoyenneté américaine. Toutes ces informations, maman les avait glanées durant leurs quelques années de mariage, et elle les avait vérifiées auprès de ma grand-tante au cours d'une communication téléphonique constamment coupée.

De temps à autre, un film lui rappelait l'homme avec qui elle avait décidé de fonder une famille – famille que lui-même n'avait jamais connue. Papa lui avait fait découvrir le cinéma italien d'après-guerre. Visconti, Antonioni, De Sica le fascinaient, mais il aimait aussi Madonna. Telles étaient ses contradictions. Lorsque maman et lui avaient commencé à sortir ensemble, l'un de leurs premiers rendez-vous avait été au Film Forum, un cinéma de Greenwich Village. Ils y avaient vu la version originale du *Jardin des Finzi-Contini*, réalisé par De Sica, l'une des œuvres préférées de papa. Il était sorti de là dans tous ses états.

— Il avait les larmes aux yeux et il m'a dit que je ressemblais à l'héroïne de ce film, m'a confié maman. C'était si romantique de la part de quelqu'un qui s'épanchait si peu en temps normal. Je peux faire ma vie avec cet homme, ai-je pensé à ce moment-là. Ton père ne montrait jamais ses émotions, mais il pleurait toujours au cinéma.

Papa trouvait refuge dans son travail, dans ses livres et dans les salles obscures. Il n'avait pas d'amis. Je le voyais comme un superhéros volant à la rescousse des opprimés et des démunis. Maman riait de mes délires, mais elle ne les a jamais critiqués parce qu'elle savait que, pour moi, mon père était encore en vie quelque part.

Elle était toute seule, elle. Fille unique, elle avait perdu ses parents l'un après l'autre alors qu'elle terminait ses études. Puis papa était apparu. Ils s'étaient rencontrés lors d'un concert de musique baroque à l'université de Columbia, où elle enseignait la littérature latino-américaine.

Le jour où elle leur avait annoncé son mariage, aucun de ses proches ne lui avait demandé si papa était hispanique, juif ou juste un étranger de passage. Ses origines n'avaient aucune importance : il parlait bien anglais, cela suffisait. Pour ne rien gâcher, il travaillait dans un centre d'études nucléaires et possédait un bel appartement hérité de sa famille, maman n'avait donc pas grand-chose à craindre en emménageant avec ce quasi-inconnu.

Il travaillait en dehors de la ville, mais il avait un bureau dans le centre où il se rendait tous les mardis. Ces jours-là étaient les seuls où il rentrait plus tard à la maison. Pour autant, maman ne l'a jamais questionné à ce sujet. Il n'était pas du genre à lui donner des raisons de douter de lui ou d'être jalouse. Pas parce qu'il n'était pas beau, mais parce qu'il détestait les complications et tout ce qui pouvait troubler sa vie déjà bien balisée.

Maman ne l'ayant jamais présenté à ses amis de l'université, elle n'avait pas à fournir d'explications. Elle ne voulait pas qu'on ait pitié d'elle. Tout ce qu'elle savait sur lui, c'était que ses parents étaient morts dans un accident d'avion lorsqu'il était jeune et qu'il avait été élevé par une tante. Cela lui suffisait, quant à lui, il n'évoquait jamais son passé.

« Il vaut mieux oublier », disait-il.

J'entre dans la chambre de maman. À genoux devant sa commode, elle farfouille parmi des papiers et des livres jusqu'à mettre la main sur une vieille boîte à chaussures. J'entrevois deux boutons de manchette, des lunettes de soleil masculines et plusieurs enveloppes.

Elle se retourne et me décoche son plus beau sourire.

— Ce sont quelques-unes des affaires de ton père, dit-elle en me donnant la boîte.

Je retourne au pas de course vers mon île et ferme ma porte à clé avant d'examiner mon nouveau butin.

— Regarde tous ces trésors, papa. Je suis sûre que tu te souviens d'eux, dis-je à voix basse afin que maman ne m'entende pas. Il y a des documents, des relevés de compte… mais pas une seule photo. J'espérais en trouver une autre de toi. Tant pis, je vais quand même garder tes boutons de manchette et tes lunettes dans le tiroir de ma table de nuit.

Au fond de la boîte, je découvre une enveloppe bleue que j'ouvre soigneusement. Elle contient une petite feuille de papier assortie recouverte de l'écriture de papa – une lettre non datée, adressée à maman. Je songe à la prévenir, avant de me raviser. Elle m'a remis ce qu'elle avait conservé bien à l'abri pendant douze ans. Tout ceci m'appartient maintenant.

Je me sens soudain affamée – comme toujours dans ce genre de situation.

— Il faut que je me calme. Je suis sur le point de déchiffrer une de tes lettres et je n'ai pas envie d'apprendre d'autres secrets – il y en a plus qu'assez qui nous attendent à

Cuba. Je vais la lire pour toi, papa. Ça te rappellera maman. Malgré le temps qui passe, elle ne t'oublie pas, tu sais.

Ida, mon amour,

C'est aujourd'hui le cinquième anniversaire de notre vie à deux, et je me souviens comme si c'était hier du moment où je t'ai aperçue pour la première fois au fond de la salle où nous avons assisté à ce concert d'automne dans la chapelle Saint-Paul, à l'université.

Tu parlais espagnol avec tes étudiants. Moi, je n'arrivais pas à détacher les yeux de toi. Puis la musique t'a complètement absorbée, et j'ai encore en mémoire ce geste que tu as fait pour coincer tes cheveux derrière tes oreilles. Je voyais ton beau profil que j'aurais voulu suivre du bout des doigts – ton front, tes sourcils, ton nez, tes lèvres, tes joues.

Toi tu te souviens du concert, de la musique, de l'orchestre. Moi je ne me souviens que de toi.

Je ne te dis jamais que je t'aime, que tu es la meilleure chose qui me soit jamais arrivée. Que j'apprécie tes silences, ta compagnie. Que j'aime te regarder dormir et te réveiller, et prendre mon petit déjeuner avec toi au lever du jour le week-end. T'ai-je déjà avoué que ces matins ensemble, où parfois nous ne prononçons pas même un mot, sont mes préférés simplement parce que tu es à mes côtés ?

Tu es entrée dans ma vie alors que je m'étais résigné à ce que personne n'accepte jamais ma solitude. Un jour, il faudra qu'on parcoure le monde ensemble et qu'on se perde parmi les autres gens. Juste toi et moi. Promis ?

Ida, mon amour, je serai toujours là pour toi.

Louis.

Hannah

Berlin, 1939

Il y avait des jours où je me réveillais avec l'impression de ne pas pouvoir respirer, où je voyais une tragédie se profiler et où mon cœur se mettait à battre follement. Très vite, pourtant, cela s'arrêtait. Étais-je encore en vie ? L'un de ces jours est tombé un mardi. Je détestais les mardis. On aurait dû les rayer du calendrier. Sitôt arrivés à Cuba, Leo et moi ferons paraître un décret intitulé : « Fini, les mardis ! »

Ce matin-là, je me sentais toute fiévreuse, mais je n'avais pas de rhume ni de douleur particulière. Papa a pris ma température. Il avait fait un nœud Windsor à sa cravate et tenait déjà à la main son chapeau de feutre gris. En souriant, il m'a embrassée sur le front.

— Tu n'as rien. Allez, lève-toi.

Il est resté avec moi un moment, m'a encore embrassée, puis m'a laissée dans ma chambre. Le claquement de la porte d'entrée m'a fait sursauter. Il n'y avait plus que moi et maman dans l'appartement. Seules, abandonnées.

Je savais que je n'avais pas de fièvre et que je n'étais pas malade. Pour autant, mon corps refusait de bouger. J'avais même perdu toute envie de sortir et de rejoindre Leo pour prendre des photos avec lui. Quelque chose allait se produire, j'en étais certaine, mais quoi ?

Maman s'était maquillée légèrement, n'avait pas mis ses faux cils, et elle portait une robe bleu foncé à manches longues d'allure assez formelle. J'ai coiffé le béret marron qu'elle m'avait rapporté de son dernier voyage à Vienne et me suis enfermée dans ma chambre avec un atlas dans l'espoir de découvrir l'emplacement de notre petite île, qui n'apparaissait toujours nulle part.

Nous étions sur le point de partir. Papa ne pouvait pas continuer à garder secrète notre destination finale. Pour ma part, j'étais prête à tout accepter. Qu'aurait-il pu nous arriver que nous n'ayons déjà connu ? Nous vivions dans un état de terreur et de guerre imminente, et je doutais que la situation puisse vraiment empirer.

D'après Leo, papa avait même acheté une maison à Khuba.

« Pour quoi faire, puisque nous ne resterons pas longtemps là-bas ? » avais-je demandé.

Comme toujours, il avait réponse à tout.

« C'est le moyen le plus simple d'obtenir un droit d'entrée sur le territoire. Avoir une maison prouve qu'on ne sera pas un fardeau pour l'État. »

Papa ayant été banni de l'université, j'ignorais où il se rendait chaque matin. Sans doute dans les consulats de pays aux noms étranges afin de solliciter des visas ou des papiers de réfugiés. À moins qu'il ait été occupé à échafauder avec le père de Leo un plan susceptible de leur coûter la vie à tous les deux.

Je me le représentais tel un héros en uniforme de soldat, la poitrine aussi couverte de médailles que mon grand-père, qui avait vaincu les ennemis du peuple allemand. Pour nous sauver, il affrontait et terrassait des Ogres impuissants face à sa force et à sa bravoure.

Juste quand ces pensées perturbantes commençaient à embrouiller mon esprit, j'ai entendu maman faire marcher le gramophone. Or cet appareil était le trésor de mon père, son bien le plus précieux. Son domaine réservé.

Un jour qu'il posait un disque sur le plateau de la boîte en bois ciré, il m'avait expliqué le fonctionnement de cette merveille qui le mettait en extase des heures durant. C'était un véritable tour de magie. Le RCA Victor – qu'il appelait tout simplement Victor, comme s'il s'agissait d'un ami proche – possédait un bras mobile muni à son extrémité d'une aiguille métallique, laquelle suivait à un rythme parfaitement régulier le sillon des disques noirs qui ne cessaient de tourner et de tourner jusqu'à ce que moi aussi j'aie la tête qui tourne rien qu'à les regarder. Les ondes sonores se transformaient en vibrations mécaniques diffusées par un joli pavillon doré semblable à une trompette ou une énorme cloche. On percevait d'abord une sorte de ronronnement, de soupir métallique prolongé. Puis les premières notes retentissaient. Nous fermions les yeux et imaginions que nous étions à un concert à l'opéra de Vienne. La musique s'échappait du pavillon, toute la pièce tremblait et nous nous laissions emporter, soulever dans les airs – c'était pour moi une expérience incroyable.

Ce fameux mardi, j'ai reconnu les paroles de l'aria préférée de maman : « Mon cœur s'ouvre à ta voix, comme s'ouvrent les fleurs aux baisers de l'aurore ! »

Ainsi, il n'y avait pas lieu de s'inquiéter. Maman était absorbée par la musique du compositeur français Camille Saint-Saëns, dont papa gardait les disques précieusement, en les nettoyant avant et après les avoir écoutés. Celui-là était un enregistrement récent de sa mezzo-soprano favorite, Gertrud Pålson-Wettergren. Elle était déjà allée exprès à Paris avec papa pour la voir sur scène, et je devinais sans peine combien elle avait la nostalgie de cette époque. Hier était devenu une notion flouc pour elle. Moi, cette aria désespérée me donnait envie de courir dans des prairies avec Leo, d'escalader des montagnes et de traverser des rivières sur l'île où nous irions habiter.

Il ne nous arriverait rien. Papa serait de retour à la maison pour le dîner, et je sortirais retrouver Leo avec mon atlas afin qu'il m'aide à localiser notre île mystérieuse au milieu de quelque océan inconnu.

Je savais ce qu'il fallait que j'emporte dans ma valise. Mon appareil photo et tout un tas de rouleaux de pellicule, bien sûr. Seulement deux ou trois robes, pas plus – ce n'était pas nécessaire. J'aurais adoré voir les bagages de maman. Elle ne serait satisfaite que si on la laissait prendre ses bijoux, ses parfums, ses crèmes. Nous aurions besoin d'une voiture rien que pour ses affaires.

Deux coups très forts ont été frappés à la porte de l'appartement. Personne ne nous avait rendu visite depuis des mois et Eva avait la clé de l'entrée de service. Maman et moi nous sommes dévisagées tandis que la musique continuait à jouer. J'ai compris tout comme elle que l'heure fatidique avait sonné, même si personne ne m'y avait préparée. J'ai attendu une réponse de sa part, mais elle a mis du temps à réagir. Elle ne savait pas quoi faire.

Enfin, elle a quitté sa bergère pour soulever le bras mobile du gramophone. Le disque a cessé de tourner et le silence a empli le salon, qui ne m'a jamais paru si grand qu'à cet instant. Je me faisais l'effet d'un insecte. Deux autres coups ont été frappés. Maman a cillé. Ses lèvres ont frémi, mais elle a pointé le menton en avant et, le dos bien droit, elle est allée lentement ouvrir la porte – si lentement que quatre autres coups ont eu le temps de retentir et de faire trembler les meubles.

Elle s'est fendue d'une génuflexion et a invité quelqu'un à entrer sans demander à cette personne qui elle venait voir ni ce qu'elle voulait. Quatre Ogres ont pénétré dans le salon les uns à la suite des autres en charriant avec eux un courant d'air froid. Glacée jusqu'aux os, je n'arrêtais pas de frissonner.

Leur chef s'est figé au centre de la pièce sur l'épais tapis persan, et maman s'est écartée afin de ne pas masquer le champ de vision de cet homme venu bouleverser à jamais nos existences.

— Vous menez la belle vie, à ce que je vois, a-t-il déclaré sans prendre la peine de masquer sa jalousie.

Il a examiné les lieux en détail : les tentures aux teintes cuivrées, les voilages en soie qui filtraient la lumière émanant de la fenêtre sur cour, l'imposant canapé avec ses coussins jaunes aux motifs pompéiens, le portrait peint de maman, sur lequel elle apparaissait les épaules nues, avec sa perle imparfaite accrochée en pendentif à un collier.

Il a jaugé chaque objet avec la précision d'un commissaire-priseur intraitable. Il était facile de deviner à son regard quels étaient ceux qui lui plaisaient le plus et qu'il comptait garder pour lui.

Une odeur de poudre à canon, de bois brûlé, de devantures brisées et de cendre flottait à présent dans notre salon.

Je me suis placée en bouclier entre les Ogres et maman, qui a posé ses mains sur mes épaules en tremblant.

— Tu dois être Hannah, a dit le chef avec l'accent des Berlinois cultivés. La jeune fille allemande. La fille presque parfaite.

Il a prononcé le « presque » avec tant de mépris que c'était comme s'il m'avait giflée.

— Apparemment, *Herr* Rosenthal n'est pas là.

À ces mots, j'ai cru que mon cœur allait exploser. J'ai inspiré en tentant de me calmer – je ne voulais surtout pas que ces hommes entendent mon sang pulser dans mes veines. J'ai commencé à transpirer. Maman affichait toujours un sourire figé et le froid de ses mains engourdissait mes épaules.

Il fallait que je pense à autre chose afin d'échapper à cette pièce, à ma mère et aux Ogres. J'ai fixé les tentures de brocart sur les murs et leurs motifs de fougères surmontées de bouquets de fleurs répétés à l'infini. Allez, Hannah, reviens à tes racines et n'essaie pas d'anticiper la suite des événements, me répétais-je en boucle. Une, deux, trois feuilles sur chaque tige.

Je me suis déconcentrée lorsqu'une goutte de sueur a roulé vers ma tempe. Je n'ai pas osé l'arrêter et l'ai laissée couler sur mon front.

Maman était sur le point de craquer, je le sentais. *Maman, s'il te plaît, ne pleure pas. Ne leur montre pas combien nous sommes désespérées. Ne perds pas ton beau sourire froid. Tremble tant que tu veux, mais ne pleure pas. C'est papa qu'ils sont venus chercher, et nous savions qu'ils le feraient un jour. Nous ne pouvions pas espérer que soit repoussé encore longtemps le moment où l'on frapperait à notre porte.*

Le chef des Ogres s'est approché de la fenêtre pour vérifier de quel côté de la rue donnait notre salon – et peut-être aussi pour estimer la valeur de l'appartement. Puis il a traversé la pièce en direction du gramophone. Il a pris le fragile disque de papa, l'a examiné et a fixé maman bien en face.

— Un morceau incontournable pour toute mezzo-soprano.

À coup sûr, maman allait leur proposer un thé ou quelque autre boisson. Je me suis raidie pour tenter de l'en dissuader. *Reste comme ça, fière et droite. Je te protégerai. Appuie-toi sur moi. Ne t'effondre pas et n'offre rien aux Ogres.*

L'homme a fait lentement le tour du salon, répandant autour de lui le même air glacial qu'à son arrivée. Toujours frissonnante, j'ai craint de devoir bientôt foncer aux toilettes. Il a fait signe à deux de ses sbires de fouiller les autres pièces. Peut-être en avaient-ils après nos bijoux. Dans ce cas, ils n'auraient aucun mal à les trouver : ils étaient dans la boîte surmontée d'une ballerine solitaire, avec la montre Patek Philippe que papa ne portait que dans les grandes occasions. Ou peut-être cherchaient-ils les billets que maman gardait dans l'un des tiroirs de sa table de nuit. Tout notre argent liquide était là, à l'exception d'une partie qu'elle avait confiée à Eva en cas d'urgence. Le reste était placé sur des comptes bancaires en Suisse et au Canada.

L'Ogre est retourné près du gramophone.

Il a soulevé le bras mobile et l'a scruté intensément. Papa risquait de le tuer s'il brisait ou abîmait un tant soit peu l'appareil. C'était quelque chose qu'il ne lui pardonnerait jamais.

— Herr Rosenthal ne devrait pas tarder, a déclaré maman – et je me suis demandé comment elle pouvait leur dire ça alors qu'elle savait très bien qu'ils étaient venus l'arrêter.

Tout s'est brusquement éclairé : ce n'était pas notre argent qu'ils convoitaient, ni nos bijoux, ni nos tableaux, ni même le fichu gramophone de papa. Ce qu'ils voulaient, c'était s'emparer des six appartements de notre immeuble. Ils prévoyaient d'abord de nous effrayer, ensuite de nous les prendre. Leur chef s'y installerait, cela ne faisait aucun doute. Il dormirait dans la suite parentale, s'arrogerait le bureau de papa et détruirait toutes nos photos.

Le silence est retombé dans la pièce.

L'Ogre s'est assis sur le fauteuil de velours de papa, qu'il a caressé comme pour tester la qualité du tissu. Il a lentement passé les doigts sur l'accoudoir et m'a regardée sans un mot. À l'évidence, il était prêt à attendre le temps qu'il faudrait. Il était confortablement installé, après tout. Puis il a reporté son attention sur les photos de la famille Strauss accrochées aux murs.

Je n'avais jamais remarqué jusqu'alors que les marches de l'escalier menant à notre étage grinçaient, mais leur bruit a résonné aussi fort qu'un carillon d'église. Le moment tant redouté était arrivé.

Le silence s'est prolongé.

Bien qu'il ait entendu la même chose que moi, le chef des Ogres est resté assis sans bouger. De là où il était, il dominait toute la pièce.

Un nouveau bruit de pas nous est parvenu, et j'ai compris que papa était juste derrière la porte. Mon cœur s'est emballé encore plus. La respiration de maman s'est accélérée elle aussi, mais j'étais la seule à distinguer ses faibles gémissements derrière moi.

Je me suis retenue à temps de crier. N'entre pas, papa ! aurais-je voulu dire. Les Ogres sont là ! Il y en a un assis dans ton fauteuil ! Cela n'aurait servi à rien. Nous n'avions nulle part où fuir – Berlin était grand comme un mouchoir de poche, les Ogres l'attraperaient tôt ou tard. Pour ne rien arranger, maman menaçait de s'évanouir.

Les hommes ont pris position derrière la porte. La clé a tourné dans la serrure. Elle coinçait toujours un peu.

Le silence devenait interminable.

Ce délai a déconcerté le chef des Ogres, qui a échangé quelques coups d'œil avec ses compagnons. Chaque seconde me paraissait durer une heure, au point que je me suis surprise à souhaiter qu'ils emmènent papa une bonne fois pour toutes et qu'ils disparaissent avec lui. Si ça continuait, c'était moi qui allais m'évanouir. J'avais une furieuse envie d'aller aux toilettes et je ne pouvais plus me retenir. Je ne voulais pas être témoin du spectacle humiliant que les Ogres avaient soigneusement préparé pour s'assurer qu'on les implore et qu'on sanglote de désespoir devant eux. Maman n'a pas bougé.

La porte s'est ouverte.

Alors, l'homme le plus fort et le plus élégant du monde est entré. Celui qui me bordait dans mon lit le soir et qui m'embrassait chaque fois que j'avais peur. Celui qui me serrait dans ses bras, qui me berçait, qui me jurait qu'il ne nous arriverait rien et qu'on partirait très loin, vers une île que même les tentacules des Ogres n'atteindraient jamais.

Sa mine disait combien il était navré pour nous. Il semblait se demander comment il avait pu nous mettre dans une situation pareille. Nous avions déjà vécu quelque chose de similaire la nuit de son arrestation, en novembre, mais là, c'était l'instant décisif. Il était impossible de revenir en arrière, il le savait. Il était temps pour lui de dire au revoir à la femme qu'il aimait et à la fille qu'il adorait.

— Herr Rosenthal, il faut nous accompagner au poste.

Il a acquiescé sans regarder l'Ogre et a fait quelques pas vers moi en essayant d'ignorer maman – il se doutait bien que cela risquait de la faire flancher. J'étais celle qui pouvait résister, celle qui, au bout du compte, se retrouverait sans père pour la protéger contre les fantômes, les sorcières et les monstres. Mais pas contre les Ogres. Personne ne pouvait nous défendre contre eux.

Il a pris mes mains glacées dans les siennes, si chaudes. *Prête-moi un peu de ta chaleur, papa. Chasse cette terreur de mes os.* Je l'ai serré avec le peu de force qui me restait, et j'ai pleuré. C'était ce que les Ogres voulaient : nous voir souffrir.

— Hannah, ma chérie, que t'avons-nous fait ? a-t-il murmuré.

J'ai fermé les yeux. On me séparait de l'homme qui, jusque-là, avait veillé sur moi et à qui nous faisions totalement confiance pour nous sauver. On allait l'emmener loin de nous. Maman m'a attirée contre elle, et cela m'a fait prendre conscience que la personne la plus faible de notre famille serait désormais mon seul soutien. J'ai gardé les yeux clos malgré mes larmes.

— Ne t'inquiète pas, Hannah, a dit mon père.

Il était toujours là. Encore une seconde, encore une minute, s'il vous plaît.

— Tout ira bien, ma chérie.

Ils ne l'emmènent donc pas ? Ont-ils changé d'avis ?

— Regarde par la fenêtre, a-t-il ajouté. Les tulipes vont bientôt fleurir.

Ce sont les derniers mots qu'il a prononcés avant de partir. Lorsque j'ai rouvert les yeux, il avait disparu avec l'Ogre. On devait m'entendre pleurer dans tout l'immeuble.

— Papa ! ai-je crié par la fenêtre.

Mais personne ne m'a entendue. Personne ne m'a vue. Personne n'en avait rien à faire.

Quelqu'un a murmuré derrière moi. C'était maman.

— Où l'emmenez-vous ? a-t-elle demandé d'une voix chevrotante.

— Au poste de police de la Grolmanstraße, a répondu l'un des Ogres depuis le pas de la porte. Simple routine. Ne vous en faites pas, il n'arrivera rien à votre mari.

Oui, bien sûr. Ils le renverraient sain et sauf, et il reviendrait nous dire qu'il avait été traité avec tous les égards dus à un gentleman. Qu'au lieu de lui donner de l'eau, on lui avait servi du vin dans une pièce spacieuse, chauffée et bien éclairée. Mais je savais ce qui allait vraiment se passer : il dormirait dans une cellule bondée et n'aurait rien à manger. Tout juste serions-nous informées de temps à autre de l'évolution de son triste sort – si toutefois on avait de la chance.

Après son arrestation, nous n'avions plus jamais eu de nouvelles d'Herr Schemuel, le boucher du quartier. Il n'y avait aucune différence entre lui et mon père. Pour les Ogres, nous étions tous les mêmes et, j'en demeurais persuadée, personne ne revenait de cet enfer.

J'aurais dû m'accrocher à lui plus longtemps. J'aurais dû consigner ce moment dans ma mémoire afin de ne jamais l'oublier – chose que j'avais tendance à faire avec les mauvais souvenirs.

Maman a couru dans sa chambre. Terrifiée, je l'ai suivie et l'ai vue sortir de ses tiroirs des documents qu'elle a examinés à la hâte.

— Il faut que j'y aille, a-t-elle marmonné. Je te retrouverai plus tard.

Je n'en croyais pas mes oreilles. *Où vas-tu, maman ? On ne peut rien faire. Nous avons perdu papa !* Mais c'était inutile. Avec toute la force de la famille Strauss, qui jusqu'alors l'avait désertée, elle s'est élancée hors de l'appartement où elle se terrait depuis plusieurs mois. Elle a claqué la porte et disparu sans se soucier de son maquillage, sans se demander si ses chaussures étaient assorties à son sac à main, si sa robe était bien repassée ou si elle portait un parfum approprié au printemps.

N'oublie rien de tout ça, ai-je pensé. Et j'ai commencé à faire la liste de tout ce que je devais mémoriser : les tentures murales de brocart, la lumière dans le vestibule, le fauteuil de velours, le parfum de maman. Même ainsi, le plus important m'échappait : le visage de papa.

J'étais toute seule. En un instant, j'ai su ce que c'était de ne plus avoir de parents. Et j'ai su également que ce ne serait pas la dernière fois.

Anna

New York, 2014

Tante Hannah avait perdu son neveu, son seul descendant, son dernier espoir. Moi, j'avais perdu mon père.

Jusqu'à mes cinq ans, je n'ai cessé d'espérer que papa réapparaîtrait un jour, comme ça, sans prévenir. Chaque fois que quelqu'un sonnait chez nous, je courais voir qui c'était.

« On dirait un petit toutou », me sermonnait maman.

Papa nous avait laissé une immense carte du monde que j'avais accrochée au-dessus de mon lit. Je l'imaginais aller dans des pays exotiques à bord d'avions à réaction, de sous-marins nucléaires et de zeppelins. Je le voyais gravir l'Everest, se baigner dans la mer Morte, émerger d'une avalanche sur le Kilimandjaro, traverser le canal de Suez à la nage, passer les chutes du Niagara en canoë. Mon père était un voyageur fictif qui reviendrait me chercher pour m'emmener vers des terres inconnues. Quelle aventure ce serait !

Puis il y a eu cette journée nuageuse de septembre, cinq ans tout juste après la date funeste qu'il avait choisie pour s'évaporer. Mon école avait organisé une cérémonie et, dans l'auditorium rempli d'enfants, quelqu'un a lu une liste de personnes disparues. Le nom de papa était le dernier. Je suis restée pétrifiée sur ma chaise, sans savoir comment réagir, tandis que mes camarades s'approchaient de moi pour me serrer dans leurs bras.

— Anna a perdu son père, a déclaré solennellement mon institutrice quand nous avons regagné notre salle de classe. Ceux d'entre nous qui ont vécu ces événements n'oublieront jamais ce qu'ils faisaient ce matin-là.

Elle s'est interrompue à plusieurs reprises afin de nous observer et de s'assurer qu'on l'écoutait bien.

— Moi, j'étais avec ma classe quand j'ai été appelée dans le bureau de George. Tous les cours ont été suspendus et les enfants renvoyés chez eux. Les transports publics ne fonctionnaient plus, les ponts de Manhattan étaient fermés. Une amie est venue me chercher ici, à l'école, et j'ai passé la nuit chez elle à Riverdale. Les jours suivants ont été si angoissants !

Les yeux humides, elle a sorti un mouchoir de sa poche avant de poursuivre :

— Beaucoup dans cette école ont perdu des membres de leur famille, des amis ou des connaissances. Ils ont mis longtemps à s'en remettre.

J'ai tenté de réagir avec calme, mais j'étais véritablement ébranlée.

Dans le bus qui me ramenait à la maison, je me suis assise seule au fond et j'ai pleuré en silence. Les enfants devant moi criaient, se jetaient des crayons et des gommes, et il m'est lentement apparu que, dorénavant, je serais à jamais pour les autres la petite fille qui avait perdu son père un jour de septembre.

Maman m'attendait à l'entrée de notre immeuble. Je suis descendue du bus en oubliant de saluer le conducteur et je me suis dirigée vers l'ascenseur sans même la regarder. Ce n'est qu'une fois dans notre appartement que je l'ai mise au pied du mur.

— Papa est mort il y a cinq ans. Mon institutrice l'a dit en classe.

Elle a sursauté en entendant ce mot, « mort », mais elle s'est aussitôt ressaisie, comme pour me montrer que cela ne l'affectait pas tant que ça.

Je suis ensuite allée dans ma chambre. J'ignore ce que maman a fait pendant ce temps. Elle n'avait aucune énergie, et peut-être même pas envie de me fournir une explication. Son deuil était terminé, alors que le mien ne faisait que commencer.

Plus tard, je suis entrée dans sa chambre plongée dans le noir, et je l'ai vue roulée en boule sur son lit, encore habillée et en chaussures. Je l'ai laissée se reposer. Il semblait évident que nous parlerions désormais de papa au passé. J'étais devenue orpheline. Elle était veuve.

J'ai rêvé de lui différemment après ça. Pour moi, il continuait en quelque sorte à vivre sur une île lointaine. Mais maman a pris conscience pour la première fois qu'il était vraiment mort.

Chaque année en septembre, c'est automatique, je pense à ce matin ensoleillé où papa a quitté l'appartement et n'est jamais revenu. Maman l'attend encore. Moi aussi.

Ce jour où, à quatre ans et demi seulement, j'ai découvert comment il avait disparu, j'ai cessé d'être une petite fille et je me suis réfugiée dans ma chambre avec sa photo. Avant, il y avait dans ma vie des parcs et des arbres, des marchands de fruits et de fleurs à l'angle des rues de Broadway. Avant, nous sortions acheter des glaces au printemps, en été et même en hiver. Maman avait promis de m'apprendre à faire du vélo à Central Park. Elle ne l'a jamais fait.

La tête enfoncée dans son oreiller, elle m'a raconté d'un ton las et monocorde ce qui s'était passé ce terrible jour. Ses mots formaient une litanie effrayante, et, chaque mois de septembre, cette voix me revient en mémoire, telle une prière immuable.

Quand le réveil a sonné à 6 h 30, papa avait déjà les yeux grands ouverts. Il s'est tourné vers maman pour vérifier qu'elle dormait toujours, même si, en réalité, elle faisait semblant. Toute la nuit, elle s'était sentie nauséeuse, migraineuse, et elle s'était levée plusieurs fois pour aller aux toilettes.

Durant quelques secondes, il est resté assis sur le bord du lit sans rien dire. Puis, emportant son costume bleu sombre dans la salle de bains, il s'est douché, rasé rapidement et habillé sans bruit. Il finissait de boutonner sa chemise lorsqu'il a remarqué une goutte de sang près de son col blanc fraîchement repassé. Il a appuyé son index sur la petite entaille le temps de regarder le courrier, qu'il avait laissé en tas, comme d'habitude, et il a emporté deux enveloppes. Maman est formelle sur ce point : il y avait une lettre de son travail et une autre de son fonds fiduciaire. Enfin, après s'être assuré qu'elle était toujours couchée, il est sorti en fermant la porte doucement derrière lui.

Elle comptait lui annoncer la bonne nouvelle ce soir-là. Elle aurait pu le faire l'un de ces nombreux petits matins où elle avait souffert de nausées gravidiques, mais ma mère n'aime pas les célébrations prématurées et, pour se prémunir contre toute fausse joie, elle avait préféré attendre de passer le cap des douze semaines de grossesse – ce que son médecin lui avait confirmé la veille.

Elle avait acheté une bouteille du vin rouge préféré de papa et projetait de lui parler au cours du dîner. L'année prochaine, tout va changer. Nous allons être parents. Elle voulait trouver le moment idéal pour lui faire la surprise.

Papa n'avait pas la moindre idée de ce qu'elle préparait. Cette journée de septembre était pareille à toutes les autres. Un peu fraîche, mais ensoleillée, avec le flot continu des voitures propre aux heures de pointe. Par la fenêtre, maman l'a vu ouvrir la porte de l'immeuble et s'arrêter en haut des marches pour prendre une grande inspiration. Un parfum d'été flottait encore dans l'air. À l'intersection de la 116e Rue et de Morningside Drive, il a jeté un coup d'œil au soleil matinal et au parc encore verdoyant. Il était 7 h 30. À ce moment de la journée, le concierge de l'immeuble allait toujours promener son chien. Papa l'a salué et s'est engagé sur la 116e Rue, en direction de l'ouest. Il a traversé le campus de l'université de Columbia et pris la ligne de métro nº 1 à Broadway. Maman connaissait ses habitudes par cœur. C'était un mardi tout ce qu'il y avait de plus ordinaire.

En sortant de la station Chambers Street, il a pris la direction de Trinity Place et du salon de coiffure pour hommes John Allan, qu'il fréquentait une fois par mois. Il était devenu membre de cette institution lorsqu'il avait commencé à se rendre chaque semaine dans le quartier des affaires, à Manhattan. Il se sentait à l'aise là-bas et appréciait l'atmosphère intime des lieux. Son café noir (sans sucre) l'attendait à son arrivée, et il parcourait sur place les gros titres du *Wall Street Journal*, du *New York Times* et du *El Diario La Prensa*.

Papa ne s'est pas fait couper les cheveux ce jour-là. Il n'a jamais atteint son bureau. Ça, au moins, nous en sommes sûres. Je me demande aujourd'hui où il est allé lorsque, à 8 h 46, il a entendu la première explosion. Il aurait pu rester où il était, comme les autres l'ont fait – ceux qui ont survécu. Quelques minutes de plus et la complainte de maman aurait été toute différente. Seulement quelques minutes.

Peut-être a-t-il couru voir ce qui se passait, ou s'il pouvait sauver quelqu'un. La seconde explosion a eu lieu à 9 h 03. Tout le monde alors a dû se sentir complètement perdu. Les lignes téléphoniques ont été coupées. Puis un déluge de corps s'est abattu sur le trottoir. À 9 h 58, l'une des tours s'est effondrée. À 10 h 28, sa jumelle a fait de même.

Un épais nuage de poussière a recouvert l'extrémité de l'île de Manhattan. Il était impossible de respirer, de garder les yeux ouverts. Partout résonnait le mugissement assourdissant des camions de pompiers et des voitures de police. Je suppose que le jour a soudain fait place à la nuit. Que des hommes et des femmes ont couru, en quête de lumière, luttant contre le feu, la terreur et l'angoisse. Vers le nord, ils ont forcément couru vers le nord.

Je ferme les yeux et préfère imaginer papa portant dans ses bras une personne blessée qu'il cherchait à mettre à l'abri et retournant ensuite au niveau zéro de la tour pour prendre part aux opérations de sauvetage. Même s'il a peut-être été une victime parmi d'autres, j'aime à penser qu'il est juste perdu quelque part et qu'il ne sait pas où aller. Si ça se trouve, il a oublié où il habitait et comment rentrer chez lui. Pourtant, chaque nouveau mois de septembre que nous vivons sans lui réduit un peu plus les probabilités de le voir revenir, et j'ai bien sûr conscience qu'il a dû finir piégé dans les décombres. Les bâtiments ont été réduits à des fragments d'acier, de verre brisé et de ciment.

La ville était paralysée. Maman aussi.

Elle a attendu deux jours avant de signaler la disparition de papa. Je ne comprends pas comment elle a pu dormir la nuit d'après, se lever et aller travailler le lendemain, puis retourner se coucher comme si de rien n'était. Toujours avec l'espoir que papa allait resurgir. Elle était ainsi.

Elle n'arrivait pas à le relier à cette horrible attaque terroriste et refusait d'accepter qu'il puisse être enfoui au milieu des débris. C'était sa façon à elle de se protéger, de ne pas s'écrouler. Et de m'empêcher de disparaître dans son ventre.

Elle est devenue un fantôme parmi tous ceux qui erraient dans cette ville éteinte. Les restaurants étaient fermés, les marchés déserts, la circulation des trains interrompue, les familles amputées. Un code postal entier rayé de la carte. À l'angle des rues, des gens avaient accroché les photos d'hommes et de femmes partis travailler ce jour-là, comme papa, et qu'on n'avait jamais plus revus. Des milliers de visages perdus, sans cesse plus nombreux, s'affichaient à l'entrée des bâtiments, des salles de sport, des bureaux et des librairies. De nouveaux avis de disparition surgissaient un peu partout – mais pas celui de papa.

Maman ne s'est pas déplacée à la morgue et n'a pas fait le tour des hôpitaux et des postes de police. Elle n'était pas une victime, encore moins l'épouse d'une victime, et refusait par conséquent les condoléances. De même, elle a ignoré les appels de toutes les personnes qui cherchaient à la joindre pour lui apprendre la nouvelle qu'elle refusait d'entendre ou pour compatir à son sort. Papa n'était ni blessé ni mort. Elle en était persuadée.

Le temps arrangerait tout et puis voilà. Face à ce problème sans solution, elle ne comptait pas verser la moindre larme – il n'y avait aucune raison à cela.

Elle s'est enveloppée dans le silence, son meilleur refuge, sans plus distinguer le bruit de la circulation ni aucune des voix autour d'elle. Toute musique de fond a disparu. Le matin, elle traînait dans le quartier, au milieu de la poussière et des débris qui empestaient la fumée et le métal fondu. De nouvelles photos n'en finissaient pas d'apparaître sur tous les réverbères, et elle s'arrêtait de temps à autre, le temps d'examiner ces visages étrangement familiers à ses yeux.

Elle a tenté de ne rien changer à ses habitudes. Elle allait au marché, achetait du café, passait prendre ses médicaments à la pharmacie. Et elle se couchait le soir, la peau imprégnée d'une odeur de fumée et de métal calciné.

Elle a quitté son poste d'enseignante et n'a jamais retravaillé. Au début, elle a demandé un congé, avant de donner sa démission sans préavis. Elle n'avait pas besoin de son salaire – l'appartement de papa appartenait à sa famille depuis longtemps et nous vivions grâce au compte en fiducie que son grand-père avait ouvert bien des années plus tôt.

Je pense parfois que se retirer du monde était le seul moyen qu'elle ait trouvé de supporter la douleur. Pas seulement celle d'avoir perdu papa, mais aussi celle de ne pas lui avoir dit qu'elle était enceinte. Qu'il allait devenir père.

Hannah

Berlin, 1939

J'ai ouvert les fenêtres de la salle à manger, tiré les rideaux, laissé pénétrer la lumière du matin. Puis j'ai inspiré une grande bouffée d'air. Je ne sentais aucune odeur de fumée, de métal ou de poussière aujourd'hui, mais, au contraire, un parfum de jasmin. Le thé et les biscuits à la vanille que mon amie Gretel et moi aimions attendaient sur la table recouverte d'une nappe en dentelle, du côté le plus proche de la fenêtre afin que nous puissions profiter d'un peu de soleil. J'avais besoin d'un chapeau. Ah, et aussi d'un foulard. Oui, un foulard de soie rose pour recevoir Gretel et Don, son chien. Quand nous aurions terminé, je filerais dehors avec lui et nous dévalerions l'escalier en courant.

Gretel est entrée et a traversé le grand salon. Parce que Don bondissait comme un fou autour de la table, j'ai tenté de le caresser et de l'attraper par la queue pour le calmer – en pure perte. Il était libre.

Mon amie n'arrêtait pas de parler : Don avait dit « bonjour » ; il apprenait à chanter ; il la tirait de son lit tous les matins. Le terrier arborait un pelage blanc immaculé, sans le moindre défaut, et des proportions parfaites, comme tous les représentants de cette race. Il était privilégié car il avait fréquenté la villa Viola, où étaient dressés les chiens purs à pedigree[1]. Il était là-bas en même temps que le chien le plus célèbre du pays, un berger allemand du nom de Blondi.

Gretel aimait boire de l'eau fraîche dans des flûtes à champagne en fermant les yeux coquettement et en prétendant que les bulles la rendaient pompette. Je m'amusais beaucoup avec elle. Elle venait à la maison deux fois par semaine pour prendre le thé et boire du champagne sans bulles.

— Qu'est-ce que tu fais assise là dans le noir ?

De retour à la maison, maman avait mis fin à ma rêverie, mon souvenir d'un après-midi avec Gretel.

Je l'ai suivie dans sa chambre, où j'ai été submergée par la senteur de dix mille six cents fleurs de jasmin et trois cent trente-six roses de Bulgarie – toutes nécessaires à la composition de son parfum, comme elle me l'avait expliqué à plusieurs reprises en laissant délicatement tomber une goutte dans le creux de son cou et une autre sur ses poignets.

Quand j'étais petite, je passais des heures dans sa chambre, la plus grande et la plus odorante de tout l'appartement. Son énorme lustre, dont les longues branches s'étendaient de tous côtés, m'évoquait une araignée géante. Effrayée, je m'enfermais dans le vaste dressing, où j'essayais les colliers de perles de ma mère et paradais avec ses chapeaux volumineux et ses chaussures à talons hauts. C'était à l'époque où elle riait de me voir jouer ainsi, toute barbouillée de rouge à lèvres. Celle où elle m'appelait « mon petit clown ».

Les temps avaient changé, même si les tapis sales, les draps de batiste froissés et les voilages de soie poussiéreux étaient encore imprégnés d'un parfum de jasmin – auquel se mêlait désormais la puanteur des boules antimites. Maman

---

1. Référence au Tiersprechschule Asra, un centre de dressage pour chiens créé par les nazis près de Hanovre, où, selon les rumeurs de l'époque, certains animaux auraient appris à prononcer quelques mots. Blondi était le berger allemand d'Hitler. *(Toutes les notes sont de la traductrice.)*

insistait pour préserver un passé qui s'évaporait sous nos yeux sans que l'on puisse rien y faire.

Je me suis étendue sur le couvre-lit de dentelle blanche et j'ai fixé le lustre qui ne me faisait plus du tout peur pendant qu'elle se dirigeait en silence vers la salle de bains. Elle était épuisée.

À en juger par sa mine et ses mouvements, il était évident que ce petit bout de femme qui imitait autrefois les poses languides de sa star préférée, la Divine, avait retrouvé quelque part au fond d'elle la force de la famille Strauss. Elle réagissait à la disparition de papa avec une vigueur qui la surprenait elle-même. C'était moi désormais qui n'arrivais plus à quitter notre prison. Mais si je ne rejoignais pas Leo au café de Frau Falkenhorst, il était capable de se pointer chez nous sans prévenir, au risque de croiser la redoutée Frau Hofmeister et cette idiote de Gretel.

Lorsqu'elle est ressortie de la salle de bains sans maquillage, les cheveux mouillés et les joues rosies par l'eau chaude, maman avait l'air plus jeune qu'elle ne l'était. Elle a traversé la chambre en enroulant une petite serviette blanche autour de sa tête, puis a refermé les rideaux de façon qu'ils ne laissent filtrer aucun rayon de soleil.

Elle n'avait toujours pas dit un mot. Je ne savais pas si elle avait obtenu des nouvelles de papa et quelles démarches elle avait entreprises. Je ne savais rien.

Elle s'est assise devant sa coiffeuse et a entamé son rituel de beauté. Elle voyait bien dans son miroir que j'étais allée m'asseoir sur sa bergère à la reine vieille de presque deux siècles, mais elle ne m'a même pas demandé si je m'étais lavé les mains. Elle ne se souciait plus de tacher cette antiquité signée d'un certain Avisse à laquelle elle tenait tant.

— Nous partons, Hannah, a-t-elle déclaré d'un ton grave en scrutant dans la glace les prémices d'une ride.

Elle évitait de me regarder et s'était exprimée si doucement que j'ai eu du mal à la comprendre. Pour autant, j'ai senti sa détermination. C'était un ordre. Mon avis lui importait peu, tout comme celui de mon père et de Leo. Nous partions, un point c'est tout.

— Nous avons les autorisations et les visas nécessaires. Il ne nous reste plus qu'à acheter nos billets pour le bateau.

Et papa ? Elle devait avoir appris qu'il ne reviendrait pas, mais nous ne pouvions tout de même pas l'abandonner.

— Quand ? ai-je seulement osé demander.

Sa réponse ne m'a pas beaucoup avancée.

— Bientôt.

Au moins n'était-ce pas le jour même ni le lendemain. J'avais du temps pour élaborer un plan avec Leo. Et justement, il devait déjà m'attendre.

— Nous commencerons à faire nos valises demain, a continué maman, si lentement que cela m'a inquiétée. On devra décider de ce qu'on emportera.

Il fallait absolument que je voie Leo…

— Nous ne remettrons jamais les pieds ici. Mais nous survivrons, Hannah. J'en suis sûre.

Elle a bien insisté sur ces mots en même temps qu'elle se brossait les cheveux avec une rage contenue. Ensuite, elle a éteint le lustre, ne laissant allumée que la lampe sur sa coiffeuse. Assise dans cette semi-obscurité, elle n'avait plus rien à me dire.

Je me suis glissée hors de la pièce et j'ai dévalé l'escalier jusqu'au rez-de-chaussée sans même penser aux voisins qui espéraient tant nous voir partir. Si seulement ils avaient su combien nous étions impatients d'en finir avec notre absurde confinement.

Je suis arrivée hors d'haleine à la station Börse et j'ai foncé au café, où Leo finissait de savourer son chocolat chaud.

— Cuba s'écrit C-u-b-a, m'a-t-il annoncé en martelant chaque lettre. Nous partons en Amérique !

Il s'est levé, et je l'ai suivi alors même que je n'avais toujours pas repris mon souffle. Je suffoquais d'avoir tant couru, mais il m'avait dit « Nous partons », et c'était la seule chose qui comptait. Pas notre destination, mais ce pluriel, *nous*. Je lui ai demandé de répéter pour être certaine qu'il n'y avait pas de malentendu.

— On part en Amérique. Ta mère a déboursé une fortune pour obtenir toutes les autorisations.

Il ne devait plus nous rester d'argent liquide à ce stade. Comme moi, Leo était persuadé que papa avait contribué à payer ses papiers et ceux de son père. Beaucoup de gens à Berlin avaient eu cette possibilité, et ceux-là s'en sortiraient sains et saufs. Nos deux familles faisaient partie des bien loties.

Mais la meilleure nouvelle, c'était que papa était vivant.

— Ils vont le relâcher, a dit Leo, avec une telle assurance que j'ai gardé le silence.

Papa avait de la chance. Plus en tout cas que Herr Schemuel, qui n'était jamais revenu. Nous autres Rosenthal étions indésirables, mais également riches. Les Ogres nous imposaient de leur céder notre immeuble et nos biens et de quitter le pays avant six mois. Dès que maman serait en mesure de leur garantir le transfert de toutes ses possessions, ils libéreraient papa et nous fourniraient un visa pour lui ainsi que les billets pour nous trois. Voilà pourquoi nous ne les avions pas encore achetés. Je comprenais tout à présent.

Nous allions devoir écouter la radio dans la ruelle puante de l'Ogre – nous n'avions pas d'autre choix si nous voulions nous tenir au courant des dernières réglementations. Chaque jour, on inventait de nouveaux moyens de nous rendre la vie impossible. Non seulement les Ogres ne voulaient plus de nous ici, mais ils faisaient tout pour qu'on nous refuse partout ailleurs. Pourquoi, puisque nous étions rejetés sur tous les continents, devraient-ils être les seuls à porter ce fardeau ? clamaient-ils ensuite. C'était une manœuvre parfaite, le triomphe de la race supérieure.

Sauf que quelqu'un avait accepté de nous accueillir. Une île au milieu des Amériques était disposée à nous ouvrir ses portes et à nous permettre de vivre sur place, comme n'importe quelle autre famille. Nous allions travailler, devenir cubains, et c'était là-bas que naîtraient nos enfants, nos petits-enfants et nos arrière-petits-enfants.

— On part le 13 mai, a dit Leo en marchant à grands pas. On prendra le bateau à Hambourg en direction de La Havane.

Le 13 mai tombait un samedi. Dieu merci, nous ne lèverions pas l'ancre un mardi, ce jour de la semaine que nous redoutions le plus.

Une pierre maculée de boue. Un éclat de verre fumé. Une feuille séchée. Ce sont les seuls souvenirs de Berlin que j'ai cachés dans ma valise le 13 mai. Tous les matins, je déambulais sans but dans notre appartement en serrant mon caillou dans ma main. J'attendais parfois des heures durant le retour de maman. Quand elle sortait, elle me promettait toujours de revenir avant midi, mais elle ne tenait jamais parole. S'il lui arrivait quelque chose, je serais obligée de partir avec Leo. Ou peut-être Eva pourrait-elle prétendre que j'étais une parente éloignée et m'héberger chez elle. Personne ne découvrirait que j'étais impure. Je me procurerais de nouveaux papiers d'identité, je resterais avec la femme qui avait assisté à ma naissance et je l'aiderais à faire la cuisine et le ménage chez les gens.

Les documents pour le transfert de nos biens étaient prêts. L'immeuble, l'appartement où j'étais née, les meubles, les objets décoratifs, mes livres, mes poupées – tout cela reviendrait aux Ogres.

Maman avait réussi à faire sortir ses bijoux les plus précieux de Berlin grâce à une amie qui travaillait pour l'ambassade d'un pays exotique. La seule chose qu'elle avait refusé de céder était le tombeau familial – lequel n'intéressait pas les Ogres de toute façon parce qu'il se trouvait dans un cimetière à Weiβensee. C'était là que mes grands-parents et mes arrière-grands-parents reposaient, et là aussi que nous-mêmes étions censés le faire un jour, mais j'étais sûre qu'ils détruiraient cet endroit – ils en avaient détruit tant d'autres déjà.

À l'époque, les faux visas d'entrée en Palestine ou en Angleterre proliféraient. Tout le monde se sentait en droit de profiter de notre situation désespérée pour nous dépouiller et nous escroquer. C'était parfois les Ogres, mais parfois aussi des indics sans pitié. Nous ne pouvions faire confiance à personne.

Pour cette raison, maman s'est assurée que nos permis de débarquer à Cuba en tant que réfugiés étaient authentiques.

— J'ai dû payer cent cinquante dollars américains pour chacun et déposer une caution de cinq cents dollars supplémentaires afin de garantir à ce pays que nous ne chercherons pas à travailler une fois sur place et que nous ne serons pas à sa charge, m'a-t-elle expliqué, le dos tourné.

Nous vivrions sur une toute petite île qui se vantait d'être la plus grande des Caraïbes. Une langue de terre entre l'Amérique du Nord et l'Amérique du Sud. Mais c'était le seul endroit qui acceptait de nous accueillir.

— D'après notre atlas, Cuba fait partie du monde occidental, a déclaré maman, non sans une certaine satisfaction.

Nous embarquerions à Hambourg et traverserions l'Atlantique sur un navire allemand. Mais si grand que fût notre désir de fuir, il nous serait impossible de nous sentir complètement en sécurité avec un équipage composé d'Ogres.

— Les billets en première classe nous coûteront environ huit cents reichsmarks. Et la compagnie exige qu'on achète des billets retour, même s'ils savent très bien que nous ne les utiliserons pas.

Tout le monde cherchait à s'enrichir sur notre dos.

Papa étant censé regagner la maison ce jour-là, elle est rentrée tôt. Vêtue de noir, comme si elle anticipait un deuil, elle n'arrêtait pas d'ajuster sa ceinture blanche. Elle ne s'était presque pas maquillée et ne se donnait plus la peine de mettre des faux cils, de souligner ses sourcils d'un trait de crayon et d'utiliser des fards à paupières. Elle était devenue une femme différente.

Assise au bord du canapé, les mains croisées sur ses genoux, elle avait l'air d'une élève indisciplinée qui aurait été punie dans l'école où elle avait cessé de m'envoyer parce qu'on ne voulait plus de moi là-bas.

— Reste calme, a-t-elle dit en me voyant faire les cent pas dans le vaste salon poussiéreux.

Papa montait l'escalier. On l'entendait. Il était là ! Nous allions partir ! Nous avions réussi ! Nous allions vivre sur une petite bande de terre où il n'y avait pas de saisons, seulement des étés. Des étés tantôt secs, tantôt humides. J'avais lu ça dans mon atlas.

Lorsqu'il est entré, papa m'a semblé encore plus grand qu'avant. Ses lunettes étaient tordues, ses cheveux complètement rasés et le col de sa chemise, si sale qu'on ne pouvait en déterminer la couleur. Mais son aspect décharné le faisait paraître encore plus noble. Malgré la faim, la douleur et la puanteur, il se tenait toujours droit. J'ai couru vers lui et l'ai serré contre moi. Il a éclaté en sanglots. *Ne pleure pas, papa. Tu es ma force. Tu es en sécurité ici maintenant avec nous deux.*

J'ai continué à le serrer fort et à respirer son odeur de transpiration et d'égout. J'entendais son souffle irrégulier et sentais sa poitrine se gonfler. Puis il a levé la tête vers maman.

Il m'a embrassée sur le front, comme si j'étais un bébé, pendant qu'elle l'informait de ce qui s'était passé en son absence. J'aurais tant aimé savoir où cette femme, qui jusque-là ne sortait plus et pleurait à longueur de journée, avait trouvé cette force soudaine. Je ne m'habituais pas à la nouvelle Alma, et j'ai été encore plus étonnée en l'écoutant parler :

— Nous n'avons que deux visas signés par le ministère cubain des Affaires étrangères, parce qu'ils viennent de publier un décret pour restreindre l'arrivée des réfugiés allemands sur l'île, a-t-elle expliqué d'une traite, sans prendre le temps de respirer. Mais ça n'a aucune importance. La Hamburg-Amerika Linie va vendre des visas touristiques à durée limitée signés par le directeur général de l'Immigration, un certain Manuel Benítez. Il ne nous en manque qu'un. Si nous arrivons à obtenir un Benítez et à le faire tamponner par le consulat cubain, a-t-elle ajouté en baptisant déjà ces visas salvateurs du nom de cet homme, tu pourras partir avec nous. Il faut juste qu'on évite de l'acheter auprès d'intermédiaires. Et il serait préférable qu'on s'en procure trois afin de pouvoir tous voyager avec les mêmes documents.

— Et si on n'obtient pas de Benítez ? ai-je demandé. On partira quand même et on laissera papa à Berlin ?

Elle ne m'a pas répondu et a poursuivi sur sa lancée :

— Au moins, nous avons deux cabines réservées en première classe. C'est une garantie. Le problème est que nous ne sommes autorisés à prendre que dix reichsmarks par personne.

Cela voulait dire vingt reichsmarks pour mes parents et dix pour moi. Le montant total de notre fortune. Nous pouvions tenter de cacher un peu plus d'argent liquide, mais ce serait trop dangereux. Nous risquions de perdre nos permis de débarquer si quelqu'un s'en apercevait. Peut-être arriverions-nous en revanche à emporter en douce la montre de papa ou quelque autre bijou. Cela nous serait très utile.

— Nous n'aurons pas accès à notre compte bancaire canadien avant d'avoir atteint La Havane, a enchaîné maman avec calme. Mais ce sera un voyage de deux semaines, guère plus. Nous pourrons passer les premiers jours à l'hôtel Nacional en attendant que notre maison soit prête. Nous resterons là-bas un mois, peut-être un an. Qui sait.

Ayant fini de transmettre à papa toutes ces nouvelles, elle est partie s'enfermer dans sa chambre sans même l'enlacer. C'est tout juste si elle a posé un baiser froid sur chacune de ses joues. Nous n'avions plus de famille. Nous étions seuls. Au cours des quelques mois précédents, nous avions perdu tous nos amis. Chacun s'efforçait de survivre comme il pouvait.

Et Leo ? Ils avaient forcément aidé Leo et son père à obtenir leurs billets, non ?

Le retour de papa m'a empêchée d'aller retrouver mon ami. À la place, c'est lui qui est venu me voir. En descendant pour le faire entrer dans l'immeuble, j'ai vu Frau Hofmeister s'en prendre à lui.

— Dégage, sale petit morveux ! Ce n'est pas une déchetterie, ici !

Nous avons couru jusqu'au Tiergarten, le grand parc de Berlin. Il ne nous restait plus beaucoup de temps, et Leo le savait. Son père et lui n'avaient toujours pas leurs visas.

— Les autorités commencent à en manquer. Et nous n'avons pas non plus celui de ton père.

Comme si cela ne suffisait pas, un tout nouveau problème avait surgi : nos parents projetaient d'en finir et de nous faire périr avec eux si nous ne réussissions pas à quitter Berlin. Leo en était certain.

Il les avait entendus parler d'un poison mortel qui n'avait aucun secret pour lui.

— De nos jours, le cyanure est aussi précieux que l'or, m'a-t-il expliqué avec autant d'assurance que s'il en vendait lui-même.

Il raconte n'importe quoi, ai-je pensé. Personne n'avait envie de mourir. Nous voulions tous nous enfuir – c'était même notre vœu le plus cher.

Leo s'est arrêté de courir.

— Ton père a dit qu'il préférait disparaître plutôt que de retourner en cellule, a-t-il continué d'une voix grave. Il a demandé au mien d'acheter trois capsules pour sa famille au marché noir. Tu ne me crois pas ?

— Bien sûr que non, Leo, ai-je répondu en soufflant fort. Surtout en ce qui concerne papa.

— Les capsules de cyanure étaient très en vogue pendant la Grande Guerre...

Cette fois, il avait adopté le ton d'un bonimenteur de foire sur le point de présenter à son public un phénomène de la nature. Son père aurait dû se rendre compte qu'il épiait ses conversations. Leo était dangereux.

— Il valait mieux mourir que d'être fait prisonnier. L'ennemi te prenait tes armes, mais tu pouvais cacher une toute petite capsule sous ta langue au cas où, ou dans une dent creuse.

Il dramatisait son propos en agitant les bras en l'air et s'est interrompu pour voir si j'étais furieuse ou effrayée.

— Les capsules ne se dissolvent pas facilement. Elles sont recouvertes d'une fine couche de verre pour les empêcher de se briser par accident. Le moment venu, tu mords dedans et tu avales le cyanure de potassium.

À ces mots, il s'est lancé dans une pantomime comique : il s'est jeté par terre, les yeux écarquillés, et il a fait semblant de frissonner, de manquer d'air et de tousser. Puis, revenant à la vie, il a repris son laïus :

— La solution est si concentrée que lorsqu'elle arrive dans le système digestif, elle provoque une mort cérébrale immédiate.

— C'est douloureux, non ? ai-je dit en entrant dans son jeu.

— C'est une mort parfaite, Hannah, a-t-il murmuré, avant de recommencer à agiter les bras. Le cyanure détruit ton cerveau, si bien que tu ne sens plus rien, et ensuite ton cœur s'arrête de battre.

Je voyais pour ma part une consolation dans cette mort sans douleur ni sang. Je ne supportais pas la première et me serais évanouie à la vue du second.

Si nos parents nous abandonnaient, ces capsules seraient parfaites pour nous deux. On s'endormirait, et puis voilà.

Je me suis adossée à un mur couvert d'affiches. « Des millions d'hommes sans travail. Des millions d'enfants sans avenir. Sauvez le peuple allemand ! » *Mais moi aussi, je suis allemande*. Qui allait me sauver ?

— Trouve ces capsules, m'a ordonné Leo. Fouille ton appartement. Tu ne peux pas partir sans. Il faut qu'on les jette.

— Jeter quelque chose qui vaut son pesant d'or, Leo ? Il ne vaudrait pas mieux les garder et les revendre ?

Encore un problème à gérer : j'avais désormais intérêt à scruter avec attention tout ce que mes parents me donneraient à manger, même si je ne les pensais pas vraiment capables de verser du cyanure dans ma nourriture – je le remarquerais tout de suite. Je voulais savoir quelle odeur avait ce poison. Il devait avoir une texture et un goût particuliers, et puisque Leo n'en avait pas parlé, j'étais obligée de creuser moi-même le sujet. Chaque seconde comptait.

Mes parents pouvaient attendre que je m'endorme pour s'introduire dans ma chambre, m'ouvrir la bouche et y verser le contenu d'une capsule brisée. Je ne crierais pas, ne pleurerais pas. Je me contenterais de les regarder afin qu'ils puissent me voir m'éteindre doucement et qu'ils perçoivent le moment où mon cœur cesserait de battre.

Ils étaient désespérés et, confrontés à une situation de crise, ils agissaient sans réfléchir. Venant d'eux, tout était possible. Je n'espérais rien de bon de leur part, mais ils n'avaient pas le droit de décider pour moi – j'allais bientôt avoir douze ans, après tout.

Je n'avais pas besoin d'eux. Je pouvais m'échapper avec Leo et nous grandirions ensemble. Le temps passait vite. *Leo, aide-moi à me sortir de là.*

Je suis rentrée chez moi me coucher et essayer d'oublier cette histoire de cyanure, au moins pendant quelques heures. Dès que papa et maman seraient partis le lendemain, je me mettrais au travail.

Je me suis réveillée plus tard que d'habitude – la faute à Leo, qui m'avait épuisée. Profitant du fait que j'étais seule, j'ai d'abord vérifié le contenu du coffre-fort caché derrière le portrait de mon grand-père dans le bureau de papa. La combinaison était toujours ma date de naissance, mais lorsque j'ai déverrouillé la petite porte, je n'ai découvert à l'intérieur que des documents et des piles d'enveloppes.

Je me suis tournée vers la boîte à bijoux de maman, puis vers l'attaché-case intouchable de papa. Rien. J'ai sondé tous les tiroirs de l'appartement, même ceux que je n'avais encore jamais ouverts. J'ai regardé derrière les livres et les objets décoratifs. J'ai même examiné soigneusement le pavillon du gramophone. Toujours rien. J'ai cherché et cherché, mais les capsules n'étaient nulle part.

Ils les avaient probablement prises avec eux. C'était la seule possibilité. Peut-être que papa les gardait dans son gros portefeuille. Ou, qui sait, dans sa bouche, persuadé que l'enveloppe de verre le protégerait. La mission que Leo m'avait confiée me fatiguait de plus en plus.

J'étais lessivée. J'avais inspecté chaque recoin de l'appartement et il était temps de sortir. Je suis arrivée dans la Rosenthaler Straße à midi, mais Leo n'était pas au café de Frau Falkenhorst. Parce que c'était presque toujours lui qui m'attendait d'habitude, j'ai supposé qu'il se vengeait de moi.

Préférant ne pas m'attarder au café – la plupart des tables étaient occupées par des fumeurs et Leo ne viendrait sans doute pas ce jour-là –, je suis allée à la station Alexanderplatz, que j'ai arpentée en tous sens en faisant courir mes mains le long des murs carrelés vert-de-gris et froids. Je me suis bientôt retrouvée avec les doigts noirs de suie, sans savoir bien sûr comment les nettoyer.

J'ai pris le S-Bahn pour gagner la ruelle puante sur laquelle donnait la fenêtre de l'Ogre. Leo y écoutait peut-être les dernières nouvelles à la radio. Sans vraiment savoir ce que je fabriquais là toute seule, je me suis approchée de la fenêtre de l'homme le plus puant de Berlin. J'avais presque envie de lui demander : « À tout hasard, avez-vous vu Leo ? » Mais la voix à la radio ne parlait que d'une réunion en cours à l'hôtel Adlon sur le sort à réserver aux impurs. Les Ogres auraient pu aller à l'hôtel Kaiserhof, mais non, il avait fallu qu'ils choisissent l'Adlon, rien que pour rendre la douleur encore plus cuisante.

L'Adlon était le symbole d'un Berlin majestueux. Il était très couru avant, seulement, depuis que les Ogres avaient accroché leurs drapeaux sur chaque balcon de l'hôtel et sur les réverbères des avenues alentour où nous nous promenions autrefois joyeusement, tout le monde fuyait cet endroit.

Enfin bon, nous allions partir, c'était le plus important. Et il n'y avait heureusement rien dans cette ville qui me fût très cher – ni notre appartement, ni le parc, ni mes aventures avec Leo dans les quartiers des gens impurs.

Je n'étais pas allemande. Je n'étais pas pure. Je n'étais personne.

Il fallait que je trouve Leo. Je me suis de nouveau risquée à prendre un S-Bahn afin d'aller chez lui, au n° 40 de la Große Hamburger Straße. De peur de l'oublier, je me suis répété son adresse tout le long du trajet. C'était le quartier où maman avait refusé d'emménager. Celui où résidaient à présent tous les impurs de Berlin. Leo aurait été capable de m'attendre au bas de notre immeuble, lui. Il n'avait peur de personne, et encore moins de Frau Hofmeister.

Je suis descendue sur la Oranienburger Straβe et j'ai marché en direction de la Groβe Hamburger Straβe en gardant les yeux baissés – ce qui m'a valu de heurter une femme chargée d'un sac rempli d'asperges.

— Qu'est-ce qu'une vraie jeune fille Allemande fait toute seule dans un tel quartier ? a-t-elle marmonné dans mon dos après que je me suis excusée.

En arrivant dans la rue de Leo, j'ai mis un moment à me repérer. Sur la droite se trouvaient le cimetière et l'école prétendument « libre » réservée aux impurs. Leo habitait sur la gauche, en direction du Koppenplatz Park. Ça y est, je voyais enfin où j'étais.

Serrés les uns contre les autres par groupes de trois ou quatre, les immeubles du quartier, tous dépourvus de balcon, formaient un alignement sans aucun charme de façades identiques. Leurs murs jaune moutarde commençaient à se décolorer faute d'avoir été repeints depuis des années.

Ici, les gens marchaient comme s'ils avaient trop de temps devant eux. Ils semblaient perdus, désorientés. Deux vieillards vêtus de noir se tenaient à l'entrée de l'un des immeubles. J'ai senti chez eux une certaine négligence et j'ai deviné la transpiration accumulée sur leurs vestes de seconde main qui n'avaient jamais dû avoir de propriétaires attitrés.

Au moins n'y avait-il aucune odeur de fumée dans cette rue. J'ai juste remarqué des éclats de verre brisé sur le trottoir, que les passants piétinaient avec indifférence. Le bruit se réverbérait jusque dans mes os.

De grosses planches avaient été clouées sur la devanture d'une boutique pour remplacer la vitrine brisée au mois de novembre, et quelqu'un avait dessiné dessus des étoiles à six branches à l'encre noire, ainsi que des mots que j'ai refusé de lire.

J'ai cherché le nº 40 – rien d'autre ne m'intéressait. Je ne voulais pas savoir pourquoi les vieillards restaient plantés là, à l'entrée de leur immeuble, ni pourquoi un petit garçon auquel je ne donnais même pas quatre ans mordait férocement dans une patate crue, puis recrachait sa bouchée.

Le nº 40 était un bâtiment de deux étages à la façade jaune moutarde noircie par l'humidité. Les fenêtres béantes paraissaient avoir perdu leurs gonds et la porte d'entrée, sur le côté, avait été fracturée. Il faisait froid dans la cage d'escalier étroite et obscure. C'était comme pénétrer dans un réfrigérateur sale qui puait la nourriture pourrie. Seule une ampoule nue éclairait les marches, que des enfants ont dévalées en me bousculant. Je me suis accrochée à la rampe pour ne pas tomber et j'ai senti quelque chose de poisseux sous ma main.

Tout en me demandant comment me nettoyer, j'ai longé un couloir où plusieurs portes étaient grandes ouvertes. À un moment donné, toutes ces chambres avaient dû faire partie d'un même vaste appartement où logeait une seule famille. Désormais, une foule d'impurs privés de leurs foyers s'y entassait.

Aucun signe de Leo ou de son père. Un homme au maillot de corps taché est soudain sorti de chez lui, pieds nus. J'ai continué à avancer prudemment. Il avait le même nez semblable à un champignon vénéneux et la même étoile à six branches sur la poitrine que ceux représentés sur la couverture du *Giftpilz*, le livre qu'on nous obligeait à lire à l'école. À ma vue, il s'est figé en se grattant la tête. Il n'a pas dit un mot cependant, et je ne me suis pas arrêtée. Je n'avais peur ni de lui ni de personne.

J'ai jeté un coup d'œil à l'intérieur de l'une des chambres, où, à en juger par l'odeur, des gens avaient fait bouillir des patates, des oignons et de la viande dans de la sauce tomate.

Une vieille femme se balançait sur un fauteuil à bascule. Une autre, débraillée, préparait du thé. Un petit garçon m'a regardée fixement en se curant le nez.

Je comprenais à présent pourquoi Leo avait refusé de me montrer où il passait ses nuits. Cela n'avait rien à voir avec Frau Dubiecki, sa mégère de propriétaire. C'était à cause de toute cette tristesse. Il voulait me préserver d'un tel spectacle.

Tu aurais pu me demander de t'aider. Tu aurais pu venir t'installer chez nous. Je sais que cela aurait été dangereux, mais nous aurions dû t'ouvrir grand notre porte, et nous ne l'avons pas fait. Pardonne-moi, Leo.

J'avais atteint le bout du couloir lorsque quelqu'un m'a attrapée par le bras.

— Tu n'as rien à faire ici.

La petite femme ventripotente qui venait de m'interpeller pensait que je n'étais pas des leurs. Que j'étais pure.

— Je cherche la famille Martin, ai-je murmuré faiblement en essayant de cacher combien j'avais peur en réalité.

— Qui ça ? a-t-elle demandé avec dédain.

— J'ai besoin de parler à Leo. C'est urgent. Une affaire de famille très grave. Je suis sa cousine.

— Tu n'es pas sa cousine, a craché la harpie en me tournant le dos.

Cette fois, c'est moi qui l'ai retenue par le bras.

— Lâche-moi ! a-t-elle glapi. Tu ne les trouveras pas. Ils ont détalé comme des rats la nuit dernière avec leurs valises, sans même me prévenir.

J'hésitais entre pleurer ou la remercier, et je suis restée immobile quelques secondes en la regardant droit dans les yeux. Je ne pouvais m'empêcher d'avoir pitié d'elle. Puis j'ai dévalé l'escalier et émergé de l'immeuble sans avoir aucune idée de l'endroit où mes pas me mèneraient.

Sur le trottoir, la lumière du jour m'a aveuglée, et je me suis sentie paralysée par le vacarme de la rue. Le tintement de la sonnette d'une boulangerie voisine a résonné aussi fort qu'un coup sur une barre de métal. Les conversations des passants s'entremêlaient dans ma tête. Une femme criait après son enfant. J'entendais les propos échangés par des vieillards dans une langue incompréhensible, et même l'air aux relents d'alcool expiré par leurs narines poilues, comme amplifié par des haut-parleurs.

J'étais perdue. Je ne voulais pas prendre la direction de l'ancien cimetière aux pierres tombales couvertes de petites piles de cailloux – qui pouvait avoir envie de vivre si près des morts ? Mais, sans Leo pour me guider, je devais retrouver seule l'arrêt du S-Bahn.

Enfin, je l'ai aperçu, et j'ai su que je ne craignais plus rien. Il fallait que je quitte cet endroit où je n'avais pas ma place. *Tu as beaucoup de choses à m'expliquer, Leo. J'ai plein de questions que je ne peux pas poser à mes parents.*

Durant le trajet, j'ai sursauté à chaque soubresaut de la perche qui reliait la rame à la ligne électrique au-dessus de nous. Les autres passagers demeuraient étrangement calmes, les yeux rivés par terre. Tous semblaient habillés de gris. Il n'y avait pas une seule tache de couleur dans cette masse uniforme. Mes joues me brûlaient et mes yeux débordaient de larmes que je me forçais à contenir. Personne ne voulait s'asseoir à côté de moi – les gens m'évitaient. Je savais qu'ils me pensaient pure, et pourtant j'étais aussi grise qu'eux. Et j'avais beau vivre dans un appartement luxueux, moi aussi j'allais en être chassée.

Je suis rentrée seule à la maison. Personne ne m'accompagnerait plus jamais nulle part.

Il m'était difficile de croire que Leo n'avait pas pu passer rapidement chez nous pour me dire que son père l'emmenait en Angleterre ou je ne sais où, mais qu'il m'écrirait et qu'on ne resterait jamais éloignés l'un de l'autre même si un continent ou un océan nous séparaient.

Je n'arrivais à penser qu'à la manière de me préparer à un voyage sans retour vers la petite île qu'il avait imaginée sur ses cartes faites d'eau et de boue.

On était mardi. J'aurais mieux fait de rester dans ma chambre et de contempler le plafond. Tout ceci n'avait été qu'un rêve, ou plutôt un horrible cauchemar. Lorsque je me réveillerais le lendemain matin, Leo m'attendrait comme toujours à midi au café de Frau Falkenhorst, avec ses cils immenses et ses cheveux ébouriffés.

Quand j'ai poussé la porte de l'appartement, j'ai vu papa qui contemplait à la fenêtre les tulipes du jardin.

Je me suis approchée de lui. Il m'a embrassée sur la tête et a repris sa contemplation. Il devait forcément savoir où Leo se trouvait, et si son père et lui avaient réussi à obtenir les permis de débarquer dont ils auraient besoin à Cuba.

— Que sont devenus Leo et son père ? ai-je enfin trouvé le courage de demander.

Silence. Il n'a pas réagi. *Arrête de fixer ces fleurs, papa. C'est important pour moi !*

— Tout va bien, Hannah, a-t-il répondu sans me regarder.

En clair, les nouvelles n'étaient pas bonnes.

Je suis allée dans la chambre de maman. Je voulais que quelqu'un me dise ce qui se passait, si nous partions ou pas, si ce voyage était maintenu, et c'était elle désormais qui semblait en mesure d'arranger notre situation.

— Tout est réglé, m'a-t-elle confirmé. Il n'y a pas à s'inquiéter.

Nous avions nos billets pour le bateau et aussi le permis de débarquer de papa – le fameux Benítez.

— Il ne nous manque rien ?

— Non. On partira samedi à l'aube. On prendra la voiture. L'un des anciens étudiants de ton père nous conduira, et il la gardera en échange.

— Nous pouvons lui faire confiance, a ajouté papa, qui était apparu sur le seuil de la pièce.

Il voulait me rassurer, mais je n'arrêtais pas de penser à Leo.

La chambre de maman était sens dessus dessous. Il y avait des vêtements, des sous-vêtements et des chaussures partout. Elle allait et venait fébrilement en fredonnant une chanson. Je ne la comprenais pas. Elle avait l'air transformée, comme si elle était redevenue telle qu'autrefois – ou une illusion de ce qu'elle était autrefois. J'avais l'impression d'avoir une mère différente tous les jours. Cela aurait pu être amusant, mais pas dans de telles circonstances. Leo avait disparu sans me dire au revoir.

Maman avait quatre énormes malles remplies d'affaires. Elle était folle, cela ne faisait plus aucun doute.

— Qu'en penses-tu, Hannah ?

Elle a enfilé une robe et s'est mise à danser dans la pièce. Une valse. C'était une valse qu'elle fredonnait.

— Si nous allons en Amérique, il me faut une Mainbocher, a-t-elle continué.

À croire qu'on partait en vacances sur une île exotique. Elle désignait chacune de ses robes par le nom du couturier – elle avait ainsi une Madame Grès, une Molyneux, une Patou, une Piguet –, mais cela n'intéresserait personne à Cuba.

— Je vais les prendre toutes, a-t-elle déclaré avec un rire nerveux.

Elle en possédait tant qu'elle n'aurait pas à porter la même deux jours de suite durant la traversée. Chaque fois qu'elle cherchait refuge dans ce genre d'euphorie, je prenais mes distances avec elle. Je savais pourtant qu'elle souffrait. Nous ne partions pas en vacances et elle avait conscience de notre tragédie. Simplement, elle s'en accommodait du mieux qu'elle pouvait.

Oh, maman ! Si seulement tu avais vu ce que j'ai vu aujourd'hui. Et toi, papa, tu n'aurais jamais dû laisser Leo et son père affronter seuls un tel cauchemar.

On avait établi un inventaire de tous nos biens – le *Vermögenserklärung*, déclaration que toute famille devait remplir avant de quitter le pays. Maman pouvait conserver ses vêtements et les bijoux qu'elle portait, mais c'était tout. Il n'était pas question de perdre ou de subtiliser le moindre objet répertorié dans l'inventaire. À la plus petite erreur, notre départ serait repoussé indéfiniment et nous serions envoyés en prison.

Anna

New York, 2014

M. Levin nous a mis en contact avec une rescapée du *Saint-Louis*, le paquebot qui a amené tante Hannah à Cuba. Nous allons lui rendre visite aujourd'hui. Peut-être a-t-elle connu la famille de papa. *Ma* famille. Nous prendrons avec nous des copies des cartes postales et des photos – qui sait si elle n'y découvrira pas quelques-uns de ses proches, voire elle-même lorsqu'elle était jeune. Du moins c'est ce que nous espérons.

M. Levin dit qu'il reste peu de témoins de ce voyage. Normal, cela remonte à loin.

Mme Berenson habite dans le Bronx avec son fils. C'est lui qui nous accueillera, et il a déjà prévenu maman qu'il fallait s'attendre à rencontrer une vieille dame amicale, certes pas très bavarde, mais pétrie de souvenirs très précis du passé – beaucoup plus que du présent, qui déserte sa mémoire un peu plus tous les jours. Selon lui, elle vit dans le chagrin depuis plus de soixante-dix ans. Elle est incapable de pardonner, et même si elle voulait oublier, elle ne le pourrait pas.

Il lui a souvent demandé de lui raconter comment elle avait réussi à survivre, quelles persécutions elle avait endurées, comment s'était déroulé son voyage à bord du bateau et ce qui était arrivé à ses parents. Il souhaite qu'elle consigne tout ça noir sur blanc, mais elle s'y refuse. Elle n'a accepté notre visite qu'à cause des photos.

Mme Berenson a accroché une mezouzah à l'entrée de son appartement. Un puissant souffle d'air chaud nous tombe dessus lorsque son fils, un homme âgé lui aussi, nous ouvre la porte, et nous pénétrons dans un vestibule garni de vieilles photos disposées sans ordre particulier. Des mariages récents, des anniversaires, des nouveau-nés. L'histoire de la famille Berenson après la guerre. Mais rien qui date de leur vie en Allemagne.

Mme Berenson ne bouge pas du fauteuil dans lequel elle s'est assise près de la fenêtre du salon. Le mobilier de la pièce est en ébène massif et tout ce qui se trouve dans l'appartement a dû coûter une fortune. Il y a si peu de place entre les bibliothèques, les tables, les canapés, les fauteuils et les bibelots que j'ai peur de casser quelque chose si j'éternue. Chaque meuble est protégé par un napperon en dentelle – recouvrir toutes les surfaces est apparemment une obsession chez cette dame. Même les murs sont tapissés d'un papier peint jaunâtre.

Je suis persuadée qu'aucun rayon de soleil n'est jamais entré ici.

— Elle est assez nerveuse, nous prévient le fils de Mme Berenson – peut-être pour que sa mère l'entende et réagisse.

Mais elle ne bouge toujours pas.

Maman la prend par la main et reçoit un sourire en retour.

— Sourire est ce que je peux faire de mieux à mon âge, déclare Mme Berenson, brisant enfin la glace.

J'ai du mal à la comprendre. Elle a passé presque toute sa vie à New York, mais son accent allemand demeure très prononcé.

On me présente à elle, et je la salue d'un petit signe de tête. Non sans mal, elle agite vaguement vers moi sa main droite, à laquelle je remarque une bague en or.

— La grand-tante de ma fille nous a envoyé ces négatifs, explique maman. Elle s'appelle Hannah Rosenthal et elle a voyagé avec vous à bord du *Saint-Louis*.

Je doute que Mme Berenson s'intéresse un tant soit peu à notre famille. Lorsqu'elle sourit, ses yeux se plissent et cela lui donne l'air d'une enfant espiègle, faisant oublier la vieillarde bougonne qui a survécu à la guerre et qui a maintenant besoin d'aide pour se déplacer.

— C'était un nom très répandu à l'époque. Vous avez apporté les photos ?

Elle n'a manifestement pas envie de papoter : Passons aux choses sérieuses, semble-t-elle dire. Faites ce pour quoi vous êtes venues et partez.

Elle n'aime pas être dérangée, et sourire lui coûte déjà bien assez.

Une maquette posée sur une grande table dans un coin attire mon attention. Le bâtiment qu'elle représente me fait penser à un musée avec sa façade totalement symétrique, sa grande entrée centrale et son alignement de portes et de fenêtres.

— Ne t'approche pas trop, petite.

Sidérée d'être ainsi réprimandée, je m'éloigne vivement vers l'autre bout de la pièce.

— C'est un cadeau de mon petit-fils, précise Mme Berenson, peut-être pour s'excuser. La maquette reproduit l'immeuble dont nous étions propriétaires à Berlin. Il a été bombardé par les Soviétiques à la fin de la guerre et n'existe plus aujourd'hui. Mais venons-en à ces photos.

Maman étale les clichés sur la nappe près de la vieille dame. Calée dans son fauteuil, Mme Berenson les examine un à un sans plus se soucier de nous. Elle glousse, pointe du doigt les enfants qui jouent sur le bateau, puis marmonne quelques mots en allemand. Elle paraît enchantée de découvrir ces images de la piscine, de la salle de bal et de la salle de sport, ou encore celles montrant d'élégantes passagères qui se prélassent au soleil ou prennent des poses de stars de cinéma.

Elle les passe en revue une seconde fois, avec autant d'émotion que la première. Son fils ne peut masquer sa surprise : sa mère est véritablement heureuse.

— Je n'avais encore jamais vu la mer, dit-elle au bout d'un moment, avant de saisir une nouvelle enveloppe de photos. Et jamais non plus je n'avais participé à un bal masqué.

En proie à une tension grandissante, elle attend la troisième enveloppe.

— La nourriture était délicieuse. On était traités comme des rois.

Elle marque une pause devant une photo prise depuis un port – celui de La Havane ? Peut-être. On y voit des passagers se presser contre le bastingage et agiter la main en signe d'au revoir. Quelques-uns portent leurs enfants dans leurs bras. D'autres affichent une mine désespérée.

Mme Berenson presse la photo sur sa poitrine, ferme les yeux et se met à sangloter. En l'espace de quelques secondes, sa plainte discrète se fait déchirante. Je ne sais pas si elle pleure ou si elle crie. Son fils la serre dans ses bras pour la réconforter, mais elle ne cesse de trembler.

— Nous ferions mieux d'y aller, dit maman en m'attrapant par le bras.

Nous laissons les photos sur la table et partons sans réussir à saluer notre hôtesse. Les yeux clos, Mme Berenson serre toujours la photo contre elle. Elle se calme un instant, mais ses gémissements ne tardent pas à reprendre.

Son fils nous prie de l'excuser. Je n'y comprends rien, moi. J'aimerais savoir ce qui est arrivé à Mme Berenson. Peut-être a-t-elle reconnu des membres de sa famille sur le bateau. Ont-ils débarqué à La Havane ? Ont-ils fait naufrage ? Mais elle a été sauvée, elle. Ne devrait-elle pas s'en réjouir ?

Ses lamentations continuent à nous parvenir pendant que nous attendons l'ascenseur.

Nous regagnons le rez-de-chaussée de l'immeuble sans un mot. À l'étage, Mme Berenson n'en finit pas de pleurer.

Je ne peux pas faillir à papa comme j'ai failli à maman. Je ne tiens pas à finir en éprouvant la même culpabilité envers lui. Je vais seulement avoir douze ans ! À cet âge, on veut encore avoir ses parents près de soi. On veut qu'ils nous crient dessus, qu'ils nous refusent le droit de jouer quand on en a envie, qu'ils nous donnent des ordres et qu'ils nous enguirlandent quand on n'est pas sage.

Même si j'ai souhaité que maman ne se réveille pas, qu'elle reste à jamais enfouie sous ses draps dans l'obscurité de sa chambre, j'ai réagi juste à temps, j'ai couru prévenir quelqu'un et je l'ai sauvée. Je veux que papa se réveille à son tour maintenant, qu'il émerge de l'ombre, qu'il vienne me chercher et qu'il m'emmène aussi loin que possible sur un voilier qui défiera les vents. C'est pour ça que je fais route aujourd'hui vers son passé.

Je l'interroge sur la chaleur qu'il fait à La Havane, la ville où il est né et où il a grandi. *Réveille-toi, papa. Dis-moi quelque chose.* J'approche sa photo de la lumière, qui donne une teinte rougeâtre à son visage. J'ai l'impression qu'il m'écoute vraiment. *Je t'embrouille avec toutes mes questions, hein, papa ?*

Il paraît que la chaleur à La Havane est insupportable, et cela inquiète maman. Là-bas, le soleil brûlant vous matraque et vous laisse sans force toute la journée. On nous a prévenues qu'il faudrait mettre beaucoup de crème solaire.

— On ne va pas non plus dans le Sahara, maman, lui fais-je remarquer. Il y a des alizés et la mer n'est jamais loin.

Mais elle me regarde comme si elle se demandait : Qu'est-ce qu'elle en sait, cette gamine ? Elle n'est jamais allée dans les Caraïbes ! Elle refuse de croire que nous puissions être bien préparées pour ce voyage.

Elle aurait préféré séjourner dans une chambre d'hôtel avec vue sur la mer, mais ma grand-tante a objecté que la maison natale de mon père était aussi la nôtre. Nous ne pouvions décemment pas l'offenser, et j'ai donc persuadé maman de faire une croix sur tous les hôtels au nom de villes espagnoles, d'îles italiennes et de stations balnéaires françaises qu'elle avait repérés à La Havane.

Je suis curieuse de voir comment une Allemande à la voix si douce et mélodieuse, toujours attentive à construire des phrases grammaticalement correctes en espagnol, s'en sort dans un pays où, d'après M. Levin, tout le monde crie en permanence et marche en se déhanchant.

Peut-être que ma tante nous réserve une grosse surprise. Nous atterrirons à l'aéroport de La Havane à la tombée de la nuit, quand la chaleur du jour se sera estompée, nous descendrons de l'avion, et quand les portes vitrées séparant le terminal de la ville s'ouvriront, tu seras là, papa, avec tes lunettes sans monture et ton petit sourire. Ou, mieux encore, nous quitterons l'aéroport pour rejoindre la maison où tu es né, tante Hannah poussera une monumentale porte en bois en nous invitant à entrer, et nous te découvrirons assis dans le grand salon. Quelle plus belle surprise pourrions-nous avoir ?

Oh, ne fais pas attention à moi, papa. Ce ne sont que les rêveries d'une petite fille. Ce que je veux, c'est explorer ta chambre, l'endroit où tu as fait tes premiers pas, où tu as joué enfant. Je suis sûre que ma tante a gardé une partie de tes jouets.

Ma valise est déjà bouclée. Mieux vaut que tout soit prêt à l'avance, afin de ne rien oublier.

Je ne parle pas à mon père de notre visite à Mme Berenson. Les gémissements de la vieille dame me donnent encore des cauchemars et je ne veux pas qu'il s'inquiète. Mais notre visite à Cuba lui ferait plaisir, j'en suis sûre. À mon avis, il aurait même adoré y aller avec nous.

Cela m'étonnerait que ma tante soit comme Mme Berenson. Peut-être qu'elle ne sort jamais de chez elle et qu'elle veut elle aussi tourner la page de son passé, mais elle ne me paraît ni amère ni pleine de rancœur.

À l'heure du coucher, je feuillette l'album dans lequel maman a rangé les photos du bateau, jusqu'à retrouver la petite fille qui me ressemble. Je l'observe un long moment, et lorsque je ferme les yeux, je la vois toujours qui me sourit. Alors je me lève et je cours vers la petite Allemande aux cheveux blonds et aux grands yeux sur le pont de l'immense paquebot vide. Je suis cette enfant. Elle me serre contre elle, et c'est moi que je contemple.

Je me réveille en sursaut dans ma chambre. Papa n'a pas bougé. Je l'embrasse en lui annonçant la nouvelle : nous partons dans quelques jours. Nous ferons une brève escale à Miami, puis nous prendrons un autre vol qui ne durera que trente-cinq minutes.

Nous sommes si proches de Cuba. Nous arriverons chez tante Hannah juste avant la nuit.

Hannah

Berlin, 1939

On était samedi, jour de notre départ.

Papa et moi attendions patiemment maman dans le salon. Je portais une triste robe bleu marine qu'elle aurait jugée en temps normal un peu trop chaude pour la saison, mais j'avais beau me rappeler un de ses dictons préférés sur l'importance des premières impressions, je ne me souciais pas du tout de marquer positivement les esprits en arrivant à Hambourg.

Je n'étais pas franchement bouleversée à l'idée d'abandonner le seul endroit que j'aie jamais connu et d'effacer douze années de ma vie comme ça, d'un seul coup. En revanche, j'étais peinée que Leo, mon seul ami, m'ait abandonnée, sans que je sache où il s'était enfui et quelles contrées lointaines il allait découvrir sans moi. Seule l'idée qu'il pourrait toujours me retrouver sur l'île où nous avions rêvé de fonder une famille me consolait un peu. Il devait bien se douter que je guetterais son arrivée là-bas jusqu'à ma mort.

Au moins sa disparition m'avait-elle fait oublier cette histoire de cyanure. Mes parents pouvaient bien décider ce qu'ils voulaient, je n'en avais plus rien à faire. L'essentiel était que nous allions enfin partir et que nous n'aurions pas besoin de ces capsules. Mais à la place de papa, j'aurais évité de les laisser à portée de main de maman, qui, certains jours, restait couchée et, d'autres, se montrait d'humeur festive.

J'ai interrogé papa sur la famille Martin. Il était forcément au courant de quelque chose.

— Ils sont à l'abri, m'a-t-il simplement dit.

Mais cela ne me suffisait pas. Je ne voulais pas être séparée de Leo.

— Tout va bien, a-t-il ajouté.

C'était l'une de ses nouvelles expressions fétiches. Ça, et aussi « Ce n'est rien », « Ne t'inquiète pas ».

Il ne perdait jamais son sang-froid, même dans les situations les plus difficiles, et refusait de se considérer comme une victime. Il devait préférer se dire que nous avions de la chance. Ce jour-là, il est resté assis sur le canapé, les yeux dans le vague. Peut-être que tout ce qui se passait le laissait indifférent désormais. Son attaché-case en cuir était à ses pieds, et quand je lui ai demandé s'il voulait que je lui prépare un thé avant qu'on s'en aille, il n'a pas répondu. Il était trop distrait.

Sept valises très lourdes avaient été entassées dans l'entrée. L'ancien étudiant de papa, à présent membre du parti des Ogres, est arrivé et a commencé à les porter vers notre voiture – laquelle serait sienne à la fin de la journée. Sur le point de quitter l'appartement, il a balayé le salon du regard. Sans doute espérait-il mettre aussi la main sur quelques-uns des biens les plus précieux appartenant aux familles Rosenthal et Strauss depuis plusieurs générations. Qui sait si, après nous avoir déposés au port et être revenu à Berlin, il ne s'introduirait pas chez nous par effraction pour subtiliser le vase de Sèvres de mamie, ainsi que notre argenterie et notre service en porcelaine de Meissen.

— Les voisins sont en bas, a-t-il dit à papa. Ils ont formé deux rangées devant l'immeuble. On ne pourrait pas passer par-derrière ?

— Nous sortirons par la porte principale, et la tête haute, a déclaré maman en émergeant de sa chambre, la mine rayonnante. Nous ne sommes pas des fugitifs. Nous leur laissons l'immeuble, ils peuvent en faire ce qu'ils veulent.

Un léger parfum de jasmin et de rose de Bulgarie flottait dans son sillage. Personne d'autre qu'elle n'aurait pu avoir l'idée de revêtir une robe longue à traîne pour se rendre à Hambourg en voiture et monter à bord d'un paquebot. Une voilette dissimulait le haut de son visage, parfaitement maquillé – sourcils arqués et étirés jusqu'aux tempes, joues blanches et lèvres rouge vif –, et elle avait accroché une broche en platine sertie de diamants à la taille de sa robe noire et blanche signée Lucien Lelong.

Celle-ci soulignait sa silhouette élancée et l'obligeait à faire de petits pas, permettant ainsi à chacun d'admirer cette vision splendide. Ça, c'était ce qu'on appelait marquer les esprits !

— On y va ?

Elle a lancé ces mots sans se retourner pour prendre congé de tout ce qui lui avait appartenu, sans jeter un dernier coup d'œil aux portraits de famille et sans même vérifier la tenue de papa et la mienne. Ce n'était pas nécessaire : sa propre élégance éclipserait tout autour d'elle.

Elle est sortie devant nous, puis l'ancien étudiant a tiré la porte – l'a-t-il seulement fermée à clé ? – avant de descendre les deux dernières valises.

Le parfum de maman l'a précédée dans la rue. Les harpies qui nous attendaient pour nous insulter ont été enivrées – ensorcelées, même – par la fragrance de la Déesse.

Peut-être ont-elles baissé légèrement la tête lorsque nous sommes montés dans la voiture qui ne serait bientôt plus à nous. Je voulais croire qu'elles avaient honte de leur comportement et qu'elles faisaient au moins preuve d'une once d'humanité. J'ignorais si Gretel était là, mais quelle importance ? Frau Hofmeister serait ravie. Dorénavant, elle pourrait prendre l'ascenseur à sa guise sans qu'une sale petite fille impure lui gâche sa journée.

Nous avons quitté le quartier aussi vite que ces étoiles filantes que papa et moi apercevions les nuits d'été depuis notre maison au bord du lac de Wannsee. Les rues élégantes du quartier de Mitte se sont fondues derrière nous. Nous avons traversé ce qui était autrefois l'un des plus beaux boulevards de Berlin, et j'ai dit adieu au pont sur la Spree que j'avais si souvent traversé en courant avec Leo.

Assise entre papa et moi, maman gardait les yeux rivés droit devant elle sur la circulation de cette ville qui avait été un jour la plus débordante d'énergie en Europe. Chacun évitait de croiser le regard des autres et nous n'avions pas décroché un mot ni versé la moindre larme depuis notre départ – pas encore.

Lorsque Berlin est devenu un point au loin derrière nous et que nous nous sommes inexorablement rapprochés de Hambourg, j'ai commencé à trembler et à ne plus contrôler mon angoisse. Il était pourtant hors de question que quiconque dans la voiture s'en aperçoive. Je devais continuer à me comporter comme une enfant gâtée de onze ans qui n'avait jamais manqué de rien. Piquer une crise de nerfs pourrait me soulager – juste une avant qu'on atteigne le bateau qui nous emmènerait loin de cet enfer –, mais j'ai tenté de me maîtriser.

Puis ç'a été plus fort que moi, et je me suis mise à pleurer.

— Tout ira bien, ma chérie, m'a dit maman.

J'ai senti le tissu de sa robe contre ma joue. Je ne voulais pas la tacher avec mes stupides larmes.

— Ça ne sert à rien de regretter ce qu'on laisse derrière soi. Tu verras comme La Havane est belle.

J'aurais voulu lui dire que je ne regrettais pas ce qu'on nous avait pris, mais plutôt mon meilleur ami. C'était pour ça que je tremblais, et non à cause d'un ridicule appartement ou d'une ville qui ne signifiait déjà plus rien pour moi.

— Prenez votre temps.

Enfin, quelqu'un avait adressé la parole à l'ancien étudiant.

Maman a sorti un miroir de son sac à main pour vérifier que son maquillage n'avait pas bougé.

— En fait, ce serait mieux si on n'arrivait pas avant l'heure fixée, a-t-elle déclaré. Je veux être la dernière à embarquer.

À Hambourg, nous nous sommes arrêtés dans une ruelle pour y attendre le moment le plus propice à son arrivée triomphale. L'ancien étudiant a allumé la radio, et nous avons écouté l'un de ces interminables discours qui se multipliaient sur les ondes : « Nous avons permis à ces empoisonneurs, ces rebuts de la société, ces voleurs, ces rats et ces délinquants de quitter l'Allemagne. » En clair, il s'agissait de nous. « Aucun pays ne veut d'eux. Pourquoi devrions-nous assumer ce fardeau ? Nous avons nettoyé nos rues et continuerons à le faire jusqu'à ce que le moindre recoin de l'empire soit libéré de ces sangsues. »

— Je pense que nous devrions y aller.

C'était les premiers mots prononcés par mon père depuis que nous avions quitté Berlin.

— Ça suffit, a-t-il ajouté en faisant signe à l'Ogre de redémarrer et d'éteindre cette fichue radio.

Lorsque nous avons tourné à l'angle de la ruelle, l'immeuble flottant auquel nous allions devoir notre salut a surgi devant nous. L'énorme masse métallique noire et blanche s'élevait depuis l'eau jusqu'au ciel. On aurait dit une ville sur la mer. Dans la mesure où nous passerions les deux semaines suivantes emprisonnés à bord, j'espérais que nous y serions en sécurité. Après ça, nous serions enfin libres.

Le drapeau des Ogres claquait au vent à l'extrémité du paquebot. Juste en dessous figurait un nom en lettres blanches qui resterait à jamais gravé en nous : *Saint-Louis*.

Les quelques pas jusqu'à la guérite 76 qui faisait office de douane m'ont paru interminables. La petite construction marquait la frontière entre un ici et un là-bas – mais un là-bas inatteignable, même en courant. Cette courte distance a épuisé le peu d'énergie que j'avais encore. Mes parents, eux, faisaient de leur mieux pour avancer fièrement. Le moment viendrait bien assez vite où ils tomberaient le masque et s'effondreraient.

Ce trajet en voiture avait été le plus long, le plus intense et le plus épuisant de ma vie. J'étais sûre que les deux semaines de notre voyage transatlantique passeraient en un éclair – bien plus vite en tout cas que le trajet entre la capitale et Hambourg, le principal port de la grande Allemagne.

Alors que nous approchions de la douane, un orchestre qui s'était arrêté de jouer a repris mollement la marche militaire « *Frei Weg !* » J'ai sursauté de peur en entendant les premières notes. Je n'avais jamais aimé ces airs-là. Leurs couplets triomphants me donnaient la chair de poule, et je ne voyais pas comment une chanson intitulée « En avant ! » pouvait évoquer autre chose qu'un grand coup de pied aux fesses. Je ne savais pas quel était le but recherché par la compagnie maritime : nous remonter le moral ou nous faire oublier que dès l'instant où nous aurions embarqué, nous ne pourrions plus jamais revenir en Allemagne.

Le paquebot était plus haut que notre immeuble à Berlin. Un, deux, trois… j'ai dénombré six ponts, sur lesquels se pressait une foule de passagers. Tout le monde devait déjà être à bord. Nous étions les derniers. Comme d'habitude, maman avait obtenu ce qu'elle voulait.

Deux Ogres assis à une table de fortune au pied de la passerelle nous ont examinés avec dégoût. Papa a sorti de son attaché-case le premier des trois documents signés par les autorités cubaines chargées de l'immigration afin de nous autoriser à nous rendre à La Havane et à y séjourner indéfiniment. Alors même qu'ils ne lisaient pas l'espagnol, les deux hommes les ont étudiés avec attention. Puis ils ont demandé à papa nos passeports et nos billets retour sur le *Saint-Louis*.

Maman contemplait la passerelle oscillante qui allait bientôt la séparer de sa terre natale. Dans quelques minutes, elle le savait, elle cesserait d'être allemande. Elle ne serait plus une Strauss ni une Rosenthal. Mais au moins resterait-elle Alma. Elle ne perdrait pas son nom. Et elle ne répondrait pas non plus aux Ogres, ces officiers subalternes qui osaient l'interroger, elle, la fille d'un vétéran de la Grande Guerre décoré de la Croix de fer.

Après avoir parcouru nos documents page après page, l'un d'eux a abattu un tampon rouge sur nos photos. Maman a frissonné à chaque coup, mais n'a pas baissé les yeux. Les seuls papiers d'identité qui nous accompagneraient dans notre aventure cubaine étaient à présent frappés d'un infâme J rouge. Comme une cicatrice indélébile. Nous ferions à jamais partie des exilés, de ces gens dont personne ne voulait et qui depuis la nuit des temps étaient chassés de chez eux.

Maman luttait pour ne pas pleurer, mais deux larmes menaçaient de ruiner son maquillage impeccable et, avec lui, son projet de faire une entrée remarquée dans cet espace où elle espérait être heureuse durant les quinze prochains jours. Peut-être parce qu'elle ne voulait plus montrer la moindre émotion, elle m'a serrée dans ses bras par-derrière et j'ai senti ses lèvres contre mon oreille.

— J'ai une surprise pour toi.

J'ai prié pour qu'elle ne fasse rien d'insensé. *N'oublie pas, maman : nos vies sont en jeu !*

— Je te dirai ce que c'est dans notre cabine.

J'ai supposé qu'elle s'efforçait seulement de nous apaiser toutes les deux. Elle m'a fait promettre de ne rien répéter à papa. Elle nous annoncerait la nouvelle une fois qu'on serait à bord et que les côtes allemandes auraient disparu derrière nous.

Je l'ai vue sourire. Ce devait être une bonne nouvelle.

L'un des Ogres ne parvenait pas à détacher les yeux d'elle. Elle était sans nul doute la passagère la plus élégante du bateau, et peut-être essayait-il de compter les diamants sur la broche accrochée à sa taille. Nous aurions dû venir habillés plus simplement, sans chercher à montrer que nous étions différents ou que nous nous estimions supérieurs aux autres. Mais maman était ainsi. Selon elle, il n'y avait absolument aucune raison d'avoir honte de ce que lui avaient légué toutes les générations précédentes de Strauss. Comment un Ogre méprisable osait-il s'arroger le droit de s'approprier des biens qui portaient et porteraient à jamais son empreinte unique ? Et pourtant, c'était bien lui qui allait décider si elle garderait ses bijoux et si nous partirions ou pas. Il pouvait en un instant rejeter nos documents et faire arrêter papa. Nous n'aurions alors plus aucun avenir.

Des centaines de passagers se massaient sur les ponts du bateau, l'air minuscules vus d'en bas. Certains nous observaient. D'autres cherchaient des yeux des proches sur le quai. Puis nous avons été aveuglés par un flash. Un homme avait commencé à nous photographier. Je me suis cachée derrière papa. Il devait être dépêché par le magazine *Das Deutsche Mädel*. Je ne suis pas pure ! aurais-je voulu crier.

Maman a cambré le dos et tendu le cou, les épaules légèrement en avant et le menton fièrement relevé. Cela m'a sidérée. On risquait à tout instant de nous fouiller, de nous voler ce qu'il nous restait, d'annuler notre départ et de nous arrêter, mais qu'importe, elle se souciait d'abord de l'angle de prise de vue sous lequel elle serait immortalisée.

L'Ogre a vérifié une fois de plus tous nos documents et s'est attardé sur ceux de papa. J'ai envisagé de m'enfuir en courant, quitter le port et me cacher dans les rues sombres de Hambourg.

— Vermine, a-t-il enfin craché avec mépris.

Il fixait les documents sans avoir le courage de regarder papa en face.

Maman frémissait de colère. *Ne fais pas attention à lui, maman. Ne lui permets pas de s'en prendre à toi.* Pour les Ogres, nous n'étions rien de plus que ça : de la vermine, des parasites, des êtres pourris, fourbes, sans scrupules et perfides. Toute la liste des injures y passait. Appelez-nous comme vous voulez, ai-je pensé. Plus rien ne m'atteignait.

Quatre marins ont descendu la passerelle et se sont avancés vers nous. Papa a jeté un coup d'œil aux Ogres, puis à ces hommes, avant de se retourner pour voir si notre voiture était toujours là.

Les marins nous ont entourés. L'un d'eux a pris une valise, aussitôt imité par les autres, et ils ont remonté ensemble la passerelle qui ne cessait d'osciller. Au moins nos affaires étaient-elles à bord.

Une vague s'est brisée contre la proue du bateau.

Les Ogres se concentraient toujours sur papa en nous ignorant, maman et moi. S'ils l'arrêtaient, nous resterions à terre. Nous n'allions pas partir sans lui ! Mais maman avait oublié sa peur et ne pensait plus qu'à son entrée parmi les passagers. Elle la répétait, même.

— Herr Rosenthal, j'espère ne plus jamais vous revoir, a déclaré l'Ogre.

Peut-être espérait-il une réponse, mais papa s'est contenté de récupérer ses documents en silence, de les vérifier avec soin et de les ranger dans son attaché-case.

Il s'est ensuite penché vers moi pour murmurer :

— Cet attaché-case est le plus important de nos bagages. Nous pouvons perdre nos vêtements, nos biens et même notre argent, mais ces papiers représentent notre salut.

Il m'a embrassée et a levé les yeux vers le point le plus haut du *Saint-Louis*.

— Cuba est le seul pays qui veut bien de nous. N'oublie jamais ça, Hannah.

L'orchestre a cessé de jouer. Nos premières valises devaient se trouver dans notre cabine à présent. Il n'y en avait plus que deux qui attendaient leur tour – sans compter nous trois. Nous étions toujours sur le sol allemand.

La passerelle était déserte. Maman a contemplé l'avant du bateau.

— Notre cabine se trouve sur le pont supérieur, a-t-elle dit en lissant ses cheveux et en me prenant par la main. Elle est plus petite que les pièces de notre appartement, mais tu vas l'adorer, Hannah. Tu verras.

Un marin est revenu prendre nos deux dernières valises. Papa s'apprêtait à le suivre quand maman l'a retenu par le bras. J'ai tout de suite deviné qu'il était inenvisageable pour elle d'embarquer en même temps que des bagages, même si c'étaient les siens. Ce n'est qu'une fois le marin disparu à l'intérieur du bateau et la passerelle de nouveau vide qu'elle a embrassé papa sur la joue pour l'inviter à avancer.

Il a été le premier à monter. Je l'ai suivi en me tenant fermement à la rampe afin de ne pas tomber dans l'eau. Comme les marches tanguaient ! La corne de brume du bateau m'a soudain fait sursauter. Je me suis retournée et j'ai vu maman marcher lentement, avec sa façon particulière d'incliner la tête sur le côté et d'ignorer tout autour d'elle. Les Ogres n'avaient pas bougé. Si nous étions les derniers à embarquer, pourquoi n'étaient-ils pas déjà partis ? J'ai également repéré notre voiture un peu plus loin.

Un petit homme affublé d'une moustache ridicule s'était posté en haut de la passerelle. On aurait dit un officier de l'armée. L'air sévère, le dos bien droit pour se grandir au maximum, il semblait vouloir donner l'impression d'être aux commandes du plus gros navire amarré dans le port.

— Tu n'as rien à craindre, Hannah. C'est Gustav Schröder, le capitaine, m'a expliqué papa.

Je m'accrochais toujours fermement à la rampe. Il faisait froid, mais je savais que ce n'était pas pour ça que je tremblais. *J'ai peur, papa.* D'un regard, j'ai tenté de lui faire comprendre que j'avais désespérément besoin de lui, que j'étais incapable d'avancer sans sa protection. Nous étions alors presque arrivés en haut de la passerelle. J'ai tendu l'oreille au cas où quelqu'un nous aurait crié de nous arrêter, mais je n'ai rien distingué.

Nous sommes en sécurité, ne cessais-je de me répéter dans l'espoir de m'en persuader.

Nous étions vraiment les derniers à embarquer. Partout autour de moi résonnaient des « Je t'aime » et des « Je ne t'oublierai jamais » désespérés, des adieux criés depuis le pont, des pleurs mêlés aux sirènes des bateaux qui regagnaient ou quittaient le port.

Nous n'étions plus sur la terre ferme. Telles des fourmis minuscules et sans défense, les gens restés sur le quai couraient en tous sens pour essayer d'apercevoir une dernière fois les chanceux autorisés à prendre le large.

À chaque pas, je me sentais plus grande et plus à l'abri. Le port et les Ogres rapetissaient derrière nous, tandis que, moi, je me voyais aussi imposante que ce paquebot. Je devenais une géante toute-puissante à mesure que le quai s'éloignait.

J'étais invincible. Nous avions gravi la montagne et atteint le sommet, papa et moi. Comme par magie, ma peur s'est dissipée à l'instant où j'ai mis le pied à bord de ce gros navire protecteur. L'aventure commençait.

Le bruit était assourdissant. Plus personne sur le quai ne pouvait nous entendre, mais de nombreux passagers criaient encore des messages aux malheureux privés de visas et de billets.

Le capitaine s'est approché de nous. Il était si petit qu'il a dû lever la tête pour regarder papa. Avec une courtoisie à laquelle nous n'étions plus habitués, il a tendu la main à mes parents, qui lui ont adressé un sourire froid en retour.

— Herr Rosenthal, Frau Rosenthal, a-t-il dit d'une voix grave de chanteur d'opéra.

Il a ensuite pris doucement ma main droite et l'a portée à ses lèvres sans la toucher. Aurais-je été moins déconcertée, j'aurais presque fait la révérence.

Enfin, nous y étions. Mais il n'y avait pas de place pour marcher sur le pont – trop de passagers se pressaient contre le bastingage dominant le port, comme s'ils voulaient rester pour un instant encore proches de tout ce qu'ils ne reverraient jamais, comme s'ils voulaient saisir une image condamnée à s'effacer de leur mémoire. Maman s'est figée devant ce spectacle, l'air effaré. Elle n'avait aucune envie de se mêler à cette foule désespérée. Puis elle a brusquement compris que nous étions tous les trois aussi pitoyables que ces exilés. Que cela lui plaise ou non, nous étions dans la même situation qu'eux.

Observe-les bien, maman. Nous formions une masse misérable de réfugiés chassés de chez eux. En l'espace de quelques secondes, nous étions devenus des immigrants, chose qu'elle n'avait jamais acceptée. Mais cette fois, elle devait voir la réalité en face.

Un bras maigre a soudain tenté de se frayer un chemin vers nous à travers la foule. Il a poussé un homme qui criait au revoir à quelqu'un, et j'ai entendu une voix m'interpeller :

— Viens avec moi ! Dépêche-toi !

Au bout de ce bras, j'ai aperçu une tignasse brune, plus ébouriffée que jamais, une chemise boutonnée jusqu'en haut, un short, et ces grands yeux aux cils interminables.

— Leo ! C'est toi ? Je n'arrive pas à y croire !

— Ben quoi, tu ne m'as jamais vu ? Viens, suis-moi.

La corne de brume du navire a retenti. Nous partions ensemble vers un endroit où personne ne songerait à mesurer nos crânes et nos nez, à comparer la texture de nos cheveux ou à classifier la couleur de nos yeux. Nous partions vers une île que nous avions dessinée dans l'eau boueuse d'une ville où nous ne retournerions jamais.

La Havane, Leo. Encore deux longues semaines, et nous serions à La Havane.

Y planterions-nous des tulipes ? J'ignorais complètement si elles poussaient à Cuba.

Deuxième Partie

Hannah

***Saint-Louis*, 1939**

Samedi 13 mai

Au moment de mourir, paraît-il, notre vie défile devant nous comme les pages d'un livre, jusqu'à ce que le cerveau nous lâche, mais sans qu'on éprouve aucune douleur ni aucune nostalgie. Lorsque nous avons quitté l'Allemagne, je crois bien que je n'avais que trois souvenirs de mon enfance.

Le premier était constitué des instants passés dans les bras d'Eva, blottie bien au chaud contre sa grosse poitrine dans le lit de sa petite chambre, près de la cuisine. Papa disait que j'étais trop jeune pour avoir gardé en tête des sensations aussi précises, mais je me rappelais parfaitement le parfum de citron, de bergamote et de cèdre de son eau de Cologne, auquel se mêlait une odeur de sueur et d'épices. Cette femme avait assisté à ma naissance et pris soin de moi pendant que maman se remettait de cet accouchement, qui lui avait valu plusieurs semaines d'hospitalisation. J'entends encore la voix tendre de maman qui, plus tard, m'annoncerait qu'il était temps pour moi de dormir dans ma propre chambre, et je revois mes larmes amères en réaction – je ne voulais pas quitter celle d'Eva, qui était le seul endroit où je me sentais en sécurité.

Mon deuxième souvenir remonte à mes cinq ans. J'avais accompagné papa à l'université et je m'étais cachée sous le bureau d'une salle immense pendant qu'il livrait un exposé à une centaine d'étudiants, voire plus. Fascinés par cet homme, le plus intelligent du monde, tous l'avaient écouté leur dévoiler les secrets du corps humain. La voix de papa résonnait comme s'il avait dirigé un service religieux ou récité la Torah de mémoire. Il avait répété le mot « fémur » à plusieurs reprises en pointant des membres gigantesques schématisés au tableau, et je m'étais dit ce jour-là que dès qu'on m'autoriserait à avoir un chien, je l'appellerais Fémur.

Mon dernier souvenir date de mon cinquième anniversaire. Mes parents m'avaient promis que nous irions faire le tour du monde sur un bateau de croisière, et j'avais passé de nombreuses nuits à étudier la carte accrochée à côté de mon lit pour imaginer notre itinéraire vers des pays lointains. Je me considérais comme la fille la plus chanceuse de la Terre.

Telles étaient les trois choses qui m'avaient marquée. Hélas, l'une d'elles était liée à Eva, que je ne reverrais jamais. Le processus d'effacement commençait déjà. Mon nouveau livre de souvenirs était vierge.

Debout contre le bastingage, Leo et moi avons regardé les passagers faire des signes d'adieu aux personnes demeurées à quai – lesquelles nous scrutaient non pas comme si nous allions être sauvés, mais comme si nous faisions route vers un destin tragique et inconcevable.

Puis nous nous sommes éloignés de la foule pour nous concentrer sur le fleuve Elbe, qui allait nous conduire jusqu'à la mer du Nord et, de là, loin, très loin du pays des Ogres. Il était grand temps de quitter ce port et ses odeurs pestilentielles de pétrole et de poisson. Je ne voulais plus enregistrer le moindre détail à son sujet. Fermant les yeux, je me suis accrochée à Leo. Je sentais tanguer l'énorme monstre de fer et craignais d'avoir le mal de mer.

Le capitaine nous observait depuis la passerelle de commandement, qu'il arpentait dans un sens et dans l'autre, les mains croisées dans le dos. Il en imposait malgré sa moustache ridicule et sa petite stature. Lorsqu'il nous a fait signe de le rejoindre, Leo s'est montré encore plus emballé que moi et il m'a entraînée en me tirant par la main. Notre aventure débutait.

Depuis la passerelle de commandement, le port avait l'air tout petit. L'odeur du fer rouillé et le roulis du bateau m'ont de nouveau donné la nausée. Le capitaine s'en est aperçu et s'est adressé directement à moi, de cette voix bourrue qui détonnait tant par rapport à son corps fluet :

— Le bateau se stabilisera d'ici quelques minutes. À ce moment-là, tu verras que l'eau ne bougera même plus dans les verres. En attendant, si tu me présentais ton ami, Hannah ?

Leo s'est rengorgé. Lui qui avait toujours voulu devenir pilote devait à mon avis se rêver davantage en capitaine de navire à présent. Il s'est précipité vers les appareils de navigation, avant d'être mis en garde par Herr Schröder :

— Vous êtes les bienvenus ici, mais vous ne devez toucher à rien qui pourrait mettre en danger les deux cent trente et un membres d'équipage et les huit cent quatre-vingt-dix-neuf passagers. Je suis responsable de la vie de chacun.

Leo a voulu savoir quand précisément nous arriverions et à quelle vitesse ce navire de plus de seize mille tonnes et long de cent soixante-quinze mètres pouvait avancer.

— Que se passerait-il si quelqu'un basculait par-dessus bord ? Dans quel port nous arrêterons-nous en premier ? Quels autres pays verrons-nous ? Et si quelqu'un tombait malade ?

Comme moi, il avait l'impression que cet homme était puissant et très instruit. Et en plus, il voulait être notre ami !

— Nous ferons d'abord escale à Cherbourg, où nous prendrons trente-huit passagers supplémentaires, a répondu le capitaine.

Il s'est arrêté là cependant – nous lui posions trop de questions à la fois, et il ne souriait plus.

— Allez dîner, nous a-t-il ordonné. Le repas est déjà servi.

Je suis partie la première. Leo m'a suivie vers la salle à manger réservée aux passagers de première classe, mais je l'ai vu hésiter à l'entrée, et c'est moi cette fois qui l'ai tiré par le bras.

— Ils vont me jeter dehors, Hannah !

Sans l'écouter, j'ai ouvert l'énorme porte ornée de miroirs symétriques, de feuilles et de fleurs, et la lumière des énormes lustres scintillants qui se reflétait sur les boiseries astiquées nous a éblouis. Leo n'en croyait pas ses yeux. Nous voguions sur un palais flottant.

Un steward, vêtu de blanc comme un officier de marine, nous a gentiment indiqué nos places, et maman a agité la main vers nous depuis la table principale comme elle aurait salué des admirateurs.

En parfait gentleman, papa s'est levé afin de tendre la main à Leo, qui l'a serrée d'un air timide avant de s'incliner devant maman.

— Il faut que tu manges correctement, lui a-t-elle dit. La traversée va être longue.

La Déesse était de retour, avec sa voix douce et claire.

J'ignorais comment elle avait trouvé le temps de se changer et de retoucher son maquillage. Dans sa robe de coton rose sans manches, toute simple, elle avait une allure d'écolière. Elle avait également troqué les perles à ses oreilles contre des diamants qui étincelaient chaque fois qu'elle bougeait la tête. Papa, en revanche, portait toujours son costume de flanelle grise et son nœud papillon.

À une extrémité de la salle, une grande table croulait sous des corbeilles de pain et des assiettes de saumon, de caviar, de viande coupée en fines tranches et de légumes de toutes les couleurs. Tel était le « buffet léger » proposé par le *Saint-Louis* pour notre départ de Hambourg.

Le steward a servi à maman son champagne préféré. Leo et moi avons eu droit à du lait chaud pour nous aider à dormir.

Papa reprenait contenance et semblait à l'aise dans ce nouvel environnement. Quittant les tables où ils étaient assis avec leurs familles, quatre hommes sont venus saluer le « Pr Rosenthal », comme ils l'appelaient. Il a échangé une poignée de main avec eux et a même étreint le dernier en lui donnant des tapes dans le dos et en lui disant quelque chose que je n'ai pas entendu. Puis ces messieurs se sont inclinés devant maman, sans toutefois s'approcher. Une flûte de champagne à la main, elle leur a souri depuis sa chaise.

Il faisait si chaud dans la salle à manger qu'elle s'est ensuite tapoté le visage avec un mouchoir pour empêcher son maquillage de couler. Deux membres d'équipage ont tiré des rideaux de velours rouge et ouvert quelques fenêtres. Très vite, une brise marine a atténué l'atmosphère confinée de la pièce et dissipé l'odeur de poisson fumé et de viande qui commençait à me rendre nauséeuse.

Le steward a demandé à Leo s'il souhaitait autre chose. Il lui donnait du « monsieur », et je ne sais pas ce qui a le plus alarmé mon ami : s'entendre appeler ainsi, ou voir quelqu'un s'approcher de lui avec respect. Devant son silence, le steward a poursuivi son tour de table en prenant les commandes de chaque convive. Il était évident que Leo n'était pas habitué à être si bien traité, surtout par un membre de la « race pure ».

— Non mais, tu le crois, ça ? a-t-il murmuré si près de mon oreille que j'ai pensé qu'il allait peut-être m'embrasser. On se fait servir par les Ogres !

Il s'est mis à rire et a brandi son verre de lait chaud.

— À votre santé, comtesse Hannah ! Nous allons faire un long et merveilleux voyage !

J'ai éclaté de rire, ce qui a visiblement amusé maman.

— Oui, Leo, bois ton lait chaud, cela te fera du bien, ai-je répliqué en imitant une vieille comtesse chichiteuse.

À la table voisine, quatre jeunes gens ont levé leurs verres eux aussi. Papa leur a adressé un petit signe de tête pour prendre part à leur toast de loin. Leo et moi observions la scène en essayant de garder notre sérieux.

— On va bien s'amuser demain ! m'a lancé joyeusement Leo, avant de vider son verre d'un trait.

13 MAI 1939
DEUX AUTRES NAVIRES SIGNALÉS À DESTINATION DE LA HAVANE, ANGLAIS ORDUÑA ET FRANÇAIS FLANDRE, AVEC PASSAGERS SIMILAIRES. ORDRE IMPÉRATIF D'AVANCER À PLEINE VITESSE. CONFIRMATION QUE VOS PASSAGERS DÉBARQUERONT QUOI QU'IL ARRIVE. AUCUNE RAISON DE S'INQUIÉTER.

Câble de la Hamburg-Amerika Linie

Lundi 15 mai

À mon réveil, je me suis sentie perdue en entendant un violon jouer l'intermezzo de l'un des opéras que papa écoutait le soir à la maison. Je devais rêver. Qui sait si nous n'étions pas encore à Berlin et si les Ogres n'étaient pas au fond qu'un cauchemar engendré par mon esprit perturbé.

Je me suis vue aux pieds de mon père, près du gramophone. Il me caressait la tête et m'ébouriffait les cheveux en me parlant de Thaïs, courtisane et prêtresse de la puissante Alexandrie, en Égypte, qu'un moine avait poussée à se dépouiller de ses biens matériels, à renier les dieux qu'elle avait toujours vénérés et à traverser le désert pour expier ses péchés.

Puis j'ai ouvert les yeux. Je me trouvais dans ma cabine, et c'était un gramophone que j'apercevais par l'embrasure de la porte donnant sur la chambre adjacente. Comme au bon vieux temps, papa lisait dans son lit en écoutant la « Méditation », un passage tiré de l'opéra *Thaïs*. La musique lui offrait un paravent contre le reste du monde.

Mais nous risquions d'être renvoyés à Berlin pour avoir conservé le gramophone ! J'étais sûre qu'il figurait sur la liste des biens auxquels nous avions dû renoncer. De qui pouvait bien venir l'idée stupide de l'emporter ? Maman ne le pardonnerait jamais à papa. Elle se mettrait à pleurer, me ferait des reproches à moi aussi et martèlerait que nous ferions mieux de tous disparaître. Peut-être essaierait-elle de m'empoisonner avec cette capsule que papa avait fait acheter par le père de Leo.

Pourtant, elle m'a paru très enjouée lorsqu'elle est entrée dans ma cabine. À l'évidence, ce gramophone ne la contrariait pas et elle ne craignait pas que l'amour déraisonnable de papa pour la musique ne nous fasse renvoyer chez nous – preuve que nous ne courions aucun danger finalement.

Avec cette mine radieuse, elle était encore plus élégante que d'habitude. Devoir sortir de sa léthargie pour se procurer divers papiers et arpenter les rues poussiéreuses de Berlin parmi ces Ogres qui nous faisaient horreur avec leur manie de marcher tous au pas avait eu sur elle un effet miraculeux. Elle portait un pantalon large en gabardine ivoire, un chemisier de coton bleu assorti à son turban, un foulard noué autour du cou et une paire de lunettes de soleil en écaille de tortue. Un large bracelet doré brillait à son avant-bras gauche et sa magnifique alliance était de retour à sa main droite.

La Déesse dans toute sa splendeur.

— Tu peux aller où tu veux, sauf dans la salle des machines, m'a-t-elle dit. C'est dangereux. Ton père va rester ici pour lire un peu. File et amuse-toi bien, Hannah. Profite de cette belle journée.

Puis elle s'est éclipsée, avec l'air d'être chez elle sur ce bateau et de mourir d'impatience de prendre le frais.

Nous étions toujours en Europe, cependant, et les bruits d'un autre port n'ont pas tardé à me parvenir. J'avais hâte qu'on gagne la haute mer et je n'en pouvais plus des mouettes qui tournoyaient autour de nous, de cette odeur ambiante de poisson, de sang séché, de rouille et de graisse, sans parler des sirènes des navires circulant dans le port de Cherbourg.

Sur le pont, j'ai repéré maman près du bastingage. Un membre d'équipage lui servait un thé pendant qu'elle contemplait les quais en contrebas, et notamment les trente-huit passagers qui montaient à bord. Elle n'en a visiblement reconnu aucun parce qu'elle s'est déplacée ensuite sur l'un des transats disposés à tribord.

Je n'étais pas surprise qu'elle ne noue pas d'amitiés avec les autres passagères de première classe. Elle saluait assez cordialement celles qui passaient, mais ignorait en ajustant ses lunettes de soleil toutes les dames élégantes qui souhaitaient peut-être s'asseoir à ses côtés. Elle savourait sa solitude. Tous ces mois de confinement derrière des volets clos, sans jamais pouvoir sortir ni voir ses proches, l'avaient rendue asociale.

Je me doutais que l'air marin lui conviendrait. Elle semblait avoir recouvré sa liberté sur ce bateau où elle pouvait porter ses plus belles tenues, se pavaner avec ses bijoux et avoir toujours quelqu'un à son service. Tout juste hésitait-elle à retourner dans la salle de bal. En découvrant le drapeau rouge, noir et blanc accroché sur la paroi du fond la veille au soir, elle n'avait pu réprimer une grimace de dégoût – même si moi seule l'avais remarquée. Elle était repartie aussitôt sans un mot pour aller s'adresser directement au capitaine. Personne ne savait ce qu'elle lui avait dit, mais le fait est que, ce matin-là, le drapeau avait disparu. Avant même de prendre son petit déjeuner, elle était descendue dans la salle de bal afin de vérifier que le capitaine avait tenu parole.

— Tant que nous serons en mer, il veillera sur nous, m'a-t-elle dit plus tard. C'est un vrai gentleman.

Enfin, le bateau s'est mis en branle et sa corne de brume a de nouveau retenti. La traversée commençait pour de bon, cette fois. Derrière ses verres fumés, maman m'a lancé un sourire paisible que je ne lui avais jamais vu.

Leo s'est approché de moi par-derrière et m'a mis ses mains moites sur les yeux. Je me suis pliée à son petit jeu en demandant si c'était papa.

Il a éclaté de rire. Il n'en faisait désormais qu'à sa tête en première classe et se promenait sur notre pont comme s'il était notre seigneur et maître. Il ne craignait plus du tout d'être renvoyé dans la cabine de son père en classe touriste. Sa place était ici, avec moi. Le capitaine et tous les stewards l'avaient bien compris.

J'adorais le voir sur son trente et un. Avec ses gros boutons et ses poches de poitrine, sa veste marron le faisait paraître plus âgé, mais son pantalon court et ses chaussettes hautes démentaient cette impression.

Il a reculé en écartant largement les bras, puis il a attendu nerveusement mon verdict sur sa tenue. Je l'ai examiné de la tête aux pieds en silence. Je le mettais au supplice, je le savais.

— Tu ne veux pas me dire de quoi j'ai l'air ? a-t-il fini par me demander, désespéré.

— D'un parfait petit comte, ai-je répondu d'un ton moqueur.

Cela l'a fait rire.

— Et toi, tu es la seule comtesse à bord, Hannah !

Après quoi il a couru entamer sa visite de la première classe.

Quand une personne appuyée contre le bastingage lui barrait le passage, il s'excusait et attendait sans bouger qu'elle se fût écartée. Il ne tolérait aucune modification du chemin qu'il entendait suivre dans son examen approfondi du navire à bord duquel nous allions voyager durant deux semaines.

Je l'ai suivi comme une fidèle reine consort. C'était la première fois que je le voyais aussi heureux.

15 MAI 1939
ORDRE D'ÉCOURTER ESCALE À CHERBOURG ET DE PARTIR AU PLUS VITE. SITUATION TENDUE À LA HAVANE.

Câble de la Hamburg-Amerika Linie

Mercredi 17 mai

— Ça fait des heures que je poireaute, a dit Leo en s'adossant à une colonne en fer.

— Désolée. Mais, tiens, je t'ai apporté un cookie. J'étais censée le garder jusqu'à ce soir et le manger avant de me coucher.

— Allons à la salle des machines !

— Quoi ? C'est le seul endroit où on m'a interdit de mettre les pieds, Leo !

Plusieurs couples se promenaient sur le pont pour repérer les lieux. Il y avait là un salon de beauté et une petite boutique qui vendait des souvenirs liés au navire ainsi que des cartes postales et des foulards en soie, mais je doutais que quiconque ait envie de gaspiller le peu d'argent qu'on nous avait autorisés à emporter au moment du départ.

Nous avons descendu six étages et suivi un long couloir, jusqu'à une lourde porte métallique. Quand Leo l'a ouverte, nous avons été assaillis par un bruit assourdissant et une odeur de graisse brûlée qui m'a donné envie de vomir. Pour ne rien arranger, je craignais de tacher ma robe à rayures bleues et blanches en m'appuyant au mur et de contrarier maman.

Leo a examiné avec curiosité le système complexe qui propulsait en avant le géant des mers sur lequel nous voyagions. Si cela n'avait tenu qu'à lui, il aurait passé des heures à regarder les pistons aller et venir à leur rythme précis et constant, mais il a brusquement abandonné son poste d'observation.

— Allons retrouver les autres !

Le bruit des moteurs a étouffé ses paroles. Sans se soucier de ma réponse, il est reparti en courant.

Nous sommes remontés ensemble jusqu'au quatrième pont. Il s'était déjà fait plusieurs amis sur le *Saint-Louis* – à croire qu'il vivait là depuis des mois – et quelques garçons nous attendaient impatiemment. Ou disons plutôt qu'ils attendaient Leo.

Un grand à l'air stupide et aux joues rougies par l'air frais s'est levé en le voyant approcher. Sa casquette tombait de travers sur sa tête.

— Edmund, tu vas prendre froid, a lancé sa mère, enveloppée dans une épaisse couverture marron sous l'un des auvents.

Il n'a tenu aucun compte de sa remarque et s'est contenté de taper du pied par terre, comme un enfant sur le point de piquer une grosse colère.

Deux autres garçons l'accompagnaient. Ils étaient frères, m'a informée le plus jeune en se présentant sous le nom de Walter. Son aîné, Kurt, m'a ignorée. Tous deux portaient des chapeaux et des vestes bien trop grands, à l'image de leurs chaussures et de leurs chaussettes tire-bouchonnées. Leurs parents avaient dû acheter ces vêtements avant le départ afin qu'ils puissent les porter longtemps à Cuba – et probablement aussi là où ils iraient ensuite.

— Alors c'est toi, la fameuse Hannah, la Jeune Fille allemande ? a dit Walter d'un ton narquois.

Il devait avoir le même âge que moi, ou peut-être un peu plus. J'ai fait mine de ne pas l'avoir entendu, et Leo a tenté de rompre la glace en se lançant dans une description du *Saint-Louis*, de sa cheminée, de la passerelle de commandement et du mât – la partie la plus haute du navire. Il leur a expliqué la différence entre bâbord et tribord et a évoqué le capitaine comme s'il s'agissait d'un ami proche, habitué à le consulter tous les soirs et à suivre ses conseils à la première heure le lendemain matin.

Je savais que quelqu'un mentionnerait tôt ou tard « la Jeune Fille allemande ». Cette fichue couverture du magazine *Das Deutsche Mädel* allait me coller à la peau toute ma vie. Oui, j'étais la Jeune Fille allemande. Et alors ?

Il n'empêche que je suis aussi indésirable que toi, me suis-je retenue de répondre à Walter.

— Vous savez qu'il y a une piscine à bord ? a demandé Kurt, qui passait son temps à repousser son chapeau en arrière. Il fera moins froid quand on sera au milieu de l'Atlantique et à ce moment-là, ils l'ouvriront. Vous avez pris vos maillots de bain ?

Le garçon à l'air stupide a ensuite suggéré qu'on aille jouer sur le pont-promenade, mais Leo ne l'a pas écouté. Nous n'étions que les disciples du passager le plus populaire du *Saint-Louis*. C'était lui qui avait la situation en main, lui aussi qui donnait les ordres. Il ne lui manquait que la casquette blanche à visière noire du capitaine. Nous avons donc tous ignoré la proposition d'Edmund.

Au bout du compte, nous n'avons fait que courir d'un endroit à un autre, mais cela a suffi à Leo pour visualiser le plan d'ensemble du bateau. Déjà, il avait mémorisé le labyrinthe des coursives menant aux cabines, aux salles de bal, à la salle de sport et aux postes de contrôle où l'équipage se réunissait pour jouer aux cartes et fumer. Il allait et venait à sa guise dans les endroits les plus inimaginables sans que personne ne l'arrête.

Les enfants s'étaient regroupés en fonction de leur âge, les plus jeunes restant sous la surveillance des adultes. Les filles, elles, n'auraient jamais eu l'idée de se mêler aux garçons, et j'imagine qu'elles me regardaient bizarrement, moi qui faisais partie de la bande de Leo. À un moment, Walter a heurté l'une de ces pimbêches prétendument adolescentes – c'était le plus maladroit des deux frères, et depuis que je l'avais rencontré, il était tombé, avait perdu son chapeau et s'était laissé distancer tant de fois que nous étions à deux doigts de l'abandonner.

— Regarde où tu vas si tu ne veux pas avoir d'ennuis, a dit la plus grande des filles, affublée d'une casquette de marin grotesque et de lunettes de soleil qui ne cessaient de glisser sur son nez. Et toi, Hannah, qu'est-ce que tu fabriques avec ces vauriens ? Pourquoi tu ne restes pas ici avec nous ? Frau Rosenthal ne serait pas contente si elle te voyait traîner avec eux.

Je me suis arrêtée un instant, pas du tout pour me montrer amicale envers ces sottes qui n'avaient été éduquées que dans un seul but – le mariage –, mais parce que j'en avais assez de courir partout. Leo n'aurait qu'à revenir me chercher.

La demoiselle aux lunettes de soleil était une Simons. Ines Simons. Propriétaires de plusieurs boutiques à Berlin, ses parents avaient transmis ces dernières à un Allemand « pur » qui leur était vaguement apparenté afin de ne pas perdre leur fortune, mais ils en étaient arrivés malgré ça au même point que nous et avaient dû fuir l'Allemagne pour Cuba à la dernière minute.

Maman avait fréquenté Johanna Simons, la matriarche de la famille. Elles étaient allées un jour faire du shopping à Paris ensemble et, à leur retour, j'avais été obligée de tenir gentiment compagnie à Ines dans le salon de thé de l'hôtel Adlon, pendant que nos mères passaient deux heures interminables à discuter des tissus, des motifs et des couleurs à la mode. Ines avait beaucoup grandi depuis, au point que je ne l'avais pas reconnue tout de suite.

— Allons au salon de thé. On y sert des cookies et des gâteaux, a-t-elle dit en s'éloignant, certaine que nous la suivrions toutes.

On aurait pu croire que le salon de thé en question n'avait jamais servi. Comment un paquebot aussi gigantesque, qui transportait un millier de passagers à chaque voyage et enchaînait chaque année plusieurs mois en mer pouvait-il être maintenu dans un état aussi parfait ? La moquette était immaculée, les galons dorés sur les chaises paraissaient tout neufs, les nappes en dentelle ne présentaient pas la moindre tache et les cuillères en argent frappées de l'emblème de la compagnie maritime avaient toutes été astiquées. L'éclairage très tamisé à cette heure de la journée jetait sur nous une lumière rose pâle – cette lumière dans laquelle n'importe qui devient beau, aurait dit maman.

— Voilà qui reflète bien ce que nous sommes, nous, les Allemands, a déclaré fièrement Ines en balayant la pièce du regard.

Oh, Ines. Nous, allemands ? Arrête de te prendre pour une des leurs. Rappelle-toi où tu es ! avais-je envie de lui crier.

Nous étions sur le point d'entamer une nouvelle vie dans un coin reculé de la mer des Caraïbes, là où le reste du monde se résumerait à un espoir interdit pour nous.

— À La Havane, a-t-elle continué, nous serons en transit avec la famille Rosenthal. Ma mère m'a expliqué que nous séjournerions d'abord quelque temps à l'hôtel Nacional, avant de partir nous installer à New York.

Ines croyait dur comme fer aux rêves farfelus de Frau Simons qui, selon maman, était totalement déconnectée de la réalité.

À l'autre bout du salon de thé, une jeune femme assise seule semblait l'incarnation même de la tristesse. Elle tenait dans ses mains une tasse de thé qu'elle n'a pas reposée ni portée une seule fois à ses lèvres. Sa robe la vieillissait probablement, mais il était difficile d'en juger à cause des cheveux qui masquaient en partie ses yeux. Je lui donnais environ vingt ans.

— Elle aura du mal à trouver un mari, maintenant, a déclaré Ines comme si elle avait été experte en la matière et poursuivie quant à elle par une ribambelle de courtisans. Elle s'appelle Else. Maman reconnaît qu'elle a de très jolies jambes, mais une fille qu'on ne complimente que sur ses jambes ne peut pas être vraiment jolie, n'est-ce pas ?

Ses deux amies ont ri à sa remarque tout en sirotant leur thé. J'avais envie de fuir. Rester là était pire que de jouer à la poupée. Par chance, Leo a surgi sur le pas de la porte et m'a fait signe de le rejoindre. Mon sauveur ! Il n'y avait pas de temps à perdre – nous avions un peu moins de deux semaines pour profiter de cet endroit où nous étions libres de faire tout ce qui nous plaisait.

Des exemplaires du *Stürmer* avaient été abandonnés à côté des transats. À l'évidence, quelqu'un parmi l'équipage ne nous aimait pas ou tentait de nous intimider. Je n'avais aucune intention de lire les titres à la une, mais Leo, après y avoir jeté un coup d'œil, est tout de suite redevenu sérieux.

— On nous accuse à Berlin, a-t-il dit en adoptant sa mine conspiratrice habituelle. On parle de nous dans les journaux. Ça va mal finir. On reproche aux passagers du *Saint-Louis* d'avoir volé de l'argent et des œuvres d'art.

Laisse-les dire, Leo. Nous avions réussi à partir et on ne pouvait pas nous obliger à rentrer. Nous étions désormais dans les eaux internationales. Bientôt, nous atteindrions une île qui nous avait accordé un droit de séjour permanent, quand bien même la plupart d'entre nous ne resteraient que quelques semaines sous les tropiques. Nous patienterions jusqu'à ce que notre numéro magique parvienne en haut de la liste d'attente dressée par les autorités américaines afin de pouvoir débarquer à New York, l'autre île où nous souhaitions vraiment aller, avec nos visas d'immigrants.

Un peu plus tard, Leo et moi avons vu le capitaine donner des ordres à voix basse aux stewards, lesquels ont vite entrepris de ramasser tous les journaux.

Leo s'est mis au garde-à-vous pour le saluer. Le capitaine lui a souri en portant une main à son front.

BON DÉBARRAS !

Titre à la une du journal allemand
Der Stürmer, *mai 1939*

Jeudi 18 mai

Les seules personnes à bord avec qui maman se sentait à l'aise étaient les Adler, même s'ils étaient peut-être un peu trop âgés pour qu'elle puisse envisager de passer de longues soirées avec eux. Leur cabine se trouvait à deux portes de la nôtre, et chaque fois que nous sortions sur le pont, nous étions obligés d'aller les saluer. M. Adler refusait de quitter le lit depuis son arrivée sur le bateau. On lui apportait ses repas, mais il y touchait rarement – ce qui inquiétait beaucoup Mme Adler. Elle ne l'avait jamais vu ainsi auparavant.

— Ç'a été très dur pour lui de devoir envoyer son fils et sa bru en premier en Amérique. Il ne s'est pas remis de cette séparation, nous a-t-elle expliqué ce jour-là. Il pensait que les choses se tasseraient en quelques mois, mais elles ont empiré. Nous avons tout perdu. Tout !

En même temps qu'elle s'adressait à nous, Mme Adler pressait des compresses froides sur le front de ce vieil homme à la barbe blanche qui n'a même pas ouvert les yeux durant tout le temps de notre visite. Puis elle a tapoté doucement sa peau avec une huile dont le parfum mentholé m'a picoté les yeux.

— Il n'a accepté de venir que parce que j'ai insisté, mais il ne cesse de répéter que ce voyage n'a aucun sens et qu'il n'a pas la force de repartir de zéro.

Mme Adler semblait sortir tout droit d'un vieux livre. Ses cheveux étaient ramenés haut sur sa tête et elle portait un jupon et un corset sous sa robe longue, comme une femme du siècle dernier. Chaque fois que nous allions la voir, elle me faisait un cadeau que maman m'autorisait à garder – tantôt un mouchoir en dentelle, tantôt une petite broche dorée ou quelques-uns de mes biscuits préférés. Leur provenance demeurait un mystère, cependant, car cela faisait longtemps qu'ils avaient disparu des rayons dans les magasins.

Nous avons écouté attentivement Mme Adler nous raconter l'histoire de sa famille. D'une certaine façon, c'était notre histoire à tous.

— Chacun de nous a perdu quelque chose, a-t-elle fait remarquer, avant de nous décocher un sourire triste. Pour ne pas dire presque tout.

Les Adler avaient atteint l'âge de quatre-vingt-sept ans, et je considérais qu'ils n'avaient aucune raison de se plaindre. Huit décennies et sept années. C'était nous qui allions souffrir, nous autres enfants qui avions toute la vie devant nous.

Le déclin physique du couple devenait à chaque instant plus évident, tant celui du vieil homme, immobile dans son lit, que celui de Mme Adler, enfermée dans sa solitude et condamnée à regarder l'amour de sa vie – son plus grand soutien – s'éteindre lentement sur ce bateau qui nous menait vers notre salut. Ce voyage s'était imposé comme leur seule issue de secours, à un âge où l'on ne peut qu'espérer dire paisiblement au revoir à ses proches.

— Nous nous sommes bercés d'illusions et nous avons ouvert les yeux trop tard, a dit maman, sans toutefois attendre le moindre commentaire de la part de Mme Adler – à ce stade, celle-ci n'écoutait plus qu'elle-même. Nous aurions dû flairer le danger et partir il y a longtemps.

Je ne voulais pas qu'elle soit triste. À bord du *Saint-Louis*, elle était redevenue telle qu'autrefois, alors que papa ne faisait que se réfugier dans la musique, son moyen à lui de ne pas sombrer dans la folie. Mme Adler aurait dû garder son chagrin pour elle.

— Partir où, Alma ? a-t-elle répliqué. Nous ne pouvons pas refaire indéfiniment notre vie. Une génération passe et nous détruit. On reconstruit tout et la génération suivante nous détruit encore. Est-ce là notre destin ?

Toutes deux m'ont soudain dévisagée en prenant conscience que j'étais dans la pièce et que je suivais attentivement leur conversation. Mais elles n'avaient pas à s'inquiéter : leur pessimisme ne me faisait pas peur. Elles avaient vécu leur vie, tandis que la mienne ne faisait que débuter. Sans compter que j'avais Leo. Le cauchemar était derrière nous.

M. Adler s'est mis à trembler, et une toux déchirante a secoué son corps massif et pourtant si faible. Maman et Mme Adler avaient l'air nerveuses. À coup sûr, il allait mourir. Il semblait ne plus pouvoir respirer. Il fallait appeler un médecin !

— Ça lui arrive, a dit Mme Adler, de toute évidence habituée à ces crises. Allez vous promener maintenant. Allez regarder la mer.

Maman et elle se sont étreintes sans s'embrasser. Leur douleur flottait entre elles et leur compassion mutuelle sautait aux yeux.

Je m'élançais en courant vers le couloir quand j'ai entendu maman crier mon nom comme si j'étais de nouveau une petite fille. Elle savait pourtant très bien que quelques jours seulement me séparaient de mes douze ans.

— Tu ne dis pas au revoir ?

J'ai souri de loin – cela suffisait – à cette pauvre Mme Adler, qui n'avait pas encore été capable de savourer une seule journée de notre voyage.

Le soleil cognait de plus en plus fort sur le pont et déversait ses rayons brûlants par les hublots de notre cabine, signe que nous devions nous rapprocher des tropiques. Je plaignais les Adler de vivre dans le noir. Ils avaient transformé leur salon en véritable chambre funéraire : les rideaux restaient tirés en permanence, créant une ambiance lugubre, la pièce empestait l'huile mentholée et l'alcool utilisés par Mme Adler pour faire baisser la fièvre de son mari, et on n'entendait que la respiration laborieuse du vieil homme, monté à bord du bateau a priori dans le seul but de se laisser mourir.

Un groupe d'enfants courait derrière un homme juché sur des patins à roulettes. Il fonçait ici et là avec autant d'aisance que s'il glissait sur de la glace et donnait l'impression d'être en permanence sur le point de tomber. Il allait si vite que nous avions peur qu'il ne s'écrase contre le bastingage, mais il freinait toujours au dernier moment avec la pointe de son pied, s'arrêtait avec l'air d'attendre des applaudissements, puis levait les bras et s'inclinait avec exubérance.

Les enfants couraient pour essayer de le renverser, ce qui amusait beaucoup Leo. L'homme dansait à la manière d'un clown dans un cirque. Un essaim de garçons et de filles le suivait partout, et il était manifestement très fier d'accomplir son exploit dans un endroit où il ne se passait jamais rien.

— Il faut qu'on apprenne à faire du patin à roulettes ! a décrété Leo.

J'ai reconnu l'impatience dans sa voix : il fallait que je note cette nouvelle idée en prévision de notre future vie à La Havane.

— M. Rosenthal et mon père discutent avec le capitaine. Tu crois qu'il y a des problèmes avec le bateau ? Tu crois qu'il va finir au fond de l'océan avec le *Titanic* ? a-t-il demandé comme s'il racontait une histoire d'horreur à laquelle lui-même ne croyait pas.

— Leo, on est au mois de mai et on navigue au milieu de l'Atlantique, très loin des icebergs.

Il m'a entraînée dans un coin, à l'écart des passagers sur leurs transats, et nous nous sommes assis derrière des canots de sauvetage portant l'insigne de l'Hapag, la compagnie maritime propriétaire du *Saint-Louis*. J'étais persuadée qu'il n'y en aurait pas assez pour un millier de passagers si nous venions à faire naufrage.

— J'ai quelque chose pour toi, a bafouillé Leo.

C'était lui tout craché, ça. Il sautait sans arrêt du coq à l'âne. Incapable de détacher mon attention de lui, je me suis concentrée sur ses yeux en essayant de lire dans ses pensées. J'étais heureuse qu'il se consacre entièrement à moi, comme quand on était à Berlin, mais je ne voyais pas du tout ce qu'il avait en tête.

— Papa m'a promis l'alliance de maman. Elle a assez de valeur pour nous permettre de survivre à Cuba, mais je veux que cette bague te revienne, Hannah. Je dois le persuader de me la donner dès que possible. Au cas où il nous arriverait quelque chose, je préfère que ce soit toi qui l'aies. On pourra la faire ajuster si nécessaire.

Il avait parlé d'une traite, en gardant la tête baissée timidement et en tirant sur les jointures de ses doigts.

Cela voulait-il dire que nous étions fiancés ? Je n'osais pas le lui demander, mais je ne pouvais pas non plus cacher mon ravissement. Mes yeux brillants me trahissaient à coup sûr.

— *Danke*, ai-je dit alors qu'il posait les mains sur mes épaules.

— À partir de maintenant, il faut oublier ce mot, *danke*, et dire plutôt *gracias*, d'accord ?

Parfois, il s'obstinait à s'adresser à moi comme un père qui aurait conseillé sa petite fille.

— *Gracias. ¿Comenzarás a hablar español ?* ai-je dit tout en sachant pertinemment qu'il ne comprendrait rien si je parlais avec l'accent que j'avais parfait grâce à des heures de pratique.

Il a répété *gracias* en insistant comiquement sur le *g* et le *s*. J'ai éclaté de rire. Leo était la seule personne à bord capable de me faire oublier le passé tant il vivait dans l'instant présent.

Un petit air de musique s'est échappé des haut-parleurs. Au début, je n'ai distingué que quelques mesures et je n'ai pas reconnu le morceau.

Ce bref et heureux interlude n'a pas duré, cependant. Leo s'inquiétait. Son père et le mien étaient toujours sur la passerelle de commandement avec le capitaine et ils refusaient de le laisser s'approcher. Ils évitaient même désormais de discuter devant lui. Ils avaient dû se rendre compte qu'il était toujours à l'affût de la moindre information et qu'il me rapportait ensuite ses théories et ses demi-vérités.

Je l'ai examiné en douce. Il avait grandi, sa mâchoire devenait anguleuse et ses yeux mangeaient encore plus son visage. Puis la musique a résonné plus fort. C'était *Moonlight Serenade*, de Glenn Miller et son orchestre, qui faisait fureur à Berlin.

— De la musique américaine, Leo !

Devant son air triste, je l'ai secoué par les épaules. Peut-être avait-il la nostalgie de quelque chose que nous avions laissé derrière nous. Ou peut-être que sa mère lui manquait.

— Ils nous souhaitent la bienvenue ! L'Amérique nous ouvre les bras !

J'ai distingué les trombones, suivis de la section des instruments à cordes, et je me suis levée en fredonnant.

— Si on écrivait des paroles ?

Mais Leo ne réagissait toujours pas.

Une sérénade jouée rien que pour nous deux sous le clair de lune argenté. *Oui, inventons-lui des paroles*. J'ai commencé à virevolter, les yeux clos, en me laissant porter par les notes qui dérivaient sur l'océan.

Leo m'a prise par la main. J'ai rouvert les yeux et je l'ai vu qui me souriait et qui tournoyait très lentement avec moi.

Nos mouvements se sont calés sur ceux du bateau, et je me suis abandonnée au plaisir de l'instant. La brise ébouriffait mes cheveux – et alors ? Nous dansions. J'oscillais en rythme sans savoir lequel de nous deux entraînait l'autre. La musique était sur le point de s'achever. Les notes s'étiraient. Oui, c'était la fin.

Nous n'avons plus entendu ensuite que le signal du navire annonçant l'heure du dîner.

Le droit de débarquer à Cuba est restreint pour tous les ressortissants étrangers. Quiconque souhaite entrer dans le pays devra fournir un dépôt de garantie de 500 pesos, ainsi qu'un visa délivré par un consulat cubain et validé par le ministère des Affaires étrangères et du Travail, pas seulement par les services de l'immigration. Tous les documents précédemment délivrés sont par conséquent déclarés nuls et non avenus.

Décret 937 signé par le président de la république de Cuba, Federico Laredo Brú

Gaceta de Cuba
Mai 1939

Vendredi 19 mai

La nuit avait été difficile. Nous avions failli perdre maman. Je savais que je devais m'y préparer – je pouvais perdre ma mère à tout instant et me retrouver orpheline avant mes douze ans –, mais c'était impossible. Maman n'oserait pas me faire ça, pas à l'approche de mon anniversaire. Sinon, je me souviendrais d'elle et serais submergée par le chagrin chaque fois que je le fêterais.

Papa était resté enfermé avec le capitaine jusque tard dans la soirée, et ces entrevues mystérieuses inquiétaient maman. Il revenait toujours avec le dos voûté et les épaules tombantes. L'homme qui avait été un jour le plus élégant de Berlin semblait à présent aussi accablé qu'un bossu écrasé de fatigue.

Maman avait été malade toute la nuit, mais j'avais fini par la laisser seule dans la salle de bains parce que je ne supportais pas de la voir dans cet état.

« Ce n'est rien, m'avait-elle dit. Retourne te coucher. Je t'expliquerai demain matin. »

Elle savait visiblement quelque chose qu'elle ne voulait pas me confier. Nous avait-on confisqué tout notre argent ? Les Ogres se préparaient-ils à traverser l'Atlantique pour envahir l'Amérique ? N'avions-nous aucune issue de secours et nous attendaient-ils dans le port de La Havane ?

J'avais entendu maman vomir même à travers la porte fermée. À l'imaginer pliée en deux au-dessus des toilettes, le corps agité de spasmes, elle m'avait paru si fragile que c'en était terrifiant.

Une odeur insupportable s'était peu à peu échappée de la salle de bains, répandue dans sa cabine et jusque dans la mienne, m'obligeant à plaquer mon oreiller sur ma tête pour faire barrage à ses haut-le-cœur. Pour finir, je m'étais endormie.

Au matin, c'était comme s'il ne s'était rien passé. Tout juste avait-elle le teint pâle et un maquillage peut-être plus soutenu que d'habitude. Elle s'était lavé les cheveux aussi, portait un parfum subtil que je n'ai pas reconnu, et cette nouvelle fragrance mêlée à l'odeur du sel de mer m'a autant déconcertée que sa guérison miraculeuse. Elle s'en est aperçue et nous a invités à nous asseoir à côté d'elle, papa et moi. Mais ni son parfum, ni son savon, ni le produit qu'elle avait appliqué sur ses cheveux ne suffisaient à effacer de ma mémoire la puanteur de la nuit.

— J'ai une nouvelle à vous annoncer, a-t-elle dit en baissant la voix.

C'était une bonne nouvelle. Il ne pouvait pas en être autrement. À cet instant, je me suis rappelé qu'elle m'avait promis une surprise avant qu'on monte à bord du bateau. Mes retrouvailles avec Leo me l'avaient fait oublier.

Elle a regardé papa, puis a posé les yeux sur moi. *Dis-nous enfin de quoi il s'agit, maman !*

— J'ai attendu jusqu'à aujourd'hui parce que je voulais être vraiment sûre.

Elle a marqué une seconde pause. Une lueur espiègle brillait dans ses yeux, comme si elle nous défiait de deviner la suite.

— Hannah, a-t-elle enfin déclaré en se tournant vers moi, tu ne seras bientôt plus fille unique !

Il m'a fallu plusieurs secondes pour assimiler ce qu'elle essayait de me dire.

Maman est enceinte ! C'est pour ça qu'elle a autant vomi ! Elle ne s'inquiétait pas de voir papa s'entretenir aussi longtemps avec le capitaine, en fait – c'était pour elle des affaires d'hommes. Je vais avoir un petit frère ou une petite sœur !

— Où le bébé va-t-il naître ? ai-je seulement pensé à demander.

Quelle idiote. J'aurais dû faire une remarque beaucoup plus digne d'une fille de mon âge. J'aurais dû être tout émue, me précipiter sur elle et la serrer contre moi en criant à tue-tête : « C'est génial ! »

La malédiction de l'enfant unique qui frappait la famille Strauss était enfin levée. Un nouveau Rosenthal allait rejoindre la communauté des impurs. Papa s'est penché pour embrasser doucement maman, mais sans manifester la moindre émotion.

— Nous ne savons pas encore combien de temps nous resterons à La Havane, a dit maman. Le bébé naîtra à la fin de l'automne.

Elle était heureuse à l'idée que son enfant ne soit pas allemand et que le fardeau maudit porté par sa famille depuis des générations ait miraculeusement disparu.

— Ce soir, on passera à côté de plusieurs îles dans l'Atlantique et on apercevra probablement leurs côtes, ai-je dit afin de rompre le silence provoqué par cette nouvelle inattendue.

Mes parents m'ont regardée comme s'ils ne comprenaient pas – ou comme s'ils se demandaient : Se peut-il vraiment qu'elle soit notre fille ?

Papa s'est approché de maman par-derrière et l'a attirée contre lui dans une vague étreinte. Tous deux ont ignoré mon commentaire. Ils savaient déjà à quoi s'attendre avec moi : j'étais stupide. Mais ils n'avaient pas de raison d'être trop contrariés. Un nouveau Rosenthal était en route et il serait à la hauteur de leurs espérances, lui. Parfois, c'était moi qui me considérais comme une erreur.

Ils n'avaient pas besoin de moi. Ce problème était le leur, il valait donc mieux que je les laisse seuls avec leur nouveau bébé. J'ai pris mon appareil photo et suis sortie sur le pont.

— M. Adler est toujours malade, m'a rappelé maman, même si elle se doutait bien que je n'irais pas saluer le couple sans elle.

J'ai voulu photographier les passagers de la seconde classe, mais je me suis rendu compte que cela les dérangeait. Certains avaient l'air apeuré. D'autres prenaient la pose quand ils remarquaient mon objectif braqué sur eux, ce qui gâchait l'effet recherché. C'était encore pire en première classe. Là, les gens avaient tendance à ajuster leurs vêtements, et certaines femmes m'ont même demandé d'attendre quelques secondes, le temps pour elles de se remaquiller. Leo était le seul à rester naturel. S'il voyait qu'une scène particulière m'intéressait, il s'immobilisait simplement pour que le cliché ne soit pas flou.

Je l'ai photographié avec son père. M. Martin paraissait fatigué, assis dans un fauteuil avec une couverture grise sur les jambes. Il avait pris un coup de vieux depuis notre dernière rencontre. À côté de lui, Leo souriait, le poing sur la hanche.

— Tu auras la bague, papa m'a promis, il me la donnera à La Havane.

Il parlait précipitamment, en entremêlant souvent ses phrases, et je crois bien que j'étais la seule à le comprendre.

— Ma famille va s'agrandir. Ma mère est enceinte de trois mois.

C'était mon prétexte pour ne pas avoir à le remercier et pour mettre fin à ce moment embarrassant.

— Ça fera une bouche de plus à nourrir, a-t-il réagi.

C'était moi cette fois qui pensais recevoir des félicitations, un « Super, tu vas avoir un petit frère ou une petite sœur ! » mais, comme toujours, Leo se montrait pragmatique et demeurait concentré sur l'essentiel.

Nous étions seuls sur le pont-promenade quand un message diffusé par les haut-parleurs a annoncé que nous arrivions en vue des Açores.

Nous avons rejoint mes parents à bâbord pour contempler les îles qui se profilaient au loin. Personne n'a crié « Terre ! Terre ! » comme dans mes romans d'aventures, mais les ponts se sont remplis de passagers fixant l'horizon dans un silence surnaturel.

La nuit tombait et l'air était glacial. Même si Leo jurait que la piscine ouvrirait bientôt, je ne voyais pas qui irait se baigner avec une brise aussi froide. Les tropiques étaient encore trop distants pour que quiconque veuille prendre un bain de soleil.

Était-ce parce que j'avais trop longtemps regardé l'horizon ou parce que je savais que ma mère était enceinte ? Toujours est-il que j'avais l'estomac barbouillé. J'ai même dû me tenir au bastingage pour garder l'équilibre. Plus on se rapprochait des îles, plus le *Saint-Louis* paraissait tanguer.

Maman s'était appuyée contre papa, en qui elle semblait voir de nouveau l'homme le plus fort du monde. Il avait enroulé ses bras autour d'elle, mais il y avait une pointe de panique dans son regard, et j'ai tenté de deviner ses sentiments, ses pensées, ses inquiétudes – était-il nauséeux ? épuisé ? lassé de devoir lutter en permanence et prêt à baisser les bras ? Je n'avais aucune idée de ce qu'il pouvait redouter, puisque nous étions tous ensemble. *Nous ne craignons plus rien, papa. Nous avons réussi à fuir. L'Allemagne s'éloigne derrière nous.*

Nous avons passé les Açores à pleine vitesse. Lorsqu'elles ont commencé à disparaître à bâbord, j'ai eu l'impression d'une occasion ratée, comme quelqu'un qui aurait laissé échapper un sauf-conduit vers la liberté. Quelle aurait été notre vie là-bas, loin des Ogres ? Nous aurions dû acheter des visas pour les Açores.

Nous serions devenus leurs nouveaux habitants – après avoir changé leur nom, cela va de soi. Au lieu d'Açores, elles se seraient appelées les « îles Impures ». Nos enfants auraient parlé l'impur, une langue de notre invention très différente de notre langue maternelle. Et nous aurions créé le premier État impur.

C'est là que le bébé serait né, sans avoir le malheur d'être allemand, sans avoir à s'exprimer en allemand. Heureux d'être impur ! Et il n'aurait pas besoin de se cacher, vu qu'il n'y aurait personne de pur dans les parages. *Franchement, Leo, quel paradis !*

Leo a agrippé ma main. Mes parents ne l'ont pas remarqué, tant ils étaient plongés dans leurs pensées, appuyés l'un contre l'autre et les yeux tournés vers l'horizon, où les îles s'effaçaient peu à peu au milieu du triste Atlantique.

Ma main était gelée, mais celle de mon ami l'a réchauffée.

— J'ai trouvé une paire de patins à roulettes pour demain.

Il était décidément capable de chasser toutes les idées noires. J'imaginais déjà ce qui m'attendait le lendemain matin à mon réveil.

— Une heure te suffira pour apprendre à en faire ? ai-je demandé.

Il m'a jeté un coup d'œil, l'air de dire : « Bien sûr que oui. J'apprendrai même beaucoup plus vite que tu ne le crois. » Son rire était contagieux, et rire était le mieux que nous puissions faire.

À ce moment-là, je me suis aperçue que papa m'observait avec anxiété – juste quand je rêvassais à Leo et ses patins à roulettes ! *Il est grand temps que tu sortes de ton silence, papa. Tu dois nous montrer que tu es ici, avec nous, que tu te rappelles que nous existons. Que tu nous préviendrais s'il se passait quelque chose, parce que tu sais que je suis forte. On se sent toujours en sécurité avec toi.*

— Nous sommes à mi-chemin, a-t-il déclaré sèchement d'une voix solennelle.

19 MAI 1939
AGGRAVATION DE LA SITUATION À LA HAVANE. MANIFESTATIONS CONTRE LES IMMIGRANTS EUROPÉENS. MAINTENEZ LE CAP.

Câble de la Hamburg-Amerika Linie

Mardi 23 mai

Forcément, il fallait que ça tombe un mardi. Depuis notre embarquement, personne ne se souciait de savoir quel jour on était. Ce qui nous intéressait, c'était combien de jours il *restait*. J'étais si impatiente qu'arrive le samedi, date prévue pour la fin de notre voyage. Mais, pour l'heure, on était mardi, et par-dessus le marché, c'était mon anniversaire. Enfin bon, je m'en fichais. On naviguait au milieu de l'Atlantique et on n'atteindrait pas notre destination avant presque une semaine. Je ne croyais même plus à ma mauvaise étoile.

Je m'étais réveillée tôt en entendant un membre de l'équipage venu chercher papa sur ordre du capitaine. J'ai décidé de ne pas en parler à Leo – il se serait encore lancé dans d'interminables spéculations et théories du complot.

Cela faisait plusieurs jours que maman était à cran. J'avais pensé que révéler son secret la délesterait d'un fardeau, mais non. Envahie par de mauvais pressentiments, souvent sans fondement, qu'elle ressassait en permanence, elle restait alitée, nichée au milieu de ses oreillers, et fuyait les rayons du soleil qui se déversaient par le hublot.

Pour moi, il n'y avait rien à célébrer en ce jour et il était clair que je ne désirais aucune fête. De son côté, Leo m'avait prévenue que je recevrais un cadeau très spécial et qu'il fallait juste que je sois patiente. À mon avis, il cherchait toujours à récupérer la bague de sa mère, même si, d'après moi, ç'aurait été une folie de la part de son père de céder leur dernier bien de valeur.

Lorsque maman s'est enfin levée, elle est entrée directement dans ma chambre et s'est allongée à côté de moi sur mon lit. Son corps était si froid que j'ai frissonné.

— Ma petite Hannah, a-t-elle murmuré en me caressant les cheveux.

Puis elle s'est tue, mais je devinais qu'elle voulait me dire quelque chose. Je me suis tournée vers elle afin de l'encourager.

— Il est temps pour toi de recevoir la Larme, Hannah.

Ses mains glacées se sont lentement portées vers mon cou et y ont attaché le collier à la perle imparfaite que son père avait fait monter pour sa mère avant l'inauguration de l'hôtel Adlon – le précieux bijou qu'elle avait reçu à l'âge que j'atteignais moi-même ce jour-là. La délicate chaîne en or blanc se mariait magnifiquement avec la perle, sertie dans un triangle lui aussi en or blanc et surmonté à sa pointe d'un tout petit diamant.

La pièce nous enveloppait à la manière d'un cocon et, avec ses trois rangées d'ampoules d'un blanc neigeux, le lustre en bronze avait l'air d'un éblouissant gâteau de mariage inversé qui faisait concurrence au soleil. J'aurais voulu que le temps s'arrête et que nous restions suspendues pour l'éternité au centre de cet espace lumineux. La perle qui reposait contre mon cou m'intimidait. C'était à moi désormais qu'incombait la responsabilité de préserver ce bijou de famille. J'ai couru l'examiner dans le miroir, et j'ai décidé de porter un pull rose pâle pour le mettre en valeur.

Voyant combien j'étais émue, maman a fait l'effort de s'approcher de moi. J'ai enchaîné quelques poses familières, comme si je me prenais pour une star. Cela l'a fait rire et, durant un bref instant, nous avons joué à être heureuses.

Puis elle a enfilé une robe bleue et blanche, et nous sommes sorties.

Nous avons vu alors des membres d'équipage quitter la cabine des Adler. Maman est allée frapper à la porte du vieux couple. Personne n'a répondu. Elle a frappé encore, avant de se rendre compte que la porte n'était pas fermée à clé. Je l'ai suivie à l'intérieur. Papa s'y trouvait déjà, avec le capitaine, deux marins et le médecin du bateau. Tous affichaient la même mine affligée. Papa nous a serrées dans ses bras, et j'ai senti sur ses vêtements l'odeur mentholée qui régnait toujours dans cette cabine.

— M. Adler a eu des problèmes respiratoires hier soir. Il est parti.

Il est parti, il n'est plus, il s'en est allé, il nous a quittés. Il aurait pourtant été tellement plus simple de dire : « Il est mort. » Il fallait croire que ce mot faisait trop peur. Mme Adler s'est avancée avec un sourire triste, même si rien sur son visage n'indiquait qu'elle eût pleuré. Elle a pris la main de maman.

— Je voulais l'enterrer à La Havane, mais le capitaine a reçu un câble l'avertissant que ce serait impossible. Nous devrons organiser un service funéraire de nuit et jeter le corps à la mer. Vous imaginez, Alma, finir comme ça ?

Le capitaine s'entretenait avec les deux marins, qui venaient de lui apporter les derniers câbles reçus par le *Saint-Louis*. À un moment donné, il a levé la tête et s'est adressé à moi d'une voix douce – si douce que je n'ai compris ce qu'il disait qu'en lisant sur ses lèvres.

— *Alles Gute zum Geburtstag*, Hannah.

Tout le monde savait donc que c'était mon anniversaire. Qu'importe si j'avais prévenu maman que je ne voulais pas de fête semblable à celles qui avaient eu lieu à bord certains soirs pour d'autres enfants. Seule consolation pour moi : personne n'aurait le cœur de s'amuser après la mort de M. Adler.

Je me suis esquivée pour aller retrouver Leo. Il était déjà au courant de tout, bien sûr, et il m'a annoncé qu'il y avait eu un autre décès durant la nuit.

— Un passager ?

— Non, un membre de l'équipage. Apparemment, il s'est suicidé en sautant à l'eau et n'a pas pu être sauvé. Les tragédies s'enchaînent.

Que de bonnes nouvelles pour démarrer la journée ! Encore un mardi maudit en perspective.

— Ce qui est arrivé à M. Adler était prévisible, ai-je dit. Il ne s'était pas levé une seule fois depuis l'embarquement. Il s'est laissé mourir. Il était usé.

Je n'éprouvais aucune compassion pour cet homme qui avait renoncé à se battre, mais j'en avais pour sa femme. La pauvre allait devoir lui donner une sépulture et poursuivre seule ce combat incertain. Leo a probablement senti ma mélancolie parce qu'il s'est adressé à moi d'un ton très sérieux en me tenant par les épaules.

— Hannah, promets-moi une chose. On vivra ensemble jusqu'à ce qu'on ait quatre-vingt-sept ans. Au-delà, la vie ne vaut plus la peine d'être vécue. Qui peut avoir envie de finir alité comme M. Adler ?

Je te le promets, Leo. Bien sûr que je te le promets. Mais il s'est éloigné sans attendre ma réponse, et j'ai gardé le silence.

La nouvelle des deux décès se répandait déjà parmi les passagers. L'ami de Leo, Walter, avait une autre théorie à ce sujet. Selon lui, M. Adler s'était suicidé et le membre de l'équipage avait été tué. Et d'autres tentatives de suicide étaient à prévoir.

— Nos visas ne valent rien. Il paraît que le gouvernement cubain exige maintenant un dépôt de garantie pour chacun de nous, une fortune que même les plus riches ne pourront pas payer.

Il a regardé autour de lui afin de s'assurer que personne d'autre que moi ne l'entendait.

— Je ne te crois pas, ai-je répliqué. Ma mère a obtenu nos visas auprès du consulat cubain à Berlin et elle a acheté celui de mon père auprès des bureaux de l'Hapag à Hambourg.

J'en avais assez de ces spéculations et de ces théories ridicules. Tout allait bien se passer, j'en étais certaine.

— Oui, nous aussi. Mais, justement, les visas de la Hapag ne sont plus valides.

Walter semblait si sûr de lui que cela m'a ébranlée.

— Si Cuba ne nous laisse pas débarquer, a-t-on une autre solution ?

— Des pourparlers sont en cours pour voir si une autre île des Caraïbes serait prête à nous accueillir, a répondu Leo.

Il reprenait les choses en main. Il ne voulait pas paraître à la traîne. C'était son rôle de faire ce genre d'annonce – pas celui de Walter, qui se pensait si intelligent.

Au moins aucun d'eux n'avait-il dit que nous devions rentrer en Allemagne. Ce n'était pas envisageable. Nous avions déjà cédé nos maisons et n'avions plus nulle part où aller. Personne ne survivrait là-bas. Mais je comprenais à présent pourquoi tant de rumeurs circulaient sur des suicides de passagers.

— À ton avis, je devrais interroger mes parents jusqu'à ce qu'ils m'avouent la vérité ? ai-je demandé à Leo sans que les autres m'entendent.

— Non, ce qu'il faut, c'est que tu déniches les capsules de cyanure au plus vite. Tes parents ont déjà décidé de ce qu'ils feront si on vous refuse le droit de débarquer à Cuba, et on ne peut pas les laisser aller au bout de leur projet, Hannah. Quoi qu'il arrive, on doit rester ensemble.

Et bien qu'il n'eût que deux mois de plus que moi, je lui ai obéi.

Nous étions prisonniers d'un tout nouveau cauchemar, et j'ignorais s'il était réel ou pas.

J'ai rejoint la cabine de mes parents, qui étaient assis là en silence, perdus dans leurs pensées. Je suis allée m'enfermer dans ma chambre, et c'est alors que j'ai découvert sur ma table de nuit une enveloppe portant l'insigne du *Saint-Louis*. « Pour Hannah », était-il écrit dessus.

À l'intérieur se trouvait une carte postale montrant le plus grand et le plus luxueux des paquebots qui ait jamais pris la mer. « *Alles Gute zum Geburtstag.* » Signé : « *Der Kapitän* ». Maman avait dit vrai : cet homme était un gentleman. J'aurais dû aller le remercier, mais des pleurs ont résonné à cet instant dans la pièce adjacente. J'ai serré fort la carte contre mon cœur et j'ai fermé les yeux en souhaitant conserver l'illusion que nous étions à l'abri à bord de cette île de fer. La voix de maman s'est alors élevée, si perçante et étranglée par les sanglots que j'ai eu du mal à distinguer ce qu'elle disait :

— Le sujet est clos. Si nous ne pouvons pas débarquer tous les trois, alors aucun de nous ne le fera. Mais ni Hannah, ni l'enfant que je porte, ni moi ne retournerons en Allemagne, Max. Je peux te le garantir.

23 MAI 1939
PASSAGERS PRESQUE TOUS EN INFRACTION AVEC NOUVEAU DÉCRET CUBAIN 937 ET PEUT-ÊTRE PAS AUTORISÉS À DÉBARQUER. SITUATION ENCORE FLOUE MAIS CRITIQUE SI NON RÉSOLUE AVANT VOTRE ARRIVÉE À LA HAVANE.

Câble de la Hamburg-Amerika Linie

Jeudi 25 mai

Je n'avais pas peur de mourir. De sentir arriver ma dernière heure, de voir tout s'éteindre autour de moi, de rester dans le noir. De me découvrir soudain au milieu des nuages, les yeux baissés sur tous les gens qui continueraient à marcher librement. Mourir, c'était comme si on vous coupait la lumière, et avec elle toutes vos illusions.

Mais je ne voulais pas que mes parents décident du *moment* où j'allais disparaître. Il était trop tôt pour que je redevienne poussière. Ils n'oseraient pas – je ne me laisserais pas faire. Tant pis si nos visas étaient sans valeur ou si on ne nous autorisait pas à débarquer sur cette île sans intérêt.

La nuit, dans mon sommeil, j'entendais des voix me dire de me lever, de quitter ma chambre, d'aller sur le pont et de me jeter dans l'océan. Le courant m'emporterait vers le seul endroit où l'on m'accepterait : une autre petite île qui ne figurait sur aucune carte. Je m'imaginais seule, sans mes parents, sans Leo. Depuis mon poste d'observation, là-haut dans les nuages, je me distinguais à peine, perdue sur le rivage. Voilà à quoi devait ressembler la mort.

Depuis notre naissance, nous autres impurs étions préparés à affronter une fin prématurée. Des années durant, même les jours heureux, nous nous efforcions de l'éviter.

Nous la heurtions, mais nous nous obstinions à avancer. Je me demandais parfois de quel droit nous osions nous penser capables de survivre alors que d'autres tombaient comme des mouches.

Ce qui me déplaisait beaucoup dans l'idée de la mort, c'était de ne pas pouvoir dire au revoir, de partir sans un adieu. Cette simple idée me faisait frémir.

Je ne laisserais personne décider de mon sort. J'avais douze ans ! Je n'étais pas encore prête. Pour cette raison, il fallait que je trouve ces maudites capsules. Sinon ce serait Leo qui me tuerait. Il m'avait conseillé de chercher un petit étui de bronze dont le couvercle se vissait. À l'intérieur, il y aurait trois capsules de verre contenant la substance mortelle, celles dont maman avait suggéré hier encore qu'elles pourraient la libérer de ses souffrances si on ne voulait pas de nous à La Havane.

Je devais fouiller chaque recoin, chaque valise, en prenant soin de tout remettre à sa place, comme avant, afin que personne ne se rende compte de rien.

Ce soir-là, il y aurait un bal costumé – une tradition de fin de voyage sur le *Saint-Louis*. Mais nous ne savions toujours pas si nous arriverions à La Havane, si le bateau pourrait accoster et si on nous permettrait de débarquer. Nous n'avions pas de destination finale.

La sirène du paquebot a retenti brièvement pour inviter les passagers à se rendre dans la salle de bal. Leo ne songeait plus du tout à faire du patin à roulettes, à arpenter les ponts ou à jouer au comte et à la comtesse avec moi. Ce n'était plus le moment. Il était redevenu conspirateur.

Je doutais que mes parents veuillent participer à une telle mascarade après la conversation qu'ils avaient eue dans notre cabine. Lassée des jérémiades de ma mère, du silence de mon père et des exigences de Leo, j'ai longé la coursive de la première classe, de plus en plus étroite et oppressante à mon goût avec ses appliques murales jaunes qui jetaient des ombres partout. Puis j'ai descendu à contrecœur un escalier jusqu'à la mezzanine qui surplombait la salle de bal. Là, j'ai entendu sauter des bouchons de champagne. Les convives bavardaient en attendant que l'orchestre commence à jouer et certains riaient même, toujours persuadés que nous quitterions le bateau dès que nous aurions atteint le port de La Havane.

Les enfants n'étaient pas admis au bal, mais Leo avait trouvé un coin sur cette mezzanine décorée de fleurs en papier d'où nous pouvions observer la foule des imbéciles venus se divertir avant de recevoir la gifle des autorités cubaines.

L'atmosphère était calme – le capitaine et le comité des passagers responsables des neuf cent trente-six âmes errantes que comptait désormais le *Saint-Louis* y avaient veillé.

Incapables de contenir leur jubilation, Walter et Kurt pointaient du doigt les costumes les plus extravagants, tandis que Leo analysait le moindre geste des couples sur la piste de danse avec sa mine de conjuré.

Ces gens semblables à des fantômes se pressaient sous le lustre étincelant, décoré de guirlandes pour créer une fausse atmosphère de gaieté. Depuis notre cachette, la salle de bal que j'avais trouvée jusqu'alors majestueuse faisait plutôt figure de scène miteuse. Je ne voyais plus que des moulures en plâtre inspirées de quelque palais français, des copies maladroites de tableaux bucoliques dans des cadres dorés très travaillés, des lambris en bois noble, des appliques murales en bronze représentant des sphinx et des miroirs au verre dépoli, le tout composant une sorte de vision fantasmatique sur l'océan. Du luxe bas de gamme, aurait dit maman.

Ines avait l'air triste, dans l'attente d'un soupirant qui ne pointerait jamais le bout de son nez. Elle avait coiffé un diadème incrusté de faux diamants et une robe longue en tulle et dentelle que l'on aurait dite coupée dans du coton bon marché. Telle une princesse sans trône, elle avait accueilli avec dédain ses sujets – trois filles habillées en bleu ciel, chacune arborant une rose blanche autour du cou et des boucles d'oreilles en diamants. Elle a vu qu'on les observait depuis la mezzanine et nous a fait signe de la tête.

Walter et Kurt ont failli applaudir lorsqu'un homme aux joues rouges, aux sourcils surlignés de noir et aux paupières fardées de bleu, a fait son apparition dans un smoking blanc rehaussé d'une éclatante cape en velours rouge et d'une couronne de laurier dorée.

Puis leur attention s'est fixée sur une femme de grande taille, voyageuse solitaire. Elle avait choisi une robe noire aux larges manches transparentes et parsemées d'étoiles. Un diadème serti de perles et surmonté d'une énorme plume complétait sa tenue, tandis que ses lèvres écarlates et ses yeux cernés de noir lui conféraient un air menaçant. À demi dissimulée derrière un grand éventail en plumes d'autruche, elle a traversé la salle de bal, où il était presque impossible de faire un pas.

— C'est la reine de la nuit ! s'est exclamé Kurt.

— Non, un vampire ! l'a corrigé Walter.

Nous avons éclaté de rire.

Les déguisements les plus répandus étaient ceux de pirates, mais on trouvait aussi deux marins et plusieurs déesses grecques vêtues de robes drapées dénudant une de leurs épaules.

Le bruit s'amplifiait, sans couvrir encore le tintement des verres remplis de bulles enivrantes. Installé au pied de l'escalier à double révolution qui menait à la piste de danse, l'orchestre a entamé quelques airs allemands nostalgiques. L'humeur des invités en a été assombrie. On ne nous laisserait décidément jamais oublier.

Les musiciens ont ensuite marqué une pause, le temps que deux trompettistes s'avancent sur le devant de la scène et entonnent l'air que je considérais comme le nôtre, à Leo et moi. Il m'a regardée. Lui aussi le reconnaissait. Mais alors que résonnaient les premières notes de *Moonlight Serenade*, j'ai vu arriver papa dans son smoking sur mesure. Il était accompagné de la Déesse en longue robe noire de dentelle, très décolletée et prolongée par une traîne. Tous deux portaient des masques de velours noir, et celui de maman était décoré de plumes et de pierres du Rhin.

Ils ont descendu lentement l'escalier au son de l'orchestre qui s'efforçait dans la mesure du possible d'imiter celui de Glenn Miller. Chacun s'est arrêté pour admirer l'entrée triomphale des Rosenthal. Puisqu'ils étaient là, il ne pouvait pas y avoir de problème. Nous débarquerions dans le port tant attendu de La Havane. Tel était le message que le capitaine voulait transmettre aux passagers par le biais de mes parents. Mais la situation étant ce qu'elle était, même la musique joyeuse de l'orchestre, les belles robes aux couleurs vives et l'allure si distinguée de mes parents n'ont pas suffi à détendre l'atmosphère sombre de la salle de bal.

Derrière son masque, papa m'évoquait le héros d'un mauvais mélodrame. Maman, elle, avait les traits figés et tentait en vain de sourire.

Tu m'as obligée à venir, semblait-elle lui dire. Je suis là, mais ne me demande pas de prendre plaisir à cette soirée.

Les couples se sont formés sur les accords de *Moonlight Serenade*. Papa a conduit maman vers le centre de la piste, et elle a appuyé légèrement la tête sur son épaule pendant qu'il effectuait de petits pas, comme quelqu'un qui aurait dansé une valse sans suivre le rythme de la musique – il ne connaissait pas ce morceau encore tout récent, en fait.

En même temps qu'ils tournoyaient, il a fait signe de la tête à plusieurs hommes. Maman les a ignorés et a évité leur regard.

Douze jours. C'était le temps qu'avait duré notre bonheur.

Il fallait que je m'en aille. Le moment était venu de fouiller la cabine.

26 MAI 1939
ORDRE DE MOUILLER EN RADE. NE PAS RÉITÉRER NI TENTER D'APPROCHER LE PORT[1].

Câble de la Hamburg-Amerika Linie

1. Traduction tirée de Bernard Benyamin, *L'Odyssée de la peur*, Paris, First, 2016.

Samedi 27 mai

C'était le jour prévu de notre arrivée à La Havane. Beaucoup attendaient de retrouver des proches qui les avaient précédés à Cuba ; d'autres comptaient se rendre dans leurs logements ou à l'hôtel, avec l'espoir de s'installer ensuite sur cette île, d'apprendre l'espagnol et de monter une affaire. Mais la plupart ne voulaient pas rester plus de quelques mois – leur but était de rejoindre Ellis Island, le point d'entrée de New York, leur destination finale.

À La Havane, nous allions fonder de nouvelles familles, et l'île se remplirait bientôt d'impurs. Pourtant, même si nous avions l'intention de nous enraciner et de travailler là, nous serions toujours sur nos gardes, parce que les Ogres avaient de longs tentacules et qui savait si ceux-ci ne s'étendraient pas un jour jusqu'aux Caraïbes.

Le destin des neuf cent trente-six âmes du *Saint-Louis* était à présent entre les mains d'un seul homme – lequel, selon son humeur à son réveil, nous accepterait ou pas. Le président cubain pouvait nous interdire d'accoster et nous expulser des eaux territoriales cubaines comme des rats puants. Nous serions alors renvoyés chez les Ogres, où nous finirions en prison, condamnés à une mort prématurée et inévitable.

J'étais déjà réveillée lorsque la corne de brume du paquebot a signalé notre entrée dans le port, à 4 heures du matin.

Cela faisait deux jours que je cherchais les capsules de cyanure et que je ne parvenais à dormir que quelques heures par nuit, mais j'avais eu beau fouiller la chambre de maman de fond en comble avant de tout remettre soigneusement en place, je n'avais rien trouvé. Leo en a déduit qu'elles étaient cachées dans la semelle des chaussures de mon père.

Walter et Kurt étaient persuadés qu'on finirait par nous autoriser à débarquer. Leo en doutait, quant à moi, je ne savais pas à quoi m'attendre.

Tous les passagers avaient sorti leurs bagages dans les coursives, si bien qu'il était presque impossible d'avancer sans trébucher sur quelque chose. Il n'y avait aucune valise devant notre cabine, en revanche, et cela m'inquiétait. Puis le petit déjeuner a été annoncé entre deux coups de sirène du bateau. Ce maintien de la routine quotidienne suggérait que les problèmes avaient été résolus, même si l'incertitude prévalait toujours chez nous. Mes parents n'avaient rangé aucune de leurs affaires et semblaient persuadés que nous ne quitterions pas le *Saint-Louis*.

Le petit déjeuner a été vite expédié. L'atmosphère était électrique et les enfants couraient dans tous les sens. Les passagers avaient mis leurs plus belles tenues. Pas moi. La chaleur et l'humidité étaient telles que je me sentais mieux avec un short et un chemisier.

— Attends les mois d'été. Ce sera insupportable, m'a dit Leo pour m'encourager.

C'était lui tout craché. Il savait que je lirais entre les lignes : si la chaleur devenait insupportable, cela voudrait dire que nous aurions débarqué.

Il s'est assis par terre à côté de moi, tout comme Walter et Kurt. Il n'y avait plus aucune place à table.

— Tout est réglé, a affirmé Kurt. D'après mon père, les journaux du monde entier parlent de ce qui nous arrive.

Mais pour moi, cela ne comptait pas. Les journaux ne remportaient pas de batailles.

L'information est tombée ensuite qu'un médecin cubain était monté à bord afin de nous examiner, et que nous ne devions pas quitter la salle à manger. Je me suis demandé ce qu'il allait chercher. Laissant mes amis à leur petit déjeuner, j'ai foncé prévenir maman.

J'ai couru aussi vite que possible, en contournant une tonne de bagages, et j'ai ouvert la porte de notre cabine sans frapper. Papa et maman étaient tous les deux habillés, prêts à se rendre au contrôle médical, mais maman s'était réfugiée dans un coin plus sombre de la pièce, le teint si pâle que cela m'a effrayée.

— Reste avec ta mère, m'a dit papa. Le capitaine veut me voir.

Sa voix n'était pas aussi douce que d'habitude. C'était un ordre. Je n'étais plus sa petite fille.

J'ai voulu serrer maman contre moi, mais elle m'a repoussée, avant de s'excuser et de ramener en souriant mes cheveux derrière mes oreilles – le tout sans jamais me regarder. Nous nous sommes assises en attendant que papa nous donne de nouvelles consignes.

Le bateau avait jeté l'ancre, mais il tanguait toujours.

— Je vais m'allonger quelques instants, a fini par dire maman.

Après m'être assurée qu'elle était bien calée contre ses oreillers, je suis retournée dans la salle à manger. Leo tenait quelque chose qui laissait échapper un liquide jaune collant. Un fruit.

— Goûte ça.

Des ananas cubains avaient été livrés sur le bateau. J'ai mordu dedans. C'était délicieux, même si ça piquait un peu.

— Il faut d'abord mâcher pour faire sortir le jus, et ensuite le cracher, a déclaré Walter d'un ton docte.

À présent que nous étions sous les tropiques, nos palais découvraient la saveur surprenante des fruits cubains.

— Un bateau a quitté Hambourg aujourd'hui à destination de La Havane, mais il a dû changer de cap : on l'a informé que Cuba refuserait d'accueillir ses passagers, a dit Leo, qui parvenait toujours à se tenir au courant des derniers événements.

Je ne voyais pas ce que cela changeait pour nous. Peut-être que ce bateau avait été dérouté parce que nous étions déjà là et que les autorités ne pouvaient pas gérer autant de passagers à la fois. Par chance, tous ceux du *Saint-Louis* avaient des permis de débarquer signés et validés par Cuba, et beaucoup, comme ma famille, détenaient même des visas pour le Canada et les États-Unis. Nous étions sur liste d'attente et nous ne ferions que transiter par Cuba. Cela rassurerait le gouvernement de ce pays. Tout irait bien.

Du moins je l'espérais. Il n'y avait aucune raison pour que je pense le contraire. Évidemment que tout irait bien.

Nous sommes sortis sur le pont, où la brise a soufflé vers nous les parfums de l'île, doux mélange de sel et de carburant.

— Regarde les cocotiers, Hannah !

En un instant, Leo était redevenu un petit garçon émerveillé, les yeux tout ronds à la vue d'une nouvelle terre.

À mesure que le soleil se levait, les majestueux bâtiments de La Havane se sont dessinés devant nous. Un groupe de trois hommes a gagné le rivage, puis nous en avons aperçu un autre de quatre qui le rejoignait. Dix personnes sont accourues sur le pont. On est là ! Ils ne peuvent pas nous renvoyer chez nous maintenant ! Mes amis et moi avons commencé à sauter et à crier nous aussi. Leo s'est même lancé dans une gigue comique.

Les proches d'un grand nombre de passagers n'ont pas tardé à être prévenus de notre arrivée, et, quelques heures plus tard, le port grouillait de monde.

Des parents angoissés ont embarqué sur de petits bateaux pour venir dans notre direction, mais ils étaient contraints de rester à bonne distance du *Saint-Louis*. Celui-ci avait été mis en quarantaine et les garde-côtes nous cernaient comme si nous étions des criminels.

Une voix dans les haut-parleurs nous a demandé de préparer nos documents. La validité de nos permis de débarquement serait vérifiée en même temps que nos visas.

Walter est arrivé au pas de course et, quand il a pu recouvrer son souffle, il a répété des propos tenus par ses parents :

— Cuba exige un dépôt de 500 pesos cubains par passager, à titre de garantie !

— Ça fait combien ? ai-je demandé.

— Environ 500 dollars américains, a répondu Leo qui avait toujours été doué avec les chiffres. C'est impossible.

Nous avions dépensé le peu d'argent liquide qu'il nous restait en Allemagne pour acheter des objets de valeur que nous pourrions revendre à Cuba, et on ne nous avait autorisés à ne garder que 10 reichsmarks par personne.

— Quel cirque ! C'est épouvantable ! Épouvantable ! a commenté une dame coiffée d'un chapeau de soleil blanc, comme si elle espérait que quelqu'un l'entende et réagisse.

Il devait bien y avoir une solution. Le capitaine ne permettrait pas qu'on nous renvoie. Il était de notre côté. Ce n'était pas un Ogre.

J'ai scruté la longue avenue qui longeait le bord de mer. Sans que je puisse m'expliquer pourquoi, je ne m'imaginais pas y poser le pied un jour avec Leo et ma famille.

« Il faut espérer que le problème des Hébreux venus de ports européens sera résolu aujourd'hui. »

Diario de la Marina,
journal de La Havane, 28 mai 1939

Mardi 30 mai

Il y a des moments où il vaut mieux accepter que tout soit terminé, qu'il n'y ait rien de plus à faire. Renoncer, abandonner tout espoir. Se rendre. Voilà comment je me sentais. Je ne croyais pas aux miracles. Ce qui nous arrivait découlait de notre insistance à changer le cours d'un destin déjà tout tracé. Nous n'avions aucun droit et nous ne pouvions pas réécrire l'histoire. Nous étions condamnés à être ainsi bernés dès l'instant de notre naissance.

Si Leo reste sur le bateau, alors moi aussi. Si papa reste, alors maman aussi.

Jusqu'alors, seuls deux Cubains et quatre Espagnols avaient été autorisés à quitter le navire. Nous ne les avions jamais vus durant notre traversée de l'Atlantique. Ils ne s'étaient pas mêlés aux autres et n'avaient adressé la parole à personne.

Si le processus de vérification de nos papiers continuait à ce rythme et si les autorités cubaines ne laissaient débarquer que six passagers à la fois, il nous faudrait patienter plus de trois mois. Le tangage du bateau aurait raison de moi avant ça.

À travers le hublot de ma cabine, La Havane avait l'air floue, petite, inatteignable, comme une vieille carte postale abandonnée par un touriste. Je gardais la fenêtre fermée pour étouffer les cris des gens qui se pressaient autour du *Saint-Louis* dans de petites embarcations en bois décrépites, toutes à la merci d'une simple vague. Des noms et des prénoms volaient depuis les ponts de notre immense paquebot vers ces frêles esquifs. Köppel, Karliner, Edelstein, Ball, Richter, Velman, Münz, Leyser, Jordan, Wachtel, Goldbaum, Siegel. Tout le monde cherchait quelqu'un – sans succès. J'aurais voulu ne plus les entendre, mais ces noms ne cessaient de résonner à mes oreilles. Personne ne nous appelait, Leo et moi. Personne ne viendrait nous sauver.

Sur le front de mer, des voitures filaient comme si de rien n'était. Pour leurs conducteurs, le *Saint-Louis* était juste un bateau de plus avec à son bord des étrangers qui, pour une raison ou pour une autre, réclamaient le droit de s'installer sur une île où les emplois étaient rares et où le soleil anéantissait toute volonté d'entreprendre.

Quelqu'un a frappé à notre porte. J'ai frissonné – c'était instinctif désormais. Peut-être venait-on chercher papa. Les Ogres étaient partout, même sur cette île que je peinais toujours à voir comme faisant partie intégrante de notre avenir.

Nos visiteurs étaient M. et Mme Moser. Je leur ai dit bonjour, et Mme Moser, qui transpirait à grosses gouttes, m'a serrée dans ses bras. J'ai senti que son mari et elle étaient sur le point de pleurer. Lui affichait la mine hagarde d'un homme qui n'aurait pas dormi depuis plusieurs jours.

— Il préfère mourir, a expliqué Mme Moser avec une émotion débordante. Il veut se jeter à l'eau. Et nous dans tout ça ? Que deviendraient mes trois enfants ? Nous n'avons pas de maison, pas d'argent, pas de pays.

Mes parents les ont écoutés calmement. Maman a guidé M. Moser vers une chaise, sur laquelle il s'est assis avant de courber le dos et d'enfouir sa tête dans ses mains tant il avait honte. Maman compatissait au sort de cet homme

– pas parce qu'il souffrait, mais parce qu'il était évident que sa femme et lui croyaient les puissants Rosenthal en mesure de les aider.

— Je ne peux pas le laisser tout seul, a continué Mme Moser. Il veut s'ouvrir les veines, sauter par-dessus bord, se pendre dans notre cabine…

Elle avait apparemment interrompu toutes ses tentatives d'au revoir prématuré. Selon elle, c'était écrit sur son front : cela arriverait aujourd'hui ou demain, mais cela arriverait.

Je doutais pour ma part que M. Moser veuille réellement se suicider, même s'il jouait avec le feu. Quand une personne est déterminée à se tuer, elle le fait. C'est facile pour qui en a vraiment l'intention. Il suffit de se jeter dans le vide ou de se taillader les poignets pendant que les autres dorment.

— Nous sommes pieds et poings liés, mais nous trouverons une solution, a commencé papa pour tenter d'apaiser ce couple angoissé.

En un éclair, il était redevenu le Pr Rosenthal, celui qui détenait la vérité et savait convaincre un auditoire. M. Moser a relevé la tête, il a séché ses larmes et s'est efforcé de rester concentré sur l'homme que tous considéraient comme le passager le plus influent du *Saint-Louis*. Lui seul pouvait peser sur le destin de plus de neuf cents passagers. Lui, et aussi le capitaine.

— Nous devrions écrire aux présidents de Cuba, des États-Unis et du Canada au nom des femmes et des enfants présents sur ce bateau, a poursuivi papa.

M. et Mme Moser ont souri timidement, tandis que leurs visages s'éclairaient peu à peu. Ils entrevoyaient leur salut et, pour la première fois depuis longtemps, une possible raison de continuer à avancer.

Je me disais qu'ils avaient perdu la tête, mais cela valait à présent pour tout le monde sur le bateau. Quelle différence une lettre ferait-elle ? Les présidents qu'ils évoquaient se moqueraient bien de savoir où nous débarquerions. Personne ne voulait prendre en charge nos problèmes. Personne ne voulait de l'Allemagne pour ennemie. Que gagneraient-ils à laisser tous les impurs entrer chez eux, dans leurs paradis où régnaient l'harmonie et le bien-être ?

Notre première grande erreur avait été de partir de Hambourg. Durant toute la traversée, nous n'avions fait que nous reposer sur des illusions pathétiques. Je ne croyais ni aux chimères ni aux mondes irréels. Voilà pourquoi j'avais toujours détesté mes poupées, ces figurines macabres et impassibles qui me fixaient en permanence comme si elles exigeaient que je justifie mon refus de jouer avec elles qui étaient si splendides, si parfaites, si blondes et si précieuses.

Toutes les économies de M. Moser étaient passées dans l'achat des permis de débarquer et des billets de bateau pour lui et sa famille, et pourtant il paraissait reprendre foi en l'avenir rien qu'en écoutant papa. Il s'est même senti assez en confiance pour nous faire le récit de son drame personnel, comme s'ils étaient les seuls parias à bord.

— Nous avons tout perdu. Mon frère nous attend à La Havane, où il a acheté une maison. Si on nous renvoie, nous n'aurons nulle part où aller. Que deviendront nos trois enfants ? Oui, je suis sûr qu'une lettre pourrait amadouer le président cubain.

À entendre sa voix pleine d'espoir, sa femme a dû penser que le danger était écarté. Que le père de ses enfants ne souhaiterait plus attenter à une vie autrefois si chérie. Qu'ils retourneraient tous dans leur cabine, où elle ferait leurs lits. Que, ce soir-là, elle pourrait dormir sur ses deux oreilles. Déjà, elle respirait plus calmement.

Hélas, le sort de cette famille était déjà scellé : à l'instant où j'ai vu partir M. Moser, la tête baissée et l'air heureux, j'ai su ce qui allait se passer. Je me suis couchée, mais la tête me tournait tant que je n'ai pas réussi à fermer l'œil.

Mme Moser mettrait d'abord ses enfants au lit. Elle leur chanterait une berceuse, les borderait et leur dirait bonne nuit en les embrassant. Émue, elle écouterait la douce respiration de ces innocents, puis irait s'allonger à côté de l'homme en qui elle avait toujours eu confiance. Celui avec qui elle avait choisi de fonder une famille. Celui pour qui elle avait quitté son village, abandonné ses parents, ses frères et sœurs, et pris un autre nom que le sien. Et elle s'assoupirait à côté de lui, comme au temps des jours heureux.

Profitant du sommeil de sa famille, M. Moser se lèverait sans bruit. Il irait dans la salle de bains chercher le rasoir plaqué argent dont le manche en cuir portait l'insigne du *Saint-Louis* et il se trancherait les veines d'un geste déterminé. La douleur serait fulgurante au début, mais la panique effacerait bientôt tout. Il s'effondrerait par terre et le sang s'écoulerait lentement de son corps agité de soubresauts, si lentement que, depuis le sol carrelé et froid de la salle de bains, il aurait le temps une dernière fois de voir dormir profondément les personnes qu'il avait le plus aimées dans sa vie.

Pendant qu'il convulserait, son sang encore chaud se mettrait à gicler. Il serait encore conscient, mais sa vue se brouillerait, les battements de son cœur faibliraient, jusqu'à ce qu'il cesse de bouger. Son sang sécherait, passerait du rouge au noir, se solidifierait.

À l'aube, Mme Moser s'apercevrait en se réveillant que son mari n'était pas à côté d'elle. Elle effleurerait les draps froids qui n'auraient rien gardé de la chaleur de son bien-aimé. Alors elle remarquerait la porte entrebâillée de la salle de bains. Elle s'en approcherait lentement, terrifiée à l'idée de ce qu'elle risquait de trouver derrière. Un mauvais pressentiment l'envahirait et sa respiration s'accélérerait. Elle voudrait crier, mais elle en serait incapable. Sur le pas de la porte, elle découvrirait l'image floue d'une scène à laquelle elle évitait de penser depuis des jours, des semaines, peut-être même des mois. Elle fermerait les yeux, inspirerait profondément et pleurerait en silence.

Tout en sachant bien qu'il ne ressentait plus rien et qu'il n'était plus là, elle s'agenouillerait pour étreindre le corps de son mari, replié en position fœtale sur le sol de la salle de bains. Un cri désespéré lui échapperait. Puis des sanglots inconsolables. La première à la rejoindre en serrant un ours en peluche blanc dans ses bras serait sa fille de quatre ans. Suivrait son garçon de six ans. Et enfin son aînée, âgée de dix ans, qui tenterait d'éloigner les plus jeunes pour leur épargner un spectacle de nature à les hanter jusqu'à leurs derniers jours.

Peu après le drame, quelqu'un est venu informer papa. Ni le messager ni lui n'ont manifesté la moindre émotion – tous deux étaient trop préoccupés par leur propre sort.

Je suis restée au lit. Je n'arrêtais pas de songer à Mme Moser au moment où elle avait découvert le corps de son mari. J'espérais que ses enfants n'oublieraient jamais cet instant. Il fallait qu'ils se rappellent qui était à blâmer.

Quelqu'un devrait payer.

« Plus de 900 passagers, dont 400 femmes et enfants, vous prient d'user de votre influence pour nous aider à sortir de cette terrible situation. Les traditions humanitaires de votre pays et votre sensibilité féminine nous font espérer que vous ne rejetterez pas notre requête. »

Message du comité des passagers du Saint-Louis
à la Première dame Leonor Montes de Laredo Brú,
épouse du président cubain Federico Laredo Brú

30 mai 1939

Mercredi 31 mai

— On va incendier le bateau aujourd'hui, a murmuré Leo à mon oreille presque à l'instant où nous quittions ma cabine pour filer sur le pont.

En moins de dix minutes, nous avions monté et descendu plusieurs échelles, visité la salle des machines et foncé de la première à la troisième classe sans que j'aie la moindre idée de ce que nous cherchions.

— On le fera s'ils ne nous laissent pas débarquer.

Ce ne sera pas la peine, Leo. La chaleur est déjà telle ici qu'elle brûle les rambardes et le plancher des ponts. Il est impossible de rester dehors. Le soleil est devenu notre ennemi lui aussi.

Pour l'heure, les autorités cubaines avaient accepté le débarquement de vingt-huit passagers au total, détenteurs d'un permis provenant du ministère des Affaires étrangères, mais elles avaient rejeté les documents signés par le directeur général de l'Immigration[1], Manuel Benítez – l'ordure qui, avec son allié et mentor militaire Batista, avait empoché tout notre argent. Les « Benítez » avaient perdu toute valeur pendant que nous traversions l'Atlantique, et peut-être même avant ça.

1. Le directeur général du Bureau de l'immigration dépendait du ministère de l'Intérieur, et non de celui des Affaires étrangères.

Batista, véritable détenteur du pouvoir sur l'île, se remettait d'un rhume dans sa luxueuse résidence, entouré de sa famille et de son escorte, et n'osait pas se montrer en public. Son médecin attitré lui avait même interdit de répondre au téléphone, de peur que son patient ne puisse être dérangé pour des questions aussi triviales que la vie de neuf cents passagers !

Maman avait acheté deux Benítez pour nous en plus de celui pour papa, de peur que les papiers qu'elle avait déjà réussi à se procurer ne deviennent caducs. Nous avions aussi des visas américains et nous étions sur liste d'attente pour entrer dans ce pays. Que pouvait-on exiger de plus de notre part ?

— Il est possible que tout soit réglé d'ici *mañana.*

Leo avait prononcé ce mot avec un accent espagnol ridicule. À l'exception de *gracias*, c'était le seul qu'il connaissait dans cette langue. *Mañana*, donc, marquerait le dernier jour des négociations.

— *Mañana*, a-t-il répété, comme si ces trois syllabes avaient pu signifier autre chose que « demain » et se révéler porteuses d'espoir.

Le passeport de papa avait été tamponné d'un gros « R » synonyme de Renvoi, Rejeté, Réprouvé. Il en allait de même pour Leo et M. Martin, Walter, Kurt et leur famille, et aussi Ines. Personne ne serait sauvé. Nous n'étions qu'un tas d'indésirables, bons à jeter à la mer ou à renvoyer vers l'enfer des Ogres.

Nous avions dépensé toutes nos économies pour acheter ces documents, mais qui s'en souciait ? Certainement pas le président sans cœur qui avait osé signer un décret les déclarants nuls et non avenus.

Leo considérait que si nous arrivions à mettre le feu au bateau, les autorités seraient obligées de nous venir en aide. Le comité dont papa était le président avait perdu ses pouvoirs de persuasion et de négociation – à supposer qu'il en ait jamais eu. Le capitaine ne voyait plus quoi dire aux passagers qui s'en étaient remis à lui. Dès le premier jour, l'homme le plus puissant de ce navire nous avait incités à croire que nous débarquerions à La Havane et que nous ne rencontrerions aucun problème à notre arrivée dans ce port maudit.

Deux semaines gâchées. Et nous, en bons pigeons ridicules, nous avions cru les Ogres lorsqu'ils nous avaient autorisés à partir après nous avoir pris nos entreprises, nos maisons, nos fortunes. Comment avions-nous pu être assez stupides pour leur faire confiance ? Ils avaient tout planifié, avant même que maman achète les permis de débarquer rédigés en espagnol. Ils savaient ce qui nous attendait lorsque nous avions quitté Hambourg – l'orchestre qui jouait pour nous n'était qu'une farce supplémentaire. La raison pour laquelle nous avions été obligés d'acheter des billets retour devenait évidente : ils tenaient à ce que le coût du trajet de retour du *Saint-Louis* soit couvert.

À Cuba, on nous méprisait. Quant au reste du monde, il nous ignorait. Tous baissaient les yeux d'un air confus, comme pour tenter de se soustraire au fardeau embarrassant que nous représentions. Tous voulaient se laver les mains de cette situation et éviter de se sentir coupables.

Les trois jeunes gens qui avaient trinqué avec nous lors du premier banquet complotaient à présent avec Leo – un garçon de douze ans ! – et cherchaient avec lui le moyen de brûler ce monstrueux paquebot transatlantique. *Je vous en prie, arrêtez avec vos bêtises. Vous rêvasserez quand on atteindra la terre ferme, si toutefois on l'atteint un jour.* Certains étaient persuadés qu'il fallait s'emparer du navire, le faire changer de destination et démettre le capitaine de ses fonctions. Autant dire une mutinerie en haute mer – ou du moins dans une baie miteuse.

— Qu'est-ce qu'elle fait là, elle ? a demandé à Leo l'un des trois garçons, qui avait une allure de vedette.

— Elle est digne de confiance et elle pourrait nous aider.

Vous aider à quoi, Leo ? Si j'avais un peu plus réfléchi à ce qu'ils manigançaient, je me serais probablement enfuie en courant et je les aurais laissés préparer leur projet insensé tout seuls. Mais ce garçon sans avenir avait peu de scrupules. Il faut dire qu'il était vraiment désespéré : la dernière chose dont il avait envie était de retourner en Allemagne. Il était trop jeune et trop beau pour devoir affronter une mort prématurée, alors, si cela pouvait lui donner une chance de survivre, il était prêt à balancer à la mer quiconque se dresserait sur son chemin. Je me suis retenue de lui dire que seule une poignée d'idiots pouvaient se croire capables d'incendier ce mammouth de seize mille tonnes. À la place, je les ai abandonnés à leurs conciliabules et je suis montée sur le pont. Il fallait que je prenne des photos.

Qu'ils brûlent le bateau, s'ils y parviennent. Qu'ils le détruisent. Qu'ils coulent le plus gros navire de la baie – et nous avec. C'est ce qui peut nous arriver de mieux.

Je suis allée tout au bout du pont, là où nul ne suppliait qu'on le laisse descendre à terre et où nul n'observait notre désespoir depuis un petit canot. Là où, qui plus est, je ne distinguais pas le rivage d'une ville qui paierait très cher son indifférence – pas tout de suite, pas demain, mais un jour.

Alors que je m'appuyais contre le bastingage, les yeux clos pour ne plus voir la mer et le phare El Morro, j'ai senti quelqu'un derrière moi. Je n'ai pas eu besoin de me retourner. J'ai tout de suite reconnu son odeur de graisse de moteur, de biscuits à la vanille et de lait chaud. Il s'est approché et m'a pris la main, qu'il a serrée très fort. J'ai souri.

Puis j'ai rouvert les yeux, certaine de trouver devant moi les longs cils de mon seul ami. Regarde-moi, Leo, aurais-je voulu lui dire. Nous n'avons plus beaucoup de temps.

Mais si quelqu'un le savait, c'était bien lui. Leo savait toujours tout.

De ce côté du *Saint-Louis*, nous n'entendions plus les cris. Le silence n'appartenait qu'à nous. Un bateau s'est avancé vers La Havane. Ses passagers devaient être « purs », eux, parce qu'il est entré dans le port et s'est dirigé tout droit vers le quai en faisant retentir sa corne de brume.

Et nous qui étions là tous les deux, silencieux, main dans la main, nous les avons regardés passer, avant de refaire face à l'immensité de la mer et du ciel.

Viens, Leo. Sautons dans l'eau et laissons le courant nous emporter. Loin de ce port, quelqu'un viendra nous sauver, c'est sûr. Et si on nous demande nos noms, nous en inventerons de nouveaux qui ne susciteront pas le dégoût, le rejet ou la haine.

Nous aurions mieux fait de rester à Berlin. Toi et moi, sans nos parents. Nous aurions traîné dans les rues jonchées de verre brisé en nous moquant des Ogres et en écoutant la radio dans un passage obscur. À notre manière, nous étions libres et heureux là-bas.

Mais mes pensées se succédaient bien trop vite pour que j'arrive à les exprimer à voix haute.

Regarde-moi, Leo. Ne me laisse pas seule ici. Allons jouer. Allons faire du patin à roulettes d'un pont à l'autre. Tu me serres la main trop fort. Sautons dans l'eau ! Je te jure que je ferai tout ce que tu me diras. C'est toi qui décides. Tu es plus âgé que moi.

Viens, il est temps d'y aller.

Juin 1939

Son Excellence Federico Laredo Brú
Président de la République de Cuba

Votre Excellence,

À la suite de l'entrevue que vous avez eu la bonté de m'accorder, j'ai l'honneur de vous soumettre la proposition suivante, élaborée par le Comité de coordination nationale afin de permettre aux réfugiés à bord du *SS Saint-Louis* de débarquer à Cuba :

Avec votre accord, un dépôt de garantie de 50 000 $ sera versé dès aujourd'hui en faveur de la république de Cuba par la Maryland Casualty Company, habilitée à opérer sur le sol cubain.

Lawrence Berenson,
conseiller honoraire du Comité de coordination nationale pour l'aide aux réfugiés et émigrants en provenance d'Allemagne

Jeudi 1er juin

Mañana – ce mot populaire parmi les passagers, celui que Leo ne cessait de répéter avec son accent marqué –, *mañana*, donc, notre sort serait scellé.

Mes parents attendraient que je m'endorme pour sortir de sa cachette le petit étui en bronze contenant la substance miraculeuse. Papa m'empêcherait de bouger pendant que maman me forcerait à ouvrir la bouche. Je ne résisterais pas et mordrais dans la capsule de verre afin de libérer le cyanure de potassium. Cela entraînerait une mort cérébrale immédiate, et je ne souffrirais pas. Merci, maman et papa, de vous soucier ainsi de moi et d'abréger mon supplice. Je ferais mes adieux joyeusement, avec le sourire. L'heure était venue.

Allongés côte à côte sur le lit, papa et moi avons regardé maman se préparer pour le dernier dîner à bord et prendre sur sa coiffeuse son coffret à bijoux, une très ancienne boîte à musique.

Quand j'étais petite, j'étais hypnotisée chaque fois que j'ouvrais ce coffret noir serti de nacre et que je voyais la ballerine miniature danser au son de la *Lettre à Élise*, de Beethoven. J'avais passé des heures à jouer avec et à la remonter. Le délicat parfum de lavande que j'associais aux bijoux de ma mère a flotté vers le lit – elle conservait un sachet de fleurs séchées à l'intérieur du coffret – et elle a tiré un tout petit tiroir dans le compartiment abritant le mécanisme de la ballerine afin de sortir son alliance, son bijou le plus précieux.

J'ai compris en un instant et je me suis retenue de justesse de faire un bond : j'avais cherché des jours durant un petit étui en bronze, et voilà qu'il surgissait juste sous mon nez ! Il devait être là ! Si ces capsules valaient leur pesant d'or, il n'y avait pas de meilleure cachette pour elles que le coffret où maman rangeait son gros solitaire.

La sirène du bateau a de nouveau déchiré le silence. Je ne vois pas ce qui aurait pu m'agacer davantage que ce bruit. Ah, si : des étrangers frappant à notre porte. Nous devions regagner la salle à manger, où allait être servi notre dernier dîner à La Havane. Tout de blanc vêtus, mes parents avaient l'air figés dans le temps.

— Je ne suis pas encore tout à fait prête, ai-je dit.

Bien que surpris, ils n'ont rien dit à propos de mon comportement, lequel devenait chaque jour un peu plus absurde.

Après leur départ, je me suis assise devant la coiffeuse de ma mère. J'aurais pu jeter la boîte à musique à l'eau, la faire disparaître avec les bijoux et tout le reste, mais j'ai tourné la clé et regardé la fine ballerine commencer à danser. J'avais peur d'inspecter le compartiment secret. Si les capsules ne s'y trouvaient pas, je n'aurais plus qu'à renoncer. J'ai tiré nerveusement le tiroir. Ce que je cherchais était bien là. L'objet était si petit que j'ai failli éclater de rire. Puis mon cœur s'est mis à battre follement, au point que j'ai craint que quelqu'un ne l'entende, même à l'extérieur de la cabine. J'ai saisi l'étui cylindrique en bronze contenant la poudre mortelle. Mes mains tremblaient tant que j'ai eu du mal à dévisser le couvercle.

Calme-toi, Hannah. Il ne se passera rien.

À un moment pareil, Leo aurait dû être avec moi.

J'ai ouvert l'étui en retenant mon souffle, avant de le refermer vivement à la vue d'une capsule en verre – j'avais peur que d'infimes particules de cyanure ne s'échappent, ne polluent l'air et ne nous paralysent tous. Un petit tintement m'a révélé qu'il y en avait plus d'une. Évidemment, elles étaient trois !

Je ne comprenais pas comment une si petite chose pouvait avoir un effet si puissant. Il suffisait d'inhaler cette substance ou de laisser une seule de ses molécules entrer en contact avec votre peau pour passer de vie à trépas. J'ai songé à avaler une des capsules, mais je n'avais pas le droit de faire ça à Leo. C'était une décision qu'il nous fallait prendre à deux, et agir en douce aurait été une trahison impardonnable à ses yeux. *Faisons-le, Leo !*

J'ai couru le retrouver.

En chemin, j'ai heurté des passagers de première classe qui se rendaient au dîner d'adieu. Le bruit des couverts tintant contre les assiettes, le brouhaha des conversations et l'odeur de viande rôtie qui flottait dans la salle à manger m'ont prise par surprise lorsque je suis entrée. Leo se tenait dans l'embrasure d'une porte latérale, flanqué de son escorte habituelle, Walter et Kurt.

À peine m'avait-il repérée qu'il m'a fait signe de ne pas bouger, et c'est lui qui a traversé la salle pour venir à ma rencontre. Il avait compris tout de suite ce que je venais lui annoncer. Pour autant, il ne souriait pas, et j'ai même eu l'impression que, pour la première fois, il avait véritablement peur.

J'ai laissé tomber dans sa main le petit cylindre de bronze. Il s'est éclipsé sans un mot, avec son éternelle mine de conspirateur, non sans s'assurer que personne ne l'observait ni ne le suivait.

Mes parents s'entretenaient avec l'un des stewards quand Mme Moser est arrivée seule et s'est assise à une table. Maman l'a invitée à prendre place à côté d'eux, ce qu'elle a accepté timidement.

Ce dernier dîner était un festin : nous avons d'abord eu des toasts au caviar noir, du céleri arrosé d'huile d'olive, des asperges à la hollandaise et des épinards au vin blanc, puis du faux-filet servi avec des chips, des macaronis au parmesan et des pommes de terre à la lyonnaise, et enfin des pêches de Californie et du brie accompagné de framboises. Je n'ai pour ainsi dire touché à rien à part aux pâtes et aux pêches. Je ne voulais qu'une chose : que cet absurde repas d'adieu s'achève.

Ensuite, on a commencé à danser. L'orchestre a enchaîné *Lotosblumen*, une valse d'Ohlsen, la chanson *Come Back to Sorrento*, un medley des œuvres de Schreiner et un air du compositeur hongrois Franz Lehár. Les principales lampes du plafond avaient été éteintes de façon à créer un éclairage beaucoup plus tamisé, et cette lumière ambrée donnait l'impression que les danseurs flottaient sur une nappe de brouillard.

Brusquement, l'orchestre s'est interrompu.

Les couples ont attendu sur la piste qu'il reprenne, dans un brouhaha grandissant. Les stewards accomplissaient des miracles pour traverser la salle de plus en plus bondée.

Une femme grande et élancée en robe bustier jaune, avec une énorme fleur rouge coincée derrière une oreille, est montée sur la scène à contrecœur, comme si on l'obligeait à participer à ce qui allait suivre. Elle a dit un mot aux musiciens, qui ont refermé leurs partitions – ils n'en avaient apparemment pas besoin. Serrant le micro entre ses mains, elle a entonné une chanson allemande à voix basse.

Tout le monde s'est tu en entendant le premier couplet de *In einem kühlen Grunde* :

In einem kühlen Grunde,
Da geht ein Mühlenrad,
Meine Liebste ist verschwunden,
Die dort gewohnet hat...

« Dans la fraîcheur d'une vallée / Tournent les ailes d'un moulin / Mais mon bien-aimé n'est plus là / Qui habitait ici autrefois. »

Autour des tables, plus personne n'osait bouger, mais des couples se sont enlacés sur la piste de danse. Sitôt le dernier couplet terminé, la chanteuse a quitté la scène en silence. L'atmosphère était devenue lugubre. Tout habillés de blanc, papa et maman détonnaient au milieu de cette marée de tenues noires, grises et marron.

Leo a surgi derrière moi, haletant.

— C'est fait, a-t-il murmuré en essayant de reprendre son souffle.

J'ai frissonné. Il avait jeté à la mer les capsules de cyanure. Nous avions perdu notre seule chance de nous sauver ensemble ! Il ne lui était jamais venu à l'esprit que ce poison représentait peut-être notre seule issue de secours.

Assis près de moi, il a fixé la profusion de mets exotiques d'un air fasciné. Ses yeux brillaient lorsqu'il a empilé autant de nourriture que possible sur une assiette en porcelaine frappée de l'emblème du navire. Il avait déjà oublié les capsules, notre idée de sauter par-dessus bord et de fuir tous les deux.

Il avait faim mais, pour lui, ce festin qu'un steward décrivait à l'aide de mots inintelligibles n'était rien de plus qu'un amas de salades, de viandes, de pommes de terre, de fruits et de fromages. Il s'est goinfré comme s'il devait ne plus jamais manger, et son premier commentaire a paru sortir tout droit de l'un des câbles reçus par le capitaine et transmis ensuite à papa :

— Tu ne risques plus rien.

En effet, je n'avais pas à m'inquiéter : je portais ma perle, et mon meilleur ami était à côté de moi.

« Un décret présidentiel ordonne au ***Saint-Louis*** de reprendre la mer immédiatement. Il doit quitter le port avec les immigrants présents à son bord. S'il ne part pas de son propre chef, il sera remorqué sur plusieurs milles par un croiseur cubain. »

Diario de la Marina,
journal de La Havane, 2 juin 1939

Vendredi 2 juin

Le jour se levait à peine quand les pleurs de maman m'ont réveillée. L'activité matinale du port nous parvenait par les hublots ouverts, et avec elle une brise chaude que je trouvais suffocante. Désespérée, maman faisait les cent pas dans l'espace étriqué où elle avait passé presque toute la nuit sans dormir. Ses oreillers de soie et son édredon s'entassaient dans un coin de son lit.

Elle avait regagné sa cabine directement après le repas, refusant d'accorder le moindre regard à La Havane pourtant visible depuis les hublots. Cette ville ne serait jamais la sienne.

Depuis, on aurait dit qu'un ouragan avait ravagé la petite pièce. Les valises étaient ouvertes, le contenu des tiroirs répandu partout et le sol jonché de vêtements, comme si on nous avait cambriolés. Mes parents étaient restés éveillés des heures durant et la fatigue ralentissait leurs mouvements. J'ai fermé les yeux pour ne pas prendre part à cette bataille dépourvue d'ennemis. Je voulais continuer à dormir, leur donner à penser que je ne les entendais pas, que je n'existais pour personne, que j'étais invisible et que nul ne saurait me trouver.

— Elles ne peuvent pas avoir disparu, Max. Quelqu'un a dû les voler. C'était mon dernier espoir, Max. Il est hors de question que je rentre, Max. Ni moi ni Hannah ne le supporterions.

Elle ne cessait de répéter le nom de papa, comme une incantation susceptible de la sauver.

Ils ne récupéreraient jamais les capsules, et, pour finir, ils découvriraient que c'était moi qui les avais subtilisées, que Leo les avait balancées par-dessus bord et que leur contenu s'était dissous dans les eaux chaudes du golfe. *Oh mon Dieu, qu'ai-je fait ? Pardonne-moi, maman.*

Elle pleurait, et ses larmes me faisaient l'effet d'une lente hémorragie. Tournant le dos à la tempête que maman avait laissée s'abattre sur notre cabine, papa contemplait le rivage de La Havane, plongé dans ses pensées. La ville était une ombre, une masse d'air inerte, et le port un horizon distant et défendu. Je pinçais fort les paupières en regrettant de ne pas pouvoir faire la même chose avec mes oreilles – ainsi je n'aurais pas été obligée d'entendre les sanglots de cette femme désespérée.

La fin était arrivée et, par ma faute, elle serait bien plus terrible que prévu. Mes parents devraient maintenant appuyer un oreiller sur ma tête pour m'étouffer. Tant pis – j'y étais préparée et je ne comptais pas résister. Il n'y aurait pas de capsules. Ma mort serait lente, mais je la méritais parce que c'était à cause de moi si nous avions perdu la poudre magique qui nous aurait épargné de souffrir. Il était impossible de revenir en arrière. J'avouerais mon crime. J'étais sûre qu'ils me cracheraient à la figure, qu'ils me battraient, qu'ils me jetteraient à la mer.

Au bout d'un moment, j'ai entrouvert un œil et j'ai aperçu maman assise sur son lit. Elle s'était calmée. Peut-être était-elle prête à se transformer en meurtrière. Quoi qu'il en soit, je ne lui en voulais pas.

Elle s'est habillée. Très lentement, elle a enfilé ses bas de soie et ses chaussures blanches, brossé ses cheveux, appliqué une touche de rose sur ses lèvres. Puis elle a étalé de la crème solaire sur ses bras, son cou et son visage.

Il y avait trois valises près de la porte. L'une d'entre elles était la mienne. J'espérais qu'ils y avaient rangé mon appareil photo.

Le regard perdu dans le vide, papa semblait ailleurs. Il n'y avait pas d'issue. Il était temps de nous dire au revoir.

— Hannah !

La voix de ma mère avait perdu toute douceur.

— *Nos vamos*, a-t-elle ajouté en espagnol.

J'ai fait semblant de me réveiller. Je portais encore ma robe de la veille, si bien que j'ai tout juste pris le temps de mettre mes chaussures – je ne voulais pas leur causer de gêne supplémentaire en les retardant.

Des coups ont été frappés à la porte. Comme d'habitude, cela m'a effrayée. C'était les Ogres. Ils venaient nous chercher. Ils allaient nous jeter dans la baie, dans le vide.

Mais un membre d'équipage en uniforme nous a simplement annoncé qu'il était l'heure de débarquer. Un ravitailleur nous conduirait jusqu'au port de cette ville qui, depuis le pont du bateau, paraissait totalement imaginaire et irréelle.

Maman est sortie la première. Je l'ai suivie, et papa a pressé le pas derrière moi pour la rattraper et déposer sa précieuse montre dans son sac à main.

Sur le pont, je n'ai entendu que des cris et des pleurs, des gens qui hurlaient leurs noms dans l'espoir que quelqu'un sur le lointain rivage brumeux les entende et les arrache à leur triste sort.

Le capitaine nous attendait. Il avait l'air tout petit à côté de papa. Et Leo ? Où était Leo ? J'avais besoin de le voir, de lui dire adieu.

Nous avons dû jouer des coudes pour avancer vers des fonctionnaires cubains qui nous ont toisés avec mépris dans leurs uniformes tachés de transpiration – mais, ça, nous y étions habitués.

Puis un mouvement d'agitation a traversé la foule. Quelqu'un se frayait un chemin vers nous.

— Il n'y a pas de place pour tout le monde ici. Attends ton tour, a crié un vieillard, avant de vaciller et batailler pour rester debout parce que sa canne au manche argenté venait de tomber.

Un bras s'est tendu pour la ramasser et la lui rendre. *Leo ! Je savais que tu ne m'abandonnerais pas, Leo ! Sautons à l'eau ensemble, partons d'ici. La mer est à nous.*

Il m'a fourré un objet dans la main. J'ai refermé le poing pour ne pas le perdre, mais je n'ai pas vu ce que c'était parce que je ne voulais rien faire d'autre que le regarder. L'idée d'oublier son visage me terrifiait. Puis son père est apparu et l'a tiré par le bras, nous séparant avant que j'aie pu le remercier. Leo l'a repoussé et s'est de nouveau approché de moi.

— N'ouvre pas la boîte avant qu'on se soit retrouvés, Hannah ! Je viendrai te chercher, je te le promets. Aujourd'hui, demain ou dans une autre vie, mais je viendrai te chercher. Tu m'entends, Hannah ?

J'ai cru que j'allais m'effondrer. Leo était toujours là, devant moi, les lèvres tremblantes. Je ne comprenais pas ce qu'il essayait de me dire. *Reste avec moi, Leo. Ne les laisse pas nous arracher l'un à l'autre.*

— Si on ne se revoit jamais, attends d'avoir quatre-vingt-sept ans pour l'ouvrir.

Nous nous étions promis de rester ensemble jusqu'à cet âge.

— Non ! Tu viendras me chercher. Je n'ai pas envie de vivre toute seule jusqu'à quatre-vingt-sept ans. Quel intérêt ?

Je sentais ses efforts pour refouler ses larmes. Il était sur le point de m'embrasser, mais il ne pourrait pas me serrer dans ses bras – la foule qui nous maintenait séparés l'en empêchait.

— Ne pleure pas, Leo, l'ai-je supplié, presque incapable de parler.

Ses yeux s'emplissaient de larmes que ses longs cils peinaient à retenir. Il a essuyé son visage pour me les cacher. J'avais du mal à respirer. Mon cœur allait exploser.

Puis il a disparu dans la foule avec son père.

— Leo ! ai-je crié.

— Promets-le-moi, Hannah !

Sa voix m'est parvenue, mais je l'avais perdu de vue au milieu des passagers affolés.

Le soleil et la chaleur ont fini par avoir raison de ma réticence à pleurer devant tous ces gens. Je n'avais pas su quoi répondre à Leo et il était trop tard.

— Bien sûr que je te le promets. Je ne quitterai pas cette île sans toi et je n'ouvrirai pas ton cadeau avant qu'on soit réunis, ai-je bredouillé, abattue, en sachant bien qu'il ne m'entendait plus.

J'ai regardé ce qu'il m'avait donné. C'était un petit écrin bleu indigo. Je l'ai serré si fort qu'il a laissé une marque sur ma paume.

Je ne pouvais pas l'ouvrir – Leo l'avait scellé –, mais je savais que c'était l'alliance de sa mère. Il avait réussi à l'obtenir. Cette bague nous unirait jusqu'au bout, jusqu'à ce qu'on ait quatre-vingt-sept ans.

Maman ne pleurait plus. Il ne restait presque plus rien de son maquillage, en dehors de quelques traces rose pâle sur ses lèvres craquelées. Les fonctionnaires cubains ont vérifié nos documents et nos visas. En contrebas, un petit ravitailleur délabré baptisé *Argus* nous attendait. Il était déjà plein de soldats ainsi que de proches de certains des passagers, qui se pressaient à l'avant en le faisant tanguer dangereusement sur les vagues.

Les yeux rivés sur papa, maman lui a dit d'une voix que je ne lui connaissais pas :

— Mon fils ne naîtra pas sur cette île !

Elle a prononcé ce dernier mot avec tout le dédain dont elle était capable.

— Tu peux être sûr qu'ils paieront pour ça, Max. À compter de ce jour, je ne suis ni allemande ni juive. Je ne suis rien.

— Alma ! a appelé quelqu'un.

Sur le pont au-dessus, Mme Moser la fixait d'un air suppliant :

— S'il vous plaît, prenez mes enfants avec vous ! Sauvez-les !

Comme si c'était possible…

— Pourquoi eux et pas nous ? a grogné une femme qui portait un bébé.

J'ai évité de la regarder en face. Maman n'a pas répondu. Elle n'a pas dit au revoir à papa et ne l'a pas non plus embrassé.

Je me suis jetée dans les bras de l'homme le plus fort du monde et agrippée à lui de toutes mes forces. Penché vers moi, il m'a murmuré quelque chose que je n'ai pas saisi. J'ai senti la chaleur de ses joues contre les miennes. *Serre-moi fort, papa. Ne les laisse pas m'emmener, ne m'abandonne pas*. Il a répété ce qu'il venait de me dire, mais ses paroles demeuraient incompréhensibles.

Même si son torse était une armure, j'entendais son cœur battre follement et son sang pulser à toute vitesse. Il m'a de nouveau chuchoté quelque chose à l'oreille. Je voulais que le temps s'arrête. Je voulais que tout se fige autour de nous.

Un policier m'a brutalement arrachée à lui. J'ai crié, mais, déjà, il m'entraînait vers la passerelle qui se balançait. Je me suis agrippée à la rampe couverte de sel tout en essayant de garder en moi l'odeur de papa – peine perdue, je ne respirais que les effluves de sueur et de gomina de cet homme qui me guidait vers le ravitailleur. Maman avançait d'un pas déterminé devant moi. Parce que je redoutais plus que tout qu'on me le confisque, j'ai resserré encore plus fort le poing sur le petit écrin bleu indigo.

— Papa ! Papa ! ai-je appelé.

Mais il n'a pas répondu.

Je pleurais sans plus pouvoir me contrôler – et sans plus essayer de me cacher. Papa refusait de me regarder.

Mes larmes m'empêchaient de parler. J'avais tellement honte de partir. Nous laissions mon père à bord. Nous allions être séparées de lui et déposées sur une île étrange où nous ne réussirions pas à survivre seules ! *Papa !* Sous les yeux des passagers, j'ai pleuré et paniqué de plus belle. Puis une voix que je n'ai pas reconnue a prononcé mon nom.

— Hannah !

Quelqu'un me disait au revoir. Peut-être valait-il mieux que je ne sache jamais qui c'était. Une trentaine d'entre nous à peine avaient reçu l'autorisation de débarquer. Nous étions les élus, les chanceux. Moi, pourtant, je n'y voyais qu'une condamnation, un terrible châtiment.

Restaient sur le *Saint-Louis* les infortunés, ceux qui n'avaient pas d'avenir. Personne ne savait ce qu'ils deviendraient. Le capitaine ne pourrait rien faire. Il regagnerait la haute mer avec ses neuf cent six passagers, lentement, très lentement, afin de chercher un moyen de ne pas les ramener à Hambourg. Mon père serait parmi eux, tout comme Leo.

En montant à bord de l'*Argus*, maman a glissé sur le sol mouillé du bateau et taché ses chaussures blanches. Elle s'est accrochée au bastingage, le dos tourné au *Saint-Louis* et à papa, dont la voix rauque tentait de dominer le vacarme.

Mais je l'ai entendu. C'était lui, je le savais. Je voulais que tous les autres se taisent, qu'ils me laissent l'écouter. Je me suis concentrée et j'ai fait abstraction du bruit. Là, ça y était... Il me demandait quelque chose. *Je ne comprends pas, papa...*

— Oublie ton nom !

Je n'ai plus entendu les cris désespérés de la foule. Lui seul existait pour moi à présent.

Mais il ne m'avait pas appelée Hannah.

— Oublie ton nom ! a-t-il répété aussi fort qu'il le pouvait.

L'*Argus* s'est éloigné dans le rugissement de son moteur, crachant dans la baie un nuage de fumée noire et laissant derrière lui le plus gros bateau que le port de La Havane ait jamais vu. Il n'y aurait pas d'orchestre pour nous accueillir au son d'une marche triomphale. Nous n'aurions droit qu'aux clameurs des passagers obligés de rester sur un navire qui allait dériver sans but, sans destination.

Les Ogres m'avaient volé mon père. Les Ogres cubains. Je n'avais pas pu l'embrasser. Je n'avais pas pu lui dire au revoir, ni à lui, ni à Leo, ni au capitaine.

J'aurais voulu me jeter dans les eaux noires qui faisaient tanguer l'*Argus*. C'était ma dernière chance. Je voulais ne plus rien entendre, faire taire le bruit du moteur.

Brusquement, tout le monde sur le bateau est devenu muet. Nous avions atteint le quai et quelqu'un lançait une corde vers nous.

Perçant le silence absolu, la voix de papa a flotté une dernière fois au-dessus de l'eau et résonné à travers cet espace où nous avions rêvé de vivre en sécurité.

— Hannah, oublie ton nom !

Troisième Partie

Hannah et Anna

La Havane, 1939-2014

Anna

2014

Aujourd'hui je vais découvrir qui je suis. Je suis là, papa, dans le pays où tu es né.

À notre descente de l'avion, nous sommes éblouies par la lumière du soleil, mais c'est dans la pénombre que nous passons les contrôles de l'immigration et des douanes.

Les bagages de maman sont fouillés par une femme qui la complimente sur ses robes.

— Je n'ai jamais rien vu de pareil. Combien de jours comptez-vous rester ? Vous pourrez vous changer très souvent, dit-elle en allongeant chaque voyelle.

Les muscles de son visage ne cessent de s'agiter, et le simple fait de la regarder m'épuise.

Aujourd'hui je vais rencontrer tante Hannah, me dis-je pour me calmer.

L'homme qui nous aide à refermer nos valises demande à maman si elle n'aurait pas une boîte d'aspirine dont elle pourrait se passer.

— On a du mal à en trouver ici.

S'agit-il d'un test ou ce type mal rasé en uniforme militaire veut-il des cachets parce qu'il souffre réellement de maux de tête ? Dans le doute, maman finit par lui donner une boîte.

— C'est la première fois que je suis nerveuse en passant la douane, me confie-t-elle après qu'il nous a indiqué la sortie. J'ai l'impression d'avoir fait quelque chose de mal.

Nous nous frayons un chemin au milieu de la foule qui attend les voyageurs et prenons le taxi envoyé par tante Hannah.

L'odeur du gasoil est présente partout depuis notre arrivée – près de l'avion, dans cette voiture, mais aussi à La Havane –, et cela me donne envie de vomir. Je tente de mettre ma ceinture de sécurité. Peine perdue, elle est bloquée. Pendant ce temps, tout en me surveillant du coin de l'œil, maman essaie de discuter amicalement avec notre chauffeur, qui paraît quant à lui intimidé.

— Voulez-vous écouter un peu de musique ? propose-t-il.

— Non ! répondons-nous en même temps, avant d'éclater de rire et de baisser nos vitres pour chasser l'odeur de tabac qui se dégage du revêtement déchiré des sièges.

Les nids-de-poule et la suspension déglinguée de la voiture me font craindre d'être catapultée à travers le pare-brise, mais maman continue à sourire tandis que notre chauffeur se lance dans un long discours sur les difficultés de son pays et les ressources insuffisantes pour entretenir les rues de La Havane.

— Certaines sont en meilleur état que celle-ci, dit-il comme pour s'excuser.

Plus nous nous éloignons de l'aéroport, plus l'atmosphère devient lourde. Je me demande si c'est pareil dans toute La Havane.

Un jeune garçon torse nu sur un vélo rouillé s'arrête à côté de nous à un feu rouge.

— Hello ! Vous êtes des touristes ? D'où venez-vous ?

Un simple regard de notre chauffeur lui fait baisser la tête, et il s'éloigne aussitôt en pédalant.

— C'est juste un vagabond, commente notre homme.

Nous prenons ensuite la direction de Vedado, le quartier où tante Hannah vit depuis qu'elle a quitté Berlin. Celui où est né papa.

— Vous êtes dans l'un des meilleurs quartiers de la ville. Il est pile au centre. De là, vous pouvez aller n'importe où à pied.

Quittant l'avenue de l'aéroport, nous traversons une grande place sur laquelle un obélisque gris domine la statue de l'un des héros historiques de l'île. Tout autour se dressent de gigantesques panneaux de propagande et des immeubles modernes qui, nous informe notre guide, sont le siège du gouvernement.

La place débouche sur une large avenue traversée en son centre par une promenade arborée et flanquée de chaque côté de vastes demeures délabrées. À plusieurs coins de rue, des groupes de personnes font la queue devant des bâtiments aux couleurs délavées qui semblent abriter des magasins d'alimentation.

— Nous sommes déjà à Vedado ? demandé-je en rompant le silence.

Notre chauffeur acquiesce avec un sourire.

Plusieurs jeunes vêtus d'uniformes scolaires nous font signe de la main depuis une école – à croire que le mot « touriste » est écrit en gros sur nos fronts. Nous nous y habituerons vite !

Sans pouvoir me l'expliquer, je devine que nous arrivons. Notre taxi ralentit bientôt et se gare derrière une voiture du siècle dernier. À la vue de la maison défraîchie où nous sommes attendues, maman me prend la main. Les plantes du jardin sont toutes fanées, la galerie déserte et le toit zébré de fissures. Un portail métallique en triste état sépare la propriété du trottoir, que soulèvent ici et là les racines d'un arbre apparemment planté pour protéger la maison du soleil.

Un garçon assis dans son ombre me dit bonjour. Je lui retourne son sourire pendant que maman s'avance vers la maison avec nos valises.

— Vous êtes des parentes de l'Allemande ? me demande-t-il en espagnol en s'approchant de moi. Vous êtes allemandes ? Vous venez vivre ici ou vous êtes juste de passage ?

Cela fait tant de questions que je ne sais pas quoi lui répondre.

— J'habite à l'angle de la rue, continue-t-il. Si tu veux, je peux te faire visiter La Havane. Je suis un bon guide et tu n'auras rien à me payer.

J'éclate de rire, et lui aussi.

Je tente ensuite d'entrer dans le jardin sans toucher le portail, mais il l'atteint avant moi.

— Je m'appelle Diego. Vous avez loué une chambre chez l'Allemande ? Tout le monde ici dit que c'est une nazie et qu'elle a fui à Cuba à la fin de la guerre.

— C'est la tante de mon père, dis-je sèchement. Il est devenu orphelin quand il avait mon âge et elle l'a élevée. Oui, elle est allemande, mais elle a fui avec ses parents avant que la guerre éclate. Et ce n'est pas une nazie, je peux te l'assurer. Tu veux savoir autre chose ?

— OK, OK, ne t'énerve pas ! Je te ferai quand même visiter La Havane si ça te dit. Tu as juste à sortir et à crier mon nom. Je serai là en un clin d'œil. Et ça ne m'ennuie pas si toi aussi tu es une nazie.

Amusée par son insolence, je lui tourne le dos et monte les marches de la galerie. La porte en bois vermoulu de la maison s'ouvre au même instant. Je me cache derrière maman en agrippant sa main, qu'elle serre fermement dans la sienne.

Un parfum de violette vole vers nous.

— Bienvenue à La Havane, lance quelqu'un en anglais. C'est la petite fille du bateau.

Je ne discerne pas encore ses traits, et il est difficile de dire à sa voix s'il s'agit d'une jeune fille ou d'une vieille dame. Tante Hannah se tient en retrait, comme si elle ne voulait pas être vue, et au lieu de franchir le seuil pour nous accueillir, c'est nous qu'elle invite à entrer en nous tendant les bras.

— Merci d'avoir fait ce voyage, Ida, souffle-t-elle avant de baisser les yeux sur moi. Anna, comme tu es jolie !

Je l'embrasse rapidement, timidement. Pour moi, elle n'est encore qu'une ombre. Ses cheveux semblent tels que sur les photos qui la montrent enfant : séparés par une raie sur le côté, roulés vers l'intérieur et ramenés derrière les oreilles. Mais elle a perdu sa blondeur et sa frange. Je la dévisage avec curiosité, jusqu'à ce que maman pose une main sur mon épaule pour me signifier que cela suffit.

Dans la pénombre du salon, ma tante a l'air aussi jeune que maman. Elle est grande, élancée, avec une mâchoire carrée et un long cou. À mesure qu'elle émerge un peu plus dans la lumière, cependant, je découvre son visage ridé et incroyablement serein, et j'ai soudain l'impression de connaître cette femme depuis très longtemps.

Elle porte un chemisier de coton beige fermé par des boutons de nacre, une longue jupe droite grise, un collant et des chaussures noires à petits talons. Elle s'exprime doucement, en accentuant les voyelles et en prononçant avec soin les consonnes à la fin des mots.

— Viens, Anna. C'est la maison de ton père, et aussi la tienne, dit-elle avec une fêlure presque imperceptible dans la voix.

De près, je distingue mieux les rides profondes de son visage et les taches de vieillesse sur ses mains aux grosses veines saillantes. Je suis frappée par ses yeux bleus et sa peau blanche, dont on dirait qu'elle n'a jamais été exposée à la brûlure du soleil tropical.

— Ton père aurait été si heureux de te voir aujourd'hui, soupire-t-elle.

Elle nous conduit le long d'un couloir carrelé jusqu'à l'arrière de la maison, où nous entrons dans une salle à manger aux fenêtres masquées par d'épais rideaux gris. Une puissante odeur de café frais flotte dans l'air et nous nous asseyons autour d'une table dont le plateau est en réalité un miroir, fêlé et taché.

Tante Hannah s'excuse et s'éclipse vers la cuisine. Elle en revient accompagnée d'une vieille dame noire qui marche péniblement. Toutes deux servent un café à ma mère, avant de remplir leurs propres tasses et de me proposer de la limonade. La femme noire, de corpulence moyenne, me serre gentiment contre elle en appuyant ma tête contre son ventre, qui sent bon la cannelle et la vanille.

Elle se présente sous le nom de Catalina. Il est difficile de dire laquelle des deux aide l'autre, parce que je leur donne à peu près le même âge. Mais tante Hannah se tient le dos bien droit, tandis que Catalina est un peu voûtée et traîne des pieds – sous le coup de l'habitude ou de la fatigue, je ne saurais dire.

— Ma petite, tu ressembles tellement à ta tante ! s'exclame-t-elle en ébouriffant mes cheveux avec une familiarité qui me surprend.

Pendant que maman et tante Hannah discutent de notre voyage, je lève les yeux vers le plafond. Il y a des traces d'humidité partout. La peinture sur les murs s'écaille et les meubles proviennent sans doute d'une famille ayant vécu ici il y a longtemps.

Maman parle maintenant de notre vie à New York, mais tante Hannah ne me quitte pas des yeux. Elle demande si je m'ennuie, si ce ne serait pas une bonne idée de me laisser sortir dans la rue afin que le garçon qui parle à toute vitesse puisse m'emmener explorer la ville.

— Tu peux aller jouer dehors si tu veux, insiste-t-elle.

Mais je doute qu'il y ait beaucoup de distractions pour moi dans les parages.

— Il vaut mieux que tu restes à l'intérieur et que tu te reposes, dit maman.

Aussitôt après, elle prend dans son sac l'enveloppe avec les photos. Le moment me paraît mal choisi. Nous venons juste d'arriver et c'est peut-être abuser que d'obliger tante Hannah à remonter aussi loin en arrière. Mais maman ne voit apparemment pas quoi dire d'autre.

J'aimerais aller explorer l'étage, là où doivent se trouver les chambres, et je regrette qu'elles ne me laissent pas seule et libre de découvrir où dormait papa, où il rangeait ses jouets et ses livres.

Maman étale les photos sur la surface fêlée du miroir. Tante Hannah sourit, mais j'ai l'impression qu'elle préférerait continuer à m'examiner plutôt que de devoir se rappeler le passé.

— Cette période a été la plus heureuse que j'aie connue, déclare-t-elle.

L'éclat de ses yeux bleus s'intensifie à mesure qu'elle replonge dans ses souvenirs. Elle semble renaître à la vie, et pourtant il est évident qu'elle ne s'intéresse pas particulièrement à cette dramatique traversée de l'Atlantique. Je m'étonne de l'entendre qualifier cette période d'heureuse.

— J'avais ton âge et on me laissait courir partout sur le bateau, parfois jusque tard dans la soirée, explique-t-elle en entrecoupant ses phrases de longues pauses. Ma mère était si belle ! Et papa était l'homme le plus distingué et le plus respecté à bord du *Saint-Louis*.

Elle saisit le portrait d'un homme en uniforme pour nous le montrer.

— Lui, c'était le capitaine… Nous l'adorions !

Maman attire son attention sur un garçon présent à la fois sur les photos de Berlin et sur celles du bateau.

— Qui est-ce ?

— Oh, c'est Leo ! s'exclame tante Hannah. Nous étions si jeunes…

Elle observe un silence, puis lève les yeux vers nous.

— Il m'a trahie, alors je l'ai effacé de ma vie. Je crois qu'il est temps maintenant de pardonner.

Un nouveau silence s'ensuit.

— Y parviendrons-nous un jour ?

Nous restons muettes, désarçonnées. Nous espérions qu'elle nous raconterait l'histoire du seul individu dont les poses nous paraissaient naturelles – celui qui était de toute évidence le principal sujet de cette série de photos. Intriguée, j'aimerais en savoir plus sur ce Leo : a-t-il rejoint Cuba par la suite ? Et comment au juste l'a-t-il trahie ? Mais maman m'étranglera si je me risque à interroger tante Hannah, et le silence se prolonge donc jusqu'à ce que la vieille dame ramasse une carte postale montrant le bateau au milieu de l'océan.

— À l'époque, le *Saint-Louis* était le paquebot transatlantique le plus luxueux qui ait jamais accosté à La Havane. Il représentait notre seul espoir, notre salut – du moins c'est ce que nous pensions, ma chère Anna, avant de nous rendre compte que nous avions une fois de plus été bernés. Un homme est mort durant la traversée, et son corps a été jeté à la mer. Nous n'avons été qu'une trentaine à recevoir l'autorisation de débarquer. Tous les autres ont été renvoyés en Europe, où la guerre a éclaté moins de trois mois après. Personne ne voulait de nous. Nous étions les indésirables. Mais j'avais ton âge, Anna, et je ne comprenais pas pourquoi.

Maman se lève pour aller l'étreindre. Je voudrais que cette conversation se termine et que cesse le supplice que nous infligeons à cette pauvre vieille femme. Nous venons tout juste d'arriver ! Il est clair que l'oubli constitue le seul remède à ses maux. Elle montre plus d'intérêt pour nos vies présentes, parce que nous sommes tout ce qu'il reste du garçon qui a grandi et qui est devenu un homme dans sa maison, tout ça pour finir sous les gravats de deux grandes tours dans une ville lointaine où elle n'a jamais mis les pieds.

— Chaque jour, je me demande pourquoi je suis encore en vie ! murmure-t-elle en éclatant brusquement en sanglots.

Hannah

1939

Alors que le taxi s'éloignait du port en longeant la côte, la corne de brume du *Saint-Louis* a résonné au loin. Maman n'a même pas réagi. Je me suis retournée et j'ai vu combien la distance entre papa et nous grandissait. Le bateau quittait la baie. Nous, nous nous dirigions vers le centre de la ville. J'ai cessé de pleurer. Mon père disparaissait peu à peu au milieu de l'espace infini, tel un point perdu sur le gigantesque paquebot où nous avions formé une famille pour la dernière fois.

La dame assise à côté du chauffeur s'est adressée à nous juste au moment où je séchais mes larmes.

— Je suis Mme Samuels, a-t-elle expliqué. Nous allons à l'hôtel Nacional. Si tout va bien, vous n'y resterez que deux semaines, le temps que la maison de Vedado soit meublée et prête à vous accueillir. M. Rosenthal a tout prévu.

Un frisson m'a parcourue lorsque j'ai entendu le nom de papa. Tout ce que je voulais, c'était effacer le passé, oublier, ne plus souffrir. Nous étions en sécurité, mais mon père et Leo n'étaient plus là.

— Ceci est donc l'équivalent cubain de l'Adlon ? a commenté ironiquement la Déesse en haussant les sourcils à son entrée dans l'hôtel Nacional.

Par chance, notre chambre ne donnait pas sur la mer, mais sur la ville, si bien que nous n'avions pas à observer le ballet des bateaux dans le port. De toute façon, la vue importait peu puisque maman a gardé les rideaux tirés tout le long de notre séjour à l'hôtel.

— Il faut qu'on se protège du soleil et de la poussière, répétait-elle.

Si une femme de chambre faisait mine de les ouvrir en venant faire le ménage, elle criait « Non ! » d'un ton sans réplique – et comme nous avions droit chaque jour à quelqu'un de différent, nous ne partions jamais avant que cette personne ait terminé afin que ma mère puisse l'informer qu'elle ne voulait pas qu'un seul rayon de soleil pénètre dans la pièce.

Durant ces deux semaines, elle n'a pas prononcé une seule fois le nom de papa. Elle voyait Mme Samuels régulièrement sur l'une des terrasses de la cour intérieure – le seul endroit où nous étions à l'abri d'un orchestre qui, selon elle, ne connaissait que des *guarachas* cubaines au rythme enlevé.

— La musique des îles, disait-elle avec dédain.

Elle demandait parfois au serveur si les musiciens pouvaient jouer un peu moins fort, ou même s'ils pouvaient carrément s'arrêter.

— Bien sûr, *Señora* Alma.

Cette réponse l'agaçait encore plus. Elle détestait que cet employé l'appelle par son prénom – et tant pis s'il avait simplement du mal à prononcer son nom allemand. Bien qu'étrangère, elle parlait parfaitement l'espagnol, elle.

Pendant ce temps, la *guaracha* ne faiblissait pas.

Pour chacune de ses entrevues avec Mme Samuels, maman portait le même tailleur bleu indigo, qu'elle envoyait au pressing sitôt de retour dans notre chambre. Telle était notre routine dans cet hôtel de La Havane où elle jurait de ne plus jamais retourner.

Le matin, elle avait souvent rendez-vous avec notre avocat, le *Señor* Dannón, qui s'occupait de nos permis de séjour à Cuba. L'après-midi, elle s'entretenait avec le représentant de la banque canadienne dans laquelle papa avait transféré la majeure partie de notre argent, désormais placé sur un compte fiduciaire. Après ça, elle allait voir le directeur de l'hôtel pour se plaindre d'une chose ou d'une autre – en général de l'orchestre et du bruit qui envahissait sa chambre malgré les fenêtres fermées.

J'ai senti qu'elle était heureuse lorsque nos cartes d'identité cubaines sont arrivées. Pas parce que nous avions enfin le droit de rester et de résider dans la maison qu'elle avait jusqu'alors refusé de visiter, mais parce qu'elle était enfin débarrassée, et pour de bon, du nom de ses ancêtres, grâce à la bureaucratie cubaine ou à ses fonctionnaires incompétents qui avaient été incapables d'orthographier correctement son patronyme. Elle s'appellerait désormais « *Señora* Rosen », ce qui sonnait un peu plus espagnol. Quant à moi, mon prénom était devenu *Ana*, mais j'ai décidé de dire à tout le monde qu'il fallait le prononcer avec un J, comme dans *Jana*.

Maman n'a jamais demandé que son nom soit corrigé. En revanche, elle a insisté auprès de son avocat – un amateur de cigares aux cheveux gras – pour qu'il lui obtienne sans délai un visa américain temporaire. Il fallait qu'elle soit à New York dans moins de quatre mois. Et aucun des discours confus de cet homme sur les décrets et les résolutions adoptés par son gouvernement, dans lequel la répartition des pouvoirs entre les civils et les militaires se révélait précaire, n'a pu la faire fléchir. Ce jour-là, de retour dans notre chambre, elle m'a garanti que son bébé naîtrait à New York – comme si je ne l'avais pas déjà entendue le dire à bord du *Saint-Louis*.

Au début, j'ai continué à m'adresser à elle en allemand, juste pour voir si elle respecterait la promesse faite à papa.

Mais parce qu'elle me répondait toujours en espagnol, j'ai vite accepté l'idée que nos échanges, durant notre court séjour sur cette île, se feraient dans cette langue.

Elle pestait du matin au soir, que ce soit contre la chaleur, le soleil qui riderait notre peau ou le manque d'éducation des Cubains. Ils ne parlaient pas, ils criaient. Ils étaient toujours en retard, mettaient beaucoup trop de cumin dans leurs plats et de sucre dans leurs desserts. La viande était toujours trop cuite et l'eau servie à table avait un goût de canalisation rouillée. Je me suis rendu compte en fait que plus elle détestait son nouveau cadre de vie, plus elle s'affairait et plus elle oubliait rapidement le sort des neuf cent six passagers demeurés à bord du *Saint-Louis* – sans compter que cela lui épargnait d'avoir à évoquer le souvenir de papa. À ce moment-là, nous n'avions aucune idée de ce que nos anciens compagnons de voyage allaient devenir, s'ils trouveraient une autre île où s'installer ou s'ils seraient renvoyés en Allemagne.

Le jour où, enfin, nous sommes descendues dans le hall d'accueil afin de rencontrer le chauffeur qui devait nous conduire jusqu'à notre maison dans le quartier de Vedado, le *Señor* Dannón nous a informées que le *Saint-Louis* avait accosté à Anvers, en Belgique, et qu'il avait été convenu que les passagers seraient accueillis par la Grande-Bretagne, la France, les Pays-Bas et la Belgique.

— Le *Señor* Rosenthal a déjà pris un train pour Paris.

Maman est restée impassible. Elle refusait de manifester la moindre émotion devant un étranger qui lui faisait sans doute payer ses services beaucoup trop cher. Elle a jeté un coup d'œil à un groupe de nouveaux clients de l'hôtel, tous affublés de fragiles chapeaux tressés et de chemises à plis fermées par des boutons de nacre. L'« uniforme cubain », comme elle désignait cette tenue qui, pour elle, n'était que vulgarité.

Mme Samuels nous a présenté un chauffeur aux yeux globuleux. Il avait la peau la plus noire que nous ayons jamais vue et, avec sa livrée sombre aux boutonnières dorées complétée par une casquette qui lui donnait l'air d'un policier, il paraissait tantôt très jeune, tantôt plus vieux que papa, si bien que j'étais incapable de lui donner un âge.

— Bonjour, *Señora*. Je m'appelle Eulogio.

Il a soulevé sa casquette, dévoilant un crâne entièrement rasé, puis nous a tendu une main énorme – d'abord à maman, ensuite à moi. Je n'en avais jamais touché de si chaude. C'était le même homme qui était venu nous chercher au port quelques jours plus tôt, mais nous ne lui avions pas vraiment prêté attention alors. J'avais du mal à identifier son accent. Il avalait une partie des mots et aspirait les *s*, et je n'aurais pas su dire si c'était un Cubain typique ou un étranger originaire d'une autre île, voire peut-être d'Afrique. Au moins connaissions-nous maintenant son prénom, à défaut de son nom de famille. Il devait nous accompagner durant tout notre séjour à Cuba.

Nous avons quitté l'hôtel et longé la Calle O avant de bifurquer sur l'Avenida 23. Beaucoup de rues étaient baptisées d'une simple lettre et nous roulions en remontant dans l'alphabet. J'ai ouvert ma vitre pour sentir le vent chaud et entendre le bruit de la ville. J'essayais d'imaginer papa, Leo et Herr Martin arriver en train à la gare du Nord à Paris, prendre un taxi pour le Marais et partager un appartement provisoire en attendant que nos visas américains soient prêts.

Peu à peu, je n'ai plus vu les rues de La Havane, mais les boulevards parisiens. Je me suis représenté papa dans ces lieux qu'il m'avait montrés en photo dans des livres : assis à la terrasse d'un café, il lisait son journal pendant que je courais avec Leo vers l'une des plus anciennes places de la capitale française, la place des Vosges, d'où on apercevait selon lui la fenêtre du cabinet de travail de Victor Hugo.

Un brusque coup de frein de notre chauffeur m'a ramenée sur terre, ou plutôt sur cette île où je n'avais aucune envie de rester. Ensuite, j'ai tué le temps en comptant les petites plaques blanches sur lesquelles figurait le nom des rues.

Au bout d'un moment, nous avons tourné à droite sur l'Avenida Paseo, puis sur la Calle 21 et, après avoir traversé la Calle A, nous nous sommes enfin garés à quelques mètres du croisement suivant.

Maman a tout de suite reconnu les lieux. Elle a poussé le lourd portail métallique et s'est avancée dans un jardin où poussaient à foison des buissons de croton jaunes, rouges et verts. Tout au bout, une petite galerie extérieure marquait l'entrée d'une maison massive à un étage. L'ensemble était très modeste comparé à la propriété voisine, deux fois plus grande que la nôtre. Pendant que le *Señor* Eulogio déchargeait nos valises, je suis restée sur le trottoir, impatiente d'explorer le quartier où nous allions vivre durant les prochains mois.

Maman s'est arrêtée sur la galerie. Elle attendait qu'Eulogio vienne lui ouvrir la porte quand une femme trapue aux cheveux grisonnants est apparue sur le seuil. Elle portait un chemisier blanc, une jupe noire et un tablier bleu.

— Bienvenue, a-t-elle dit d'une voix douce, mais ferme. Je suis Hortensia.

L'entrée débouchait directement sur un salon carré aux murs et aux plafonds ornés de moulures. Incroyable, un petit palais au cœur des Caraïbes ! Cet intérieur imitait le style français classique, notamment les fauteuils avec leurs dossiers médaillon, leurs pieds en cabriole et leurs dorures. La nouvelle *Señora* Rosen a éclaté de rire.

— Mais où avons-nous atterri ? Hannah, on se croirait au Petit Trianon !

Un long couloir menait à une salle à manger, au bout de la maison, qui m'a surtout frappée par son mobilier imposant et sa table-miroir. De là, un escalier conduisait vers quatre chambres spacieuses au premier étage. J'ai remarqué partout des glaces aux cadres dorés et d'innombrables pièces de marqueterie sophistiquées.

Meublée dans des tons vert pâle, avec notamment une petite coiffeuse agrémentée là encore de miroirs et une armoire décorée de fleurs peintes à la main, ma chambre dominait la galerie et la rue au-delà. J'ai ouvert une porte en pensant découvrir un placard et constaté qu'elle donnait en réalité sur une salle de bains. Autre surprise : le sol carrelé vert-de-gris, si semblable à celui de la station Börse à Berlin que cela m'a tout de suite ramenée en arrière, dans le café de Frau Falkenhorst où Leo et moi avions l'habitude de nous retrouver en milieu de journée.

La chambre de ma mère était à l'arrière de la maison. Avec son mobilier en bois sombre et d'un style plus épuré, et sa fenêtre – condamnée à rester fermée à compter de ce jour –, elle faisait face à une dépendance aménagée au-dessus d'un garage qui occupait presque tout l'espace de cette partie du jardin.

— C'est ici que je loge, a dit Hortensia. Eulogio habite juste à côté.

Maman était loin d'être ravie à l'idée que des gens vivent sur sa propriété, mais elle n'a rien dit. Elle a compris qu'il était sans doute préférable d'avoir ses employés près d'elle. « Ils sont tout à fait dignes de confiance », avait souligné Mme Samuels.

Au rez-de-chaussée, un bureau avait été aménagé pour mon père, et cela m'a fait plaisir de voir qu'on ne l'avait pas oublié. La petite bibliothèque adjacente a arraché maman à la torpeur dans laquelle l'avait plongée sa première conversation avec la femme bien en chair qui serait désormais – et Dieu sait jusqu'à quand – notre seule compagnie. Elle a examiné les œuvres et marqué sa désapprobation devant la plupart avec ses mimiques habituelles, c'est-à-dire en haussant un sourcil, en se mordant la lèvre, en secouant la tête ou en levant les yeux au ciel.

— La littérature cubaine ? Je ne veux pas de ça ici.

Je n'étais pas sûre qu'Hortensia connaisse ces écrivains, mais elle s'est contentée d'acquiescer.

Nous avons poursuivi la visite. Chaque fois qu'elle passait devant une fenêtre, maman la refermait – à l'exception de celles de la cuisine et de la salle à manger. Après tout, ce serait là qu'Hortensia passerait le plus clair de son temps. Et puis ces pièces donnaient sur le jardin, pas sur la rue.

— Eulogio est un jeune homme dur à la tâche, a déclaré Hortensia d'un ton protecteur.

Elle répondait ainsi à ma question : Eulogio n'était pas vieux. Il n'avait même pas l'âge de mes parents. J'ai supposé qu'il avait dix ou vingt ans de plus que moi, même si son visage affichait l'expression fatiguée d'un vieil homme. La curiosité me démangeait. Je voulais savoir d'où il venait, qui étaient ses parents, s'ils étaient morts ou vivants.

Je suis remontée dans ma chambre. De là, j'ai entendu arriver Mme Samuels – je distinguais tout ce qui se disait chez nous ainsi que tous les sons de l'extérieur, et j'ai découvert ce que ça faisait d'habiter une maison ouverte à tous les vents dans une ville si bruyante.

Je me suis jetée sur mon lit et j'ai fermé les yeux en songeant à papa et à Leo. Nous aurions dû rester avec eux. Nous serions tous à Paris si nous l'avions fait ! J'ai tenté de m'endormir, de ralentir le flot de mes pensées, mais en saisissant mon nom dans une conversation, j'ai de nouveau tendu l'oreille. Nous allions séjourner ici trois mois et nous devions observer en permanence la discrétion la plus absolue.

— Dans ce pays, on n'aime pas beaucoup les étrangers, expliquait Mme Samuels. Les gens considèrent que nous sommes venus voler leur travail, leurs propriétés, leurs entreprises. Évitez de porter des bijoux ou des tenues trop voyantes. Ne gardez jamais rien de précieux sur vous. Si vous sortez dans la rue, fuyez la foule. Les choses se tasseront peu à peu et le *Saint-Louis* sera oublié.

Cette liste de restrictions ne nous gênait pas du tout.

— L'école reprend dans deux mois, a ajouté Mme Samuels. Baldor est le meilleur établissement possible pour Hannah. Il se trouve tout près d'ici. Je vais m'occuper de son inscription.

Deux mois ? Autant dire une éternité ! J'ai soudain pris conscience que notre « étape » à La Havane n'allait pas durer seulement quelques mois, mais au moins un an.

Lorsqu'il pleut, les parfums explosent à Cuba. L'odeur de l'herbe mouillée se mêle à celle de la brise, de l'air marin salé et de la chaux sur les murs. Les sens en éveil, j'essayais d'identifier chacune d'elles. Je n'arrivais pas à m'habituer à ces averses torrentielles qui me donnaient l'impression que le monde touchait à sa fin.

— Prépare-toi aux ouragans, Ana ! De ta fenêtre, tu verras des tuiles voler dans les airs et des arbres tomber à terre. Ça n'arrive qu'à Cuba ! m'a prévenue Hortensia au début.

— Je m'appelle Hannah, et en espagnol il faut prononcer mon prénom comme s'il y avait un J au début, l'ai-je tout de suite corrigée de mon ton le plus sévère.

— Oh, ma petite, c'est beaucoup plus facile de dire *Ana*, mais si ça te fait plaisir, va pour *Jana*. On verra ce que ça donne. À l'école, tu ne pourras pas passer ton temps à corriger tout le monde.

À cet instant, j'ai pensé à Eva. C'était la première fois que son souvenir s'imposait à moi depuis que nous avions quitté Berlin. Elle avait été présente dans ma vie dès ma naissance, et pourtant elle nous avait toujours traités avec le plus grand respect, alors qu'Hortensia, qui venait tout juste de nous rencontrer, faisait preuve envers nous d'une familiarité à laquelle maman et moi n'étions pas habituées.

Vers la fin de l'été – en admettant que cette saison se termine jamais sur cette île –, nous avons reçu les premières nouvelles de papa. Postée à Paris, sa lettre avait mis plus d'un mois à atteindre La Havane. Maman a couru s'enfermer dans sa chambre après qu'Eulogio la lui a remise. Elle a refusé ensuite de descendre manger et a ignoré nos appels.

— Je vais bien, ne vous inquiétez pas, s'est-elle contentée de répondre.

Nous avons supposé que son attitude s'expliquait par ses examens médicaux. Elle se rendait toujours seule chez le médecin, refusant qu'on l'accompagne. Hortensia soupçonnait un problème avec le bébé, ou une tension artérielle trop basse, ou encore des saignements.

— Laissons-la se reposer, m'a-t-elle dit.

Maman a attendu que toutes les lumières soient éteintes dans la maison et qu'Hortensia et Eulogio aient regagné leur logement pour venir dans ma chambre.

— Nous avons reçu une lettre de papa, m'a-t-elle annoncé simplement.

Puis elle s'est étendue à côté de moi, comme à l'époque où nous avions le monde à nos pieds.

Il n'était pas facile pour papa de communiquer avec nous. Il projetait de nous retrouver à La Havane ou à New York. Pour l'heure, il menait une vie austère dans un quartier assez tranquille de Paris. La situation était tendue là-bas aussi, mais sans comparaison possible avec Berlin.

Je voulais que maman m'en dise plus, qu'elle me donne des détails.

— Il dit que nous devons faire attention à nous, bien manger et penser au bébé qui va naître. Il faut être patiente, Hannah.

J'essaierais. Avais-je le choix, de toute façon ? Mais j'avais besoin de voir mon père. De l'entendre.

— Pourquoi ne m'a-t-il pas écrit quelques lignes ?

— Papa t'adore. Il sait que tu es très forte – bien plus que moi. Il te l'a dit.

Je me suis endormie dans ses bras. J'ai dormi très profondément, sans faire de cauchemars. Demain serait un autre jour – même si, à Cuba, le temps s'écoulait lentement, pesamment, au point que c'en était insupportable. Une journée pouvait durer une éternité. Mais enfin, nous finirions par nous en accommoder.

En réalité, je voulais surtout avoir des nouvelles de Leo. Savoir si son père et lui partageaient la même pièce. S'ils étaient sains et saufs. Papa aurait dû le mentionner dans sa lettre. J'ai failli poser la question à maman, mais je me suis ravisée : il valait mieux chercher le courrier dans sa chambre en son absence et le lire en secret – voire le garder. Seule la peur de ce qui s'était passé à bord du *Saint-Louis* m'a retenue de le faire : je n'avais pas envie que l'épisode des capsules se répète. Si maman venait à sombrer à La Havane, je pouvais la perdre. Elle serait transportée dans une clinique, enfermée ou même déportée, et je ne la reverrais jamais. Oh, mais comme j'aurais aimé contempler et toucher l'écriture de papa !

Maman n'a jamais accepté de me montrer la lettre. J'en suis même arrivée à croire qu'elle l'avait inventée pour que je garde espoir, que je puisse penser que nous avions bel et bien un avenir, que je n'imagine pas papa mort au milieu de l'Atlantique durant le trajet qui le ramenait en

Europe, ou retourné en Allemagne, faute d'avoir trouvé un pays d'accueil.

Il m'était impossible de vraiment la cerner. J'essayais pourtant, mais nous étions très différentes. Et ça, elle le savait.

Avec papa, ce n'était pas pareil. Il n'avait pas honte de dire ce qu'il éprouvait, quand bien même c'était de la douleur, de la frustration, un sentiment de perte ou d'échec. J'étais sa petite fille, son refuge, la seule à le comprendre. La seule aussi à ne rien exiger de lui et ne rien lui reprocher.

Le jour de son départ pour New York où elle allait accoucher, grâce à son visa américain temporaire, maman nous a appelées dans le salon, Hortensia et moi. C'était avant le petit déjeuner, et elle portait une veste ample afin de cacher sa grossesse. Elle a pris fermement les mains d'Hortensia dans les siennes et l'a regardée droit dans les yeux.

— Je ne veux pas qu'Hannah sorte de la maison. Restez ici autant que possible. M. Dannón passera tous les lundis matin pour voir ce dont vous avez besoin. Prenez soin de ma fille, Hortensia, a-t-elle dit en accompagnant sa supplique d'un bref sourire.

Durant son absence, je n'ai cessé d'espérer que papa nous écrive et que sa lettre me parvienne à moi plutôt qu'à elle. Mais nous n'avons rien reçu. À ce moment-là, l'Europe était déjà en plein conflit. L'Angleterre et la France avaient déclaré la guerre à l'Allemagne deux jours après l'invasion de la Pologne le 1er septembre. Je me représentais papa, coincé dans sa mansarde obscure et perdu dans la grisaille sans fin de l'automne et de l'hiver parisiens.

La vie est devenue plus facile après le départ de maman. Nous avons ouvert les fenêtres et j'ai aidé Hortensia dans ses corvées ménagères. Elle m'a montré comment préparer de la crème anglaise, du riz au lait, du pudding et des flans au potiron – des recettes transmises par sa grand-mère maternelle, qui était originaire de Galice, en Espagne, et qui avait toujours cuisiné de succulents desserts.

Une fois, je lui ai dit que je voulais apprendre à faire un gâteau recouvert d'un glaçage pour le jour où nous célébrerions l'anniversaire de quelqu'un. Elle a continué à s'affairer sans me répondre.

— C'est quand, ton anniversaire ? ai-je demandé.

Elle a haussé les épaules.

Je me suis dit qu'à Cuba, les nouveau-nés n'étaient peut-être pas enregistrés à l'état civil, ou bien qu'elle venait d'un autre pays – l'Espagne, par exemple, comme sa grand-mère – et ne possédait pas de certificat de naissance.

— Je suis témoin de Jéhovah, a-t-elle déclaré prudemment. Nous ne fêtons ni les anniversaires ni Noël.

Puis elle m'a tourné le dos et s'en est retournée à sa vaisselle. Consternée par mon indiscrétion et mes questions gênantes, j'ai tenté d'imaginer ce qu'elle pouvait ressentir. Je me suis rappelé nos derniers mois à Berlin et notre amertume devant le mépris avec lequel on nous traitait. Une religion impure. À sa manière, Hortensia était impure elle aussi. En pensée, je l'ai vue pourchassée, battue, arrêtée dans les rues de Berlin, puis chassée de chez elle.

À en juger par sa réaction, ces « témoins » devaient également être indésirables à La Havane. Elle n'avait pas revendiqué fièrement ses croyances, même si elle ne semblait pas non plus en avoir honte : c'était plutôt le ton de sa voix qui signifiait que tout cela devait rester une affaire privée.

Ne t'inquiète pas, aurais-je aimé lui dire. Nous ne fêtons pas Noël, nous non plus.

Sauf si, dans sa nouvelle vie, maman y voit un moyen de passer pour une personne « normale » et de cacher son statut de réfugiée dont aucun pays ne veut.

J'adorais la compagnie d'Hortensia. Elle était veuve, ainsi qu'elle me l'a raconté durant l'une de ces soirées étouffantes propres à La Havane. À ce moment-là, elle dormait dans la chambre voisine de la mienne pour que je ne me sente pas seule à la maison. J'avais eu beau affirmer que je n'avais pas peur, que je n'avais pas besoin de la savoir si près de moi, que j'avais déjà douze ans, Hortensia avait fait une promesse à maman, et c'était comme une dette qu'elle devait honorer.

Son mari était mort d'une terrible maladie sur laquelle j'ai préféré ne pas l'interroger, et elle avait une sœur plus jeune, Esperanza, mariée depuis peu et installée dans la banlieue de La Havane.

— C'était une si jolie cérémonie, a dit Hortensia, les yeux brillants – peut-être parce que son propre mariage n'avait rien eu de spécial ou parce qu'il avait connu un bien triste épilogue.

Comme elle n'avait pas eu d'enfants, il incombait à sa sœur de perpétuer une lignée qui avait apparemment été à deux doigts de s'éteindre.

— Elle et son mari sont témoins de Jéhovah, eux aussi, a-t-elle précisé à voix basse.

C'était un secret de plus entre nous, un secret que nous avons décidé de ne partager avec personne.

À ce moment-là, j'allais déjà à l'école Baldor, et je rentrais à la maison chaque après-midi avec la conviction grandissante de n'avoir plus rien à apprendre. Je m'ennuyais dans cet établissement qui avait pour seul objectif de faire de moi une jeune fille bien sous tous rapports. Nous suivions des cours de couture, de cuisine, de dactylographie, de travaux manuels et d'écriture. On me surnommait « la Polaque[1] », et je l'acceptais. Je n'essayais pas de me faire des amis – je savais, de toute façon, que nous finirions par quitter cette île où rien ne nous retenait. En revanche, les conversations sans fin sur la guerre me terrifiaient.

Chaque fois que nous avions du courrier, je guettais une lettre de papa, mais nous ne recevions que des cartes postales envoyées par maman depuis New York. Tout peut arriver durant une guerre, et l'idée m'est venue que si les vols étaient suspendus, elle choisirait peut-être, pour le bien du bébé, de rester dans notre appartement de Manhattan. Qui réglerait alors toutes mes dépenses ? Qui s'occuperait de mon visa et de mes papiers ? Je n'avais accès à rien. Je me réfugiais auprès d'Hortensia pour apaiser mon sentiment d'abandon, et elle me parlait plus de la vie de ses parents en Espagne que de la sienne à Cuba. Peut-être cette veuve sans enfants se croyait-elle comme moi en transit sur cette île, alors même qu'elle était condamnée à enterrer ses proches ici et probablement à reposer un jour à côté d'eux, l'Espagne n'étant plus qu'une illusion révolue.

— C'est un garçon. Il pèse 3,5 kg et il s'appelle Gustav. La *Señora* Alma nous a avertis pendant que tu étais à l'école.

Plus ravie que moi par la nouvelle, Hortensia m'annonçait ces détails tout en remuant une préparation qu'elle faisait mijoter sur la cuisinière. Pour ma part, je crois que j'aurais préféré avoir une sœur avec qui jouer et partir m'installer à Paris, chez papa.

— Vous ne pouviez pas souhaiter mieux, a-t-elle affirmé. Quand il sera grand, ton frère sera en mesure de gagner sa vie et de veiller sur vous deux. Vous êtes seules dans ce pays, ta mère et toi.

1. Polaques : surnom donné à Cuba aux Juifs originaires d'Europe de l'Est, tous plus ou moins assimilés à des Polonais.

Après avoir été informée que je n'étais plus fille unique, je suis allée dans notre petite bibliothèque avec l'intention de préparer une surprise pour le retour de maman. Non sans peine, j'ai retiré tous les livres écrits par des auteurs cubains, comme elle l'avait souhaité à notre arrivée. Ce serait mon cadeau pour elle.

Eulogio nous a ensuite emmenées dans une librairie du centre de La Havane où nous avons cherché des ouvrages de littérature française. Problème : tous ces livres étaient traduits en espagnol. Hortensia m'a montré un employé – ou peut-être était-ce le propriétaire.

— C'est un Polaque, lui aussi.

— Je ne suis pas polonaise ! ai-je explosé. Qu'est-ce que vous avez avec les Polonais ?

Lorsqu'il m'a vue, l'homme a souri. Il semblait avoir tout de suite deviné que j'étais un fantôme, comme lui. Que je portais la même marque sur le visage. Nous étions tous les deux indésirables, perdus dans une ville que les rayons du soleil matraquaient sans merci. Hortensia et moi nous sommes approchées pour lui demander s'il avait des livres en version originale.

Au début, il m'a parlé en hébreu, ce qui m'a fait sursauter, puis il a continué en allemand, mais j'ai tout de suite répondu en espagnol. Il a compris que je n'entendais pas utiliser une autre langue et m'a rappelé – en hébreu encore – que c'était un moyen d'éviter que les autres saisissent ce que nous disions et que je n'avais rien à craindre. Les larmes me sont montées aux yeux. Il a dû voir alors combien j'avais peur.

Ne pleure pas, Hannah, personne ne t'a rien fait. Du calme, me suis-je répété, les jambes flageolantes. Je n'aurais jamais dû quitter la maison. J'aurais mieux fait de suivre les conseils de Mme Samuels, à savoir rester cachée, ne pas attirer l'attention, éviter tous les Cubains, vivre derrière des fenêtres fermées, dans l'obscurité.

Je me suis ressaisie, bien déterminée à ne pas flancher.

— Où pouvons-nous trouver des œuvres de Proust en français ?

L'homme, qui avait un énorme nez, des cheveux bouclés et plein de pellicules sur les épaules, m'a répondu dans un espagnol teinté d'accent allemand que la guerre l'empêchait de garantir l'arrivée de livres expédiés depuis l'Europe.

— Avant, les commandes que je passais en France étaient livrées en moins d'un mois.

Au terme d'une longue explication, fournie dans un français qu'il maîtrisait bien mieux que l'espagnol, il m'a demandé avec un sourire amical si j'étais originaire de là-bas.

Je n'ai été capable que de le remercier. Hortensia était surprise par ma timidité, mais elle n'a rien dit et nous avons quitté la librairie les bras chargés de livres que ma mère ne pouvait qu'adorer : Flaubert, Proust, Hugo, Balzac, Dumas – tous en espagnol. Un parfait ajout à son Petit Trianon. Restait à voir si Gustav lui laisserait le temps de s'adonner à la lecture, l'un de ses plus grands plaisirs depuis toujours.

Eulogio ne comprenait pas pourquoi nous avions besoin de davantage de livres alors que nous n'avions pas lu tous ceux de la bibliothèque. Pour lui, ces ouvrages n'avaient pas d'autre utilité que de faire paraître les étagères moins vides. Ah, les riches !

La « *Señora* Alma » étant absente, nous n'hésitions pas à enfreindre ses règles. Par exemple, Hortensia s'asseyait avec moi à l'arrière de la voiture et insistait pour que je me fasse des amis.

— Les prochaines années vont filer vite, et si tu ne te maries pas, tu finiras vieille fille – une vieille fille snob par-dessus le marché, ce qui n'est jamais très bon.

Le vent qui s'engouffrait par les vitres ouvertes ébouriffait nos cheveux et ces remarques me faisaient rire. Dans ma tête, je voyais le visage de Leo. J'étais persuadée qu'il viendrait me chercher et que nous passerions toute notre vie ensemble. Mais c'était mon secret le plus précieux et je n'avais aucune raison de le confier à Hortensia.

Le point le plus positif de cette période, c'était que, dans une certaine mesure, je pouvais oublier nos vrais problèmes. J'ai découvert que, pour s'en sortir, il valait mieux vivre dans le présent. Lui seul comptait. Il n'y avait pas de passé ni d'avenir sur cette île.

Peu avant d'arriver à la maison, alors que nous longions des rues encombrées où les automobilistes ignoraient tous les panneaux de signalisation, j'ai trouvé le courage d'interroger Eulogio sur ses parents. Il m'a dit que sa famille était très pauvre. Son père avait laissé sa mère seule avec neuf enfants, six garçons et trois filles. Il était celui du milieu. Il avait réussi à échapper à cette misère grâce à un oncle maternel qui travaillait comme chauffeur et qui lui avait appris à conduire. Cet oncle disait que, de tous ses frères et sœurs, Eulogio était la seule personne honnête et pourvue de « caractère ». À présent, il aidait sa mère et allait lui rendre visite chaque fois qu'il le pouvait. Le reste de sa fratrie avait grandi et vivait en divers endroits de l'île. Ses grands-parents avaient été des esclaves africains, mais sa famille venait de Guanabacoa, un très joli petit village entouré de collines où tout le monde se connaissait.

— Où est-ce ? ai-je demandé, intriguée.

— Au sud-est de la ville, pas très loin d'ici. Je t'y emmènerai un jour. Je parie que ça te plaira. J'ai grandi là-bas et le quartier n'a aucun secret pour moi.

Eulogio a freiné brusquement pour laisser traverser une femme qui poussait un landau.

— C'est là aussi que se trouve le cimetière de ton peuple, a-t-il ajouté.

Je ne voyais pas ce qu'il voulait dire par là. Il y a eu un moment de silence. La situation était gênante, en particulier pour Hortensia qui devait se reprocher de m'avoir laissée discuter si familièrement avec un employé.

Si ma mère l'apprenait, Eulogio et elle risquaient d'être renvoyés.

Mais plutôt que de me taire, j'ai continué à poser des questions :

— De quel cimetière parles-tu ?

Hortensia a regardé Eulogio en attendant sa réponse. Alors qu'il tournait à l'angle de l'Avenida Paseo pour s'engager sur la Calle 21, il s'est expliqué :

— Celui des Polaques.

Anna

2014

Le premier endroit que nous visitons à La Havane est un cimetière. Je ne suis encore jamais allée dans un lieu dédié aux morts, mais tante Hannah a insisté pour honorer la mémoire d'Alma – sa mère, la grand-mère de papa, et donc mon arrière-grand-mère –, enterrée sur le sol cubain en 1970. Maman ne sautait pas de joie à cette idée, mais elle a cédé en voyant combien j'étais enthousiaste.

Nous montons de nouveau dans une épave sur roues, Catalina à l'avant, nous trois à l'arrière. Tante Hannah s'est aspergée d'eau de violette et maman a appliqué sur sa peau une épaisse couche d'écran solaire qui lui donne l'air d'un cadavre. Après avoir remonté l'Avenida 23, nous empruntons la Calle 12 en direction de l'entrée du cimetière. Je suis alors assaillie par le parfum de toutes les fleurs coupées dans le but de réconforter les vivants. Celui des roses et du jasmin se mêle à des effluves de fleurs d'oranger et de basilic. Non loin de nous, une vieille femme décharnée aux cheveux en bataille et à la peau tannée pousse une charrette sur laquelle s'empilent des couronnes d'un vert intense à côté de roses rouges, jaunes et blanches.

J'aimerais commencer à prendre des photos, mais la voiture roule encore et je dois attendre que nous nous arrêtions pour laisser Catalina sortir acheter des roses. La fragrance des bouquets, la puanteur de la rue et les relents de cigarette et de transpiration dégagés par la vieille dame à la charrette sont tels que je retiens mon souffle en braquant mon appareil sur elle. Effrayée, elle a un mouvement de recul. Mes poumons ont désespérément besoin d'oxygène, et je m'accroche à ma tante afin de ne plus respirer que son eau de violette. Il y a beaucoup trop d'odeurs ici !

Tante Hannah interprète mon geste comme un signe d'affection et caresse mes joues brûlantes. Maman est fière de moi. D'habitude solitaire et réservée, je me montre amicale envers la seule autre personne qui ait un lien avec le père que je n'ai jamais connu. Je ferme les yeux et me laisse aller. Pour la première fois, je me sens proche de cette vieille dame.

Le cimetière est une véritable ville close où l'on pénètre par une grande arche surmontée d'une sculpture religieuse.

— Elle représente la foi, l'espoir et la charité, m'explique Catalina en remarquant que je l'examine.

Nous nous garons à l'intérieur du cimetière et continuons à pied. Catalina a pris un bouquet de roses rouges et blanches ainsi que du basilic qu'elle a coincé derrière son oreille.

— Ça rafraîchit, commente-t-elle.

Voyant que j'essaie d'assimiler une foule de détails autour de moi, elle s'improvise guide :

— La *Señora* Alma n'a toujours pas trouvé le repos. Elle a beaucoup souffert et elle est partie avec une lourde valise, comme on dit ici. Chacun devrait pourtant se délester au maximum avant de descendre dans la tombe. N'oublie jamais ça, mon enfant. Et ça vaut aussi pour toi, lance-t-elle en haussant la voix en direction de tante Hannah.

La familiarité avec laquelle Catalina traite ma parente est surprenante. elle ne lui manque jamais de respect, mais elle n'emploie pas non plus les formules de politesse propres à l'espagnol. En fait, elle lui parle d'un ton qui donne à croire qu'elle comprend les choses de la vie.

— Il faut laisser le passé derrière soi, insiste-t-elle en reniflant les roses. Ces fleurs sont pour la *Señora* Alma. Elle a encore besoin qu'on l'aide !

Nous avançons lentement, non pas à cause de ma tante, mais de Catalina, qui a les jambes lourdes et qui ne cesse de s'éventer. Soutenue par maman, tante Hannah contemple les avenues bordées de mausolées. Puis nous quittons l'allée principale et je découvre avec surprise une profusion de sculptures de marbre. Aussi loin que porte le regard, les monuments funéraires croulent sous les couronnes de lauriers et les torches décoratives renversées. C'est une véritable ode à la mort.

Certains mausolées ressemblent à des palais qu'on aurait pillés. D'après tante Hannah, de nombreux actes de vandalisme ont eu lieu dans le cimetière.

— Cela trahit le déclin d'une société, murmure maman.

Je m'arrête pour lire les inscriptions de quelques pierres tombales. L'une est dédiée aux grandes figures de la République, une autre aux soldats du feu, une autre encore aux martyrs, sans oublier bien sûr les héros militaires et littéraires. Une sépulture en particulier retient mon attention en raison du message qui y est gravé : « Ô aimable passant, détache ton esprit quelques instants de ce monde cruel et accorde une douce pensée aimante aux deux êtres dont le bonheur terrestre a été abrégé par le sort et dont les dépouilles mortelles reposent ici, conformément à une promesse sacrée. Nous te remercions depuis l'éternité. » Cela m'aide à oublier la chaleur insupportable de ce mois de mai.

À la demande de Catalina, nous nous dirigeons vers la chapelle centrale. Elle veut prier pour ses morts – et pour les nôtres aussi, j'imagine. Nous patientons en silence jusqu'à ce qu'elle ressorte et prenons ensuite toutes les quatre l'Avenida Obispo Fray Jacinto où se trouve le caveau familial des Rosen. Nous parvenons bientôt devant un mausolée pourvu de six colonnes et d'un porche ouvert, à la manière d'un temple conçu pour offrir un peu d'ombre à ses morts et à leurs visiteurs. Notre nom de famille est gravé dans la partie supérieure.

Il y a cinq sépultures – une pour chaque Rosen, qu'ils aient vu le jour, vécu ou péri dans ce prétendu lieu de transit. La première porte la mention MAX ROSEN, 1895-1942 ; la deuxième, ALMA ROSEN, 1900-1970 ; la troisième, GUSTAV ROSEN, 1939-1968. La quatrième est dédiée à mon père : LOUIS ROSEN, 1959-2001. Quant à la cinquième, encore vierge, je suppose qu'elle est réservée à ma tante, la dernière des Rosen à vivre sur cette île.

Catalina s'agenouille à grand-peine devant la tombe de mon arrière-grand-mère. C'est la seule à renfermer une vraie dépouille, nous confie-t-elle. Les autres sont symboliques. Ce mausolée n'abritera à jamais que les deux femmes qui ont un jour débarqué d'un paquebot errant. Les hommes de la famille sont morts au loin et leurs corps n'ont jamais été retrouvés.

Catalina joint les mains, baisse la tête et passe quelques minutes à réciter des prières à l'intention d'une femme « née sous le signe de la souffrance et morte dans le chagrin ». Elle dépose ensuite les roses sur la tombe avant de se redresser très lentement. À ce moment-là, ma mère sort quatre pierres de son sac – mais où a-t-elle bien pu les ramasser ? – et en dépose une sur chacune des quatre sépultures. Catalina semble presque offensée. Les yeux écarquillés, elle attend manifestement qu'on lui explique ce comportement si grossier, mais personne ne s'en donne la peine.

— Il n'y a pas un seul défunt au monde qui préférerait un caillou à une fleur, me chuchote-t-elle afin de ne pas contrarier ma mère ou ma tante, laquelle a l'air de beaucoup apprécier ce geste accompli par une femme qui, elle aussi, a aimé son cher Louis.

— Les fleurs fanent, dis-je. À l'inverse, les pierres durent et resteront là pour toujours, sauf si quelqu'un ose les déplacer. Elles ont un rôle protecteur.

Mais je peux bien raconter tout ce que je veux, Catalina ne comprendra jamais. De son point de vue, les roses ont une valeur, elles coûtent de l'argent, elles ont été cultivées, soignées. Tout le contraire de ces cailloux poussiéreux sortis d'on ne sait où et qu'elle ne juge pas convenable d'abandonner près des morts.

Sans cesser de ruminer, elle prend ma main et me demande de la suivre. Tante Hannah et maman restent immobiles et muettes devant ce mausolée que mon arrière-grand-mère a fait élever après avoir appris la mort de son mari. Sur le chemin du cimetière, ma tante nous a rapporté le vœu fait ce jour-là par Alma : tous les Rosen qui finiraient leur vie sur cette île et tous ceux qui y naîtraient devraient être enterrés dans le caveau familial. Pour elle, il n'y avait pas de pardon possible, et elle rendait Cuba responsable de la tragédie qui avait frappé sa famille.

— La malédiction des Rosen ! a conclu tante Hannah avec un sourire résigné, reconnaissant par là la haine que sa mère avait vainement tenté d'instiller en elle.

Catalina m'entraîne vers une tombe couverte de fleurs et dominée par la sculpture de marbre blanc d'une femme appuyée contre une croix, un bébé dans les bras. Devant la tombe se tiennent des personnes figées dans une posture méditative et pleine de déférence, et celles qui s'en vont le font en marchant à reculons.

Catalina me jette un regard sévère lorsque je lève mon appareil photo.

— Pas ici, me dit-elle en posant sa main devant l'objectif.

Puis elle ferme les yeux et observe un long silence avant d'ajouter :

— C'est la tombe d'Amelia la Milagrosa.

En attendant qu'elle m'en dise plus, j'observe le rituel silencieux des pèlerins venus se recueillir.

— Cette femme est morte en couches. Elle a été enterrée avec son bébé à ses pieds, mais quand la sépulture a été rouverte des années plus tard, il était dans ses bras.

Elle me pousse vers la statue et m'incite à caresser la tête en marbre de l'enfant.

— Ça porte chance, me murmure-t-elle.

Nous retournons ensuite vers le caveau des Rosen. Tante Hannah s'est baissée pour toucher la pierre tombale de sa mère. En la voyant se redresser, je songe que ce sera à nous, ses descendants, de faire graver son nom à l'emplacement resté vierge. Un jour viendra où nous referons ce chemin pour laisser une pierre dessus. Et si Catalina lui survit, elle lui apportera des fleurs.

— Je pense qu'il est temps pour nous de retrouver notre véritable identité, déclare gravement tante Hannah en fixant le patronyme gravé sur ce tout petit temple grec perdu au milieu des Caraïbes. Il est temps que nous redevenions Rosenthal.

Et tout en interpellant ainsi sa mère, elle dépose une autre pierre sur sa tombe.

Il fait presque nuit lorsque nous rentrons à la maison. Maman et moi allons nous coucher sans dîner. Je crois que cela inquiète ma tante et Catalina, mais le fait est que nous sommes épuisées. Une fois au lit, maman ne cesse de me parler de tante Hannah jusqu'à ce que je m'endorme.

Elle la juge maigre et fragile, mais protégée par sa dignité – un avis que je partage. Moi aussi, j'ai été impressionnée de la voir se tenir le dos bien droit, comme une ballerine. Toujours selon maman, ses gestes sont féminins et d'une douceur remarquable. Malgré tout ce qu'elle a souffert, elle refuse de laisser la moindre amertume transparaître sur son visage.

— Il y a une part d'elle en toi, Anna. Tu as hérité de sa beauté et de sa détermination.

Mais je l'entends à peine. Le sommeil me gagne déjà.

— On a vraiment beaucoup de chance de l'avoir retrouvée !

Hannah
1940

Les matins froids manquaient à ma mère. Elle détestait les étés sans fin et les averses tropicales incessantes de Cuba.

« On ne trouve que des grenouilles et des sauvages dans cet archipel. Tu n'as pas la nostalgie des saisons, toi ? Tu crois que nous connaîtrons de nouveau un jour des automnes, des hivers et des printemps ? L'été devrait être une transition, Hannah. »

Nous vivions sur une île où il n'y avait que deux saisons, l'une sèche et l'autre humide, où la végétation poussait sans répit et où tout le monde se plaignait et ne parlait que du passé. Comme si les gens savaient ce qu'était vraiment le passé ! Le passé n'existait pas, c'était une illusion. On ne pouvait jamais revenir en arrière.

Maman a regagné La Havane avec Gustav le 31 décembre, par une journée chaude et humide. C'était le plus petit bébé que j'aie jamais vu. Il n'avait pas un cheveu sur le crâne, mais déjà un caractère très grincheux.

« On dirait un vieux bougon », a plaisanté Hortensia.

Sa naissance avait transformé la *Señora* Alma, du moins temporairement. Elle ne pestait plus contre les fenêtres ouvertes qui laissaient entrer le soleil ni contre les éclats de voix et les bruits de vaisselle en provenance de la maison voisine au moment des repas. De même, elle ne paraissait plus contrariée lorsque nous nous installions dans la cuisine pour écouter d'absurdes feuilletons radiophoniques pleins de trahisons, de larmes et de grossesses illégitimes, ou lorsque Hortensia m'apprenait à préparer de délicieux beignets, ou lorsque nous parfumions toute la maison d'effluves de vanille et de cannelle.

Le premier soir, nous sommes restées seules avec le bébé. Eulogio fêtait le nouvel an avec sa famille à Guanabacoa, et Hortensia avait demandé quelques jours de congé. Aucun d'eux ne serait de retour avant le 6 janvier. À peine étaient-ils partis que maman m'a fait une grande surprise :

— Papa va bien !

Je n'ai pas cherché à savoir comment elle l'avait appris. Si elle avait reçu une autre lettre, elle ne me le dirait pas. J'ai essayé de ne trahir aucune émotion et de continuer à distraire le bébé, ce petit être informe qui ne réagissait à aucune de mes chansons ni aucun des drôles de bruits que je pouvais faire.

Aucune nouvelle de Leo, ai-je seulement pensé. Pourquoi n'avait-il toujours pas donné signe de vie ?

J'ai soudain pris conscience que nous étions seules pour la première fois, maman et moi, dans une ville étrange et hostile. Seules avec un nouveau-né, sans médecin de famille ni personne vers qui nous tourner en cas d'urgence. Hortensia nous avait laissé un plat de viande et je m'occuperais du reste. Lorsque je me suis mise aux fourneaux, maman n'en a d'abord pas cru ses yeux. Est-ce bien ma fille ? semblait-elle se dire. Si je m'étais absentée un mois de plus, je ne l'aurais pas reconnue.

Elle est remontée dans sa chambre en portant le bébé dans son moïse, ce panier en osier qu'Hortensia avait rapporté à la maison avant son retour de New York et qu'elle avait joliment capitonné avec des couvertures brodées de soie bleue. « Déplace le moïse par ici », disait-elle. « Ne pose pas le moïse si haut ! » « Berce le bébé dans son moïse et tu verras, il s'endormira. » Au début, on ne comprenait pas du tout de quoi elle parlait.

Ce moïse s'est pourtant révélé très utile parce qu'il nous permettait de transporter facilement Gustav d'une pièce à l'autre, et même de le sortir sur la galerie afin qu'il puisse profiter un peu du soleil en fin de journée ou en tout début de matinée, quand les rayons étaient les plus cléments – si, toutefois, il y avait vraiment un moment où on pouvait les qualifier ainsi. Ma mère disait que, comme les plantes, les bébés avaient besoin de chaleur et de lumière, et je l'ai donc relayée pour donner à mon frère son bain de soleil quotidien.

Ce dernier jour de décembre, nous nous sommes endormis tous les trois vers 21 heures dans la chambre de maman. La journée avait été longue et épuisante. Gustav réclamait le sein toutes les trois heures et ses cris auraient résonné jusqu'au pôle Nord s'il n'avait pas obtenu satisfaction. Il s'assoupissait chaque fois que maman l'allaitait, mais à peine ouvrait-il les yeux qu'il hurlait de nouveau. C'était un cycle sans fin.

Nous n'étions pas d'humeur à faire la fête. Du reste, il n'y avait rien à célébrer. Maman et moi étions échouées au milieu des Caraïbes et papa se cachait avec d'autres impurs à Paris, sous la menace permanente des Ogres. Pour ne rien arranger, nous avions désormais avec nous un petit garçon dont je me demandais sans cesse pourquoi nous l'avions fait venir dans ce monde hostile. Nous nous sommes donc couchées sans faire grand cas de cette année qui s'achevait, remplacée par une autre qui promettait d'être tout aussi terrible.

À minuit, il y a eu des explosions et une agitation inhabituelle dans ce quartier paisible. Réveillée en sursaut, maman a fermé les fenêtres et les rideaux. Puis nous avons regardé dehors à travers les persiennes de ma chambre. Nos voisins jetaient des seaux d'eau dans la rue, et même des seaux de riz pour certains. Nous ne comprenions pas ce que cela signifiait, s'il fallait y voir une menace ou s'il s'agissait juste d'une coutume locale exubérante.

Notre plus proche voisine a sabré le champagne avec un grand moulinet du bras, faisant voler le bouchon presque jusqu'à notre fenêtre. Elle a bu directement au goulot avant de tendre la bouteille à son mari, un homme chauve au torse très poilu. La musique a alors commencé, et des *guarachas* ont retenti de tous côtés en même temps que les gens criaient : « Bonne année ! »

C'était aussi la fin d'une décennie. La sinistre année 1939 appartenait déjà au passé, et ma mère observait ce spectacle extraordinaire depuis son Petit Trianon, protégée derrière les murs d'une maison qu'elle transformerait peu à peu en forteresse.

Lorsqu'elle nous a aperçues à la fenêtre, notre voisine a brandi sa bouteille vers nous en criant : « Bonne année ! »

Nous sommes retournées nous coucher. Au matin, nous étions entrées dans une nouvelle décennie. Notre vie avait changé. Notre famille comportait un nouveau membre – un petit garçon qui connaîtrait davantage les bras d'une étrangère que ceux de sa mère. Petit à petit, même si nous avions du mal à l'admettre, Hortensia devenait à sa façon une Rosenthal.

L'obstination de cette femme à couvrir Gustav de talc et à lui asperger la tête d'eau de Cologne chaque fois qu'elle le changeait relevait du mystère, d'autant qu'il se mettait à hurler dès qu'elle versait sur lui cet alcool couleur lilas.

« Ça le rafraîchit », affirmait-elle.

Sur cette île, « se rafraîchir » était une manie. Ou plutôt une obsession. Ainsi s'expliquait la présence des palmiers, des cocotiers, des parasols, des ventilateurs électriques et manuels – sans parler de la limonade, que les Cubains buvaient à toute heure du jour et de la nuit. « Assieds-toi près de la fenêtre pour profiter de la brise… » « Passons de l'autre côté de la rue, on sera à l'ombre… » « Attendons que le soleil se couche… » « Va te baigner… » « Couvre-toi la tête… » « Ouvre la fenêtre pour qu'on ait un peu d'air… » Rien ou presque ne comptait plus que cette quête de fraîcheur.

Hortensia avait peint la chambre de mon frère en bleu et accroché aux fenêtres des voilages assortis aux meubles blancs. Au milieu de ses draps, bleus eux aussi, Gustav se réduisait à une petite boule de chair rose, dont les taches de rousseur et les cheveux roux se devinaient à peine. Ses seuls jouets étaient un cheval à bascule en bois abandonné près de la fenêtre et un ours en peluche gris au regard triste.

Nous lui parlions en anglais en prévision du jour où nous partirions vivre à New York avec papa. Dans ces moments-là, Hortensia nous fixait d'un air ahuri en essayant de déchiffrer cette langue si rude à ses oreilles.

« Pourquoi vouloir compliquer la vie d'un pauvre enfant qui n'a pas encore dit son premier mot ? » marmonnait-elle.

Elle s'adressait à lui en espagnol, avec une douceur maternelle et un rythme auxquels nous n'étions pas habituées.

« Et qu'est-ce que mon cher petit Polaque pense de ça, hein ? » l'avons-nous entendue dire un matin qu'elle changeait ses langes.

Nous avons ouvert de grands yeux, mais nous sommes abstenues de toute remarque et l'avons laissée continuer, nous trouvions cela amusant. C'est ce jour-là que je me suis aperçue que maman n'avait pas fait circoncire Gustav, rompant ainsi avec une ancienne tradition. Je ne la jugeais pas pour autant. Non seulement je n'en avais aucun droit, mais je voyais bien qu'elle essayait à toute force d'effacer de sa vie toute trace de faute – cette faute qui nous avait poussés à fuir un pays où j'avais cru un jour avoir ma place. Elle voulait sauver son fils, lui offrir une chance de repartir de zéro. Il était né à New York, grandissait pour l'instant à Cuba et ignorerait à jamais d'où venaient ses parents. C'était un plan parfait.

Sinon qu'à Cuba, circoncis ou pas, Gustav ne serait jamais rien qu'un Polaque parmi d'autres.

Sans consulter personne, Hortensia lui a offert un petit bijou, une épingle à nourrice en or qui retenait une petite perle et qu'elle attachait toujours à sa chemise de lin blanc, du côté du cœur. Ma mère était gênée, parce qu'elle hésitait entre la remercier, lui rendre le bijou ou le lui rembourser. Elle jugeait également dangereux de laisser une épingle accrochée sur les chemises de nuit de son fils.

« C'est de l'ambre noir, pour chasser les mauvais esprits », lui a expliqué Hortensia du ton le plus sérieux du monde.

Elle ne cherchait pas à savoir si maman l'approuvait ou pas, tant elle était sûre que nous souhaitions nous aussi le meilleur pour cet enfant.

Cette pierre noire sur sa poitrine allait devenir le talisman qui accompagnerait Gustav partout. Nous l'avons accepté en nous disant que s'il devait passer une partie de son enfance à Cuba, il faudrait bien qu'il apprenne à vivre avec les coutumes et traditions de son pays d'accueil.

Les mois suivants, mon corps a commencé à changer. Des courbes et des rondeurs sont apparues là où je m'y attendais le moins. J'ai pris l'habitude de porter des chemisiers plus amples, essentiellement à cause de la chaleur, jusqu'à ce matin où, en me regardant prendre Gustav dans le moïse, maman a soudain eu l'air de mesurer ce qui se passait. Elle a aussitôt filé dans la cuisine pour s'entretenir discrètement avec Hortensia.

Je n'étais pas prête à devenir une femme. Dans mes rêves, je voyais encore Leo comme un enfant, et cela me terrifiait de penser que, pendant que je grandissais, il demeurait dans ma mémoire aussi petit que lors de notre séparation.

Quelques jours plus tard, Eulogio est arrivé avec une livraison qui allait changer nos vies au Petit Trianon : une machine à coudre Singer, accompagnée d'un stock de fournitures si important qu'il ne tenait presque pas dans la salle à manger. J'étais ravie. Enfin, nous allions avoir une occupation concrète. J'ai tout de suite entrepris d'organiser les différents rouleaux de tissus colorés dans une armoire, avec les boîtes de boutons, les pelotes de laine, les rubans de soie, les dentelles, les élastiques et les fermetures Éclair. Et ce n'était pas tout : il y avait également de longs rouleaux de papier de soie, des mètres ruban, des aiguilles et des dés à coudre.

La petite table en fonte comportait ce qu'Hortensia appelait un « bras », c'est-à-dire un mécanisme associant une aiguille, une bobine et une courroie. À son pied se trouvait une pédale que j'adorais actionner chaque fois qu'on me demandait de bobiner une canette. Nous surnommions cette machine « la Singer », tout simplement.

À la fois créatrices de mode et couturières, maman et Hortensia ont commencé à passer leur temps à me mesurer et à concevoir des patrons pour ma nouvelle garde-robe, désormais pleine de nœuds et de dentelles. Oubliant leurs soucis, elles se sont concentrées sur des histoires de plis cousus et de volants. Puis Eulogio a apporté un mannequin qui a rendu ma mère presque euphorique. J'ose croire qu'elle a été heureuse durant cette période, même si son nouvel « uniforme cubain », une jupe noire et un chemisier blanc à manches longues boutonné jusqu'en haut, donnait plutôt à penser le contraire.

Le glamour berlinois de la Déesse avait cédé la place à la simplicité la plus discrète. En vérité, elle n'avait pas le temps ni l'énergie d'être nostalgique. Ses rituels de beauté se limitaient désormais à une coupe de cheveux occasionnelle à la maison. Une paire de ciseaux à la main, Hortensia veillait à ce que ses boucles ne descendent pas en dessous de ses épaules.

« Allez-y, Hortensia, n'ayez pas peur ! »

Ainsi encouragée, la coiffeuse novice raccourcissait prudemment de deux centimètres supplémentaires les cheveux de maman.

Hortensia tricotait également pour Gustav des gilets qu'il refusait de porter et elle amidonnait tant ses cols de chemise qu'il se mettait à hurler dès l'instant où il les voyait. Pour le calmer, elle le serrait contre elle en lui fredonnant des boléros où il était question de morts et d'enterrements. Ces chansons me donnaient la chair de poule, mais pour je ne sais quelle raison, elles semblaient apaiser mon frère.

Jusqu'à ses deux ans et demi, Gustav a développé un tempérament curieux, agité et indiscipliné. Totalement dépourvu de la réserve des Rosenthal, il n'hésitait jamais à exprimer ouvertement ses émotions. Il me considérait plus comme une tante que comme une sœur et il était très proche d'Hortensia, chose qui, loin de nous déranger, nous touchait beaucoup.

Pour lui, l'espagnol était la langue de l'affection, des jeux, des goûts et des odeurs. L'anglais, à l'inverse, renvoyait à l'ordre et à la discipline, et maman et moi lui étions manifestement associées.

Imperceptiblement, Gustav – ainsi nommé en hommage au capitaine du *Saint-Louis* – est devenu Gustavo. Cela aussi, nous l'avons accepté. La version espagnole de son prénom s'accordait mieux au garçonnet impatient qui se promenait presque toujours à moitié nu et en sueur.

Il avait un solide appétit et se régalait des plats cubains d'Hortensia : du riz accompagné de haricots noirs, des fricassées de poulet, des bananes frites et des patates douces, des soupes épaisses de légumes et de saucisses, ainsi que des desserts que j'avais appris à réaliser d'une main de maître. L'après-midi, j'aidais Hortensia à préparer les entremets avec lesquels elle le gâtait. Elle lui donnait toujours des petits noms, et je crois bien qu'elle aurait en fait aimé l'avoir pour elle toute seule.

Gustavo n'avait hérité d'aucun de nos traits, à maman et moi. Nous n'avions pas réussi à lui transmettre la moindre de nos habitudes ou traditions, et nous ignorions totalement s'il découvrirait un jour que sa langue maternelle était l'allemand et qu'il ne s'appelait pas Rosen, mais Rosenthal.

Il était le petit garçon chéri d'Hortensia. Toujours affectée par l'absence de papa, maman s'est peu à peu détachée de son éducation. L'insécurité, le manque d'informations et l'impossibilité d'envisager l'avenir l'empêchaient de se concentrer sur cet enfant qu'elle n'avait pas désiré. Il arrivait même à Gustavo de dormir dans la chambre d'Hortensia ou de passer des week-ends avec elle chez sa sœur Esperanza – qui, elle non plus, ne fêtait pas les anniversaires, Noël et le nouvel an.

Pour lui, la vie en dehors du Petit Trianon existait grâce à une humble femme payée pour prendre soin de nous. C'était elle qui le bordait dans son lit le soir, qui lui racontait des histoires effrayantes de sorcières et de princesses endormies et qui lui chantait des berceuses : « *Duérmete mi niño, duérmete mi amor, duérmete pedazo de mi corazón.* » Telle était sa formule magique pour le faire capituler jusqu'au lendemain matin.

Espiègle, fripon même, il aimait s'asseoir sur les genoux d'Eulogio derrière le volant de la voiture et faire semblant de rouler à toute vitesse.

— Tu iras loin dans ce pays, mon garçon, l'encourageait Eulogio. Tu sais déjà beaucoup de choses !

Cette prédiction nous terrifiait. Qui pouvait avoir envie d'aller loin dans ce pays, alors que nous n'aspirions qu'à partir et nous installer très loin de cette chaleur incessante ?

Trois ans plus tard, j'avais atteint la taille d'une femme adulte. Seulement j'étais trop grande pour les tropiques. Je dépassais même les garçons de ma classe, raison pour laquelle ils m'évitaient. Ils me considéraient comme l'alliée de notre enseignante. La pauvre femme faisait parfois appel à moi pour l'aider à contrôler cette bande d'ignares qui, parce qu'ils venaient de familles riches, pensaient valoir mieux qu'elle. Ils se moquaient de moi en permanence, affirmant que les Polaques ne se mariaient qu'entre eux, qu'ils ne se lavaient pas tous les jours, qu'ils étaient méchants et avides. Je faisais mine de ne pas les entendre. Ces idiots ne comprendraient jamais que je n'étais pas une Polaque et que rien ne pourrait jamais m'inciter à vouloir être acceptée parmi eux.

Maman a continué à concevoir et réaliser ses tenues tropicales noir et blanc. Nous avions perdu tout contact avec papa et n'en avions jamais eu avec Leo et son père. Qu'aurions-nous pu faire ? La Seconde Guerre mondiale avait atteint son paroxysme. Chaque soir, je priais pour qu'elle se termine. Mais, dans mes prières innocentes, je n'évoquais jamais l'éventuel perdant. Ce qui m'intéressait, c'était que l'ordre soit rétabli – et par « ordre », je pensais principalement aux services postaux internationaux. Je voulais pouvoir recevoir des lettres de Paris et en envoyer, savoir ce que devenaient nos proches.

Un mardi après-midi – forcément un mardi ! –, l'avocat chargé de nos finances a débarqué à l'improviste à la maison. C'était le plein cœur de l'été, autant dire la pire période de l'année dans cette ville perdue.

Ce jour-là, qui s'ajouterait à ma liste de mardis tragiques, j'ai compris que le *Señor* Dannón était des nôtres. Bien que les tropiques aient atténué son « impureté », il était aussi indésirable que les Rosenthal. On ne le traitait jamais de Polaque parce que ses ancêtres étaient venus d'Espagne, ou peut-être même de Turquie, mais ses parents avaient fui leur pays eux aussi et trouvé refuge sur une île. La seule différence entre nous, c'est que sa famille n'avait pas été séparée.

D'une voix bourrue, il nous a demandé de nous asseoir dans le salon. Hortensia a emmené Gustavo dehors pour qu'il ne nous dérange pas. Même si elle ne lui faisait pas totalement confiance, elle savait que notre avocat apportait toujours des nouvelles importantes.

Je ne peux pas répéter ce qu'il a dit car je n'ai pas tout saisi. Seuls les mots *camp* et *concentration* ont marqué ma mémoire. Pourquoi n'en finissions-nous pas de payer le prix de notre faute originelle ? J'avais envie de me sauver en courant dans la rue et de crier : « Papa ! » Mais qui m'aurait entendue ? Qu'avions-nous donc fait ? Combien de temps encore devrions-nous assumer ce douloureux fardeau ? J'ai enfoui mon visage dans mes mains et éclaté en sanglots. *Papa ! Papa !* Au moins pouvais-je crier son nom dans ma tête et pleurer devant le *Señor* Dannón, et tant pis si cela déplaisait à maman. *Papa !*

Dans un soudain élan de solidarité, notre avocat – qui, après tout, n'était qu'un étranger – nous a raconté qu'il avait perdu sa fille unique. Une épidémie de typhus responsable de la mort de milliers d'enfants à La Havane l'avait clouée au lit jusqu'à ce que son tout petit corps frêle succombe à la maladie. C'était pour ça que sa femme et lui avaicnt décidé de rester à Cuba, près de la tombe de leur enfant.

« Nous n'avons pas la force de pleurer sur une fille qu'on ne connaît pas, aurais-je voulu lui dire. N'espérez aucune compassion, *Señor*. Nous avons encore beaucoup de choses à pleurer et nous avons déjà épuisé presque toutes nos larmes. »

— *Papa !*

C'en était trop pour moi et j'ai crié son nom. Inquiète, Hortensia est entrée à la hâte, laissant Gustavo protester derrière elle.

J'ai couru m'enfermer dans ma chambre. J'ai pensé à Leo pour tenter de me réconforter, mais en évitant de l'imaginer à Paris. Je n'avais aucune idée de ce qu'il était devenu. Seul le Leo que j'avais connu, celui avec qui j'avais arpenté les rues de Berlin et les ponts du *Saint-Louis*, aurait pu m'aider à cet instant.

J'ai versé toutes les larmes qu'il me restait en attendant que la douleur s'estompe dans ma poitrine et que mes yeux ne trahissent plus la souffrance et la haine qui me rongeaient. Je rêvais d'une épidémie de typhus ou de n'importe quelle autre calamité susceptible de m'arracher à cet endroit. Je me voyais dans mon lit, le teint jaune, affaiblie par la fièvre, les cheveux tombant par mèches entières sur l'oreiller, sous le regard des médecins pressés à mon chevet et de maman, pâle et nerveuse dans un coin de la chambre. Et papa ? Et Leo ? Aucun d'eux n'apparaissait dans ce songe, dont je décidais pourtant du déroulement.

Maman aussi s'est enfermée dans sa chambre, où elle a passé toute la nuit en proie au désespoir. Elle avait beau étouffer ses pleurs dans son oreiller, je l'entendais quand même.

Je ne suis pas ressortie avant le lendemain matin, une fois mes larmes taries. Hortensia ne m'a pas posé de questions. Elle devait craindre le pire, mais nous avons pris le petit déjeuner comme d'habitude. Après tout, nous ne savions pas exactement ce qui était arrivé à papa.

Je n'ai pas osé demander s'il ne serait pas préférable de nous installer dans notre appartement new-yorkais, là où on pouvait apparemment admirer le lever du soleil depuis le salon avec vue sur le parc. Là où il y avait quatre saisons dans l'année et où les tulipes parvenaient à pousser. Je soupçonnais maman de craindre de ne pas réussir à échapper aux tentacules des Ogres, surtout à présent qu'ils avaient atteint les régions les plus reculées de l'Europe. Les haut-parleurs de la terreur résonnaient partout dans Paris, ville désormais drapée de rouge, de blanc et de noir, la plus horrible des combinaisons de couleurs.

Nous sentirions bientôt la présence des Ogres à Cuba. Déjà, le pays semblait les soutenir, et j'étais persuadée que les Cubains s'étaient mis d'accord avec eux pour renvoyer à son point de départ le paquebot qui aurait pu être notre salut.

À compter de cette date, maman n'a plus jamais touché à « la Singer », et il m'est apparu que, finalement, notre séjour sur cette île ne serait pas temporaire. Qu'il durerait toujours.

Anna

2014

Diego arrive tout propre et endimanché, avec une chemise soigneusement repassée et rentrée dans son short froissé, des chaussettes blanches et ses baskets noires des grandes occasions. Il a gardé ses cheveux mouillés, mais je comprends vite pourquoi : c'est son moyen à lui d'avoir l'air bien peigné. Sitôt sèches, ses boucles forment une épaisse tignasse hirsute.

Je peine à définir son odeur. On dirait un mélange de soleil, de mer et de talc. À La Havane, tout le monde se couvre de talc. On en voit sur la poitrine des femmes, sur les bras des bébés, sur la nuque des hommes. Cette poudre blanche contraste fortement avec la peau de Diego.

Les choses qui me sont interdites à New York ne semblent poser aucun problème ici. Non pas que maman ait une confiance démesurée dans ce garçon qui a plus ou moins mon âge. Simplement, elle ne veut pas contredire tante Hannah, qui soutient qu'elle n'a pas à s'inquiéter et que Diego est un bon gamin, apprécié de tous dans le quartier.

— Laisse-la s'amuser. Elle ne risque rien ici.

Je crois que je pourrais vivre à La Havane, tant je m'y sens libre. Cela n'échappe pas à Diego. Hilare, il me prend par la main pour m'entraîner dans une petite rue.

— Allons voir la mer !

Mais au premier croisement, il s'arrête net à la vue d'un chien squelettique.

— Non, passons plutôt par là, décide-t-il en faisant demi-tour et en repartant vers une avenue bordée d'arbres que je reconnais aussitôt : c'est l'Avenida Paseo, que nous avons empruntée à notre arrivée.

Diego a peur des chiens, mais je me retiens de l'interroger et je le suis sans rien dire. Je ne veux pas mettre mal à l'aise le seul ami que j'aie ici.

— Au-delà du rivage, il n'y a rien d'autre que le Nord, là où tu vis, explique-t-il. Mon père s'en est allé là-bas un jour et il n'est jamais revenu.

Nous atteignons le Malecón, la promenade bordée d'un muret qui longe la mer. De là où nous sommes, je ne saurais dire jusqu'où s'étire cette structure bétonnée décrépite. Je demande à Diego si elle encercle toute La Havane.

— Ça va pas la tête ? Le Malecón délimite juste une partie de la ville. Viens !

Bien que je ne puisse presque plus respirer, je lui obéis. Je doute de pouvoir retrouver seule mon chemin et je préfère ne pas le lâcher d'une semelle. Remonter l'Avenida Paseo jusqu'à la Calle 21 – je me répète ces directions afin de ne pas les oublier. L'Avenida Paseo, la Calle 21. De là, oui, je crois que je parviendrais à rejoindre la maison de ma tante. De toute façon, c'est la seule Allemande du quartier. Tout le monde doit la connaître et savoir où elle habite. Je ne suis pas perdue. Je ne vais pas me perdre.

Enfin, Diego s'assoit sur le mur rêche dégoulinant d'embruns salés et noirci par les gaz des pots d'échappement.

— Comment ça se passe avec ta tante ?

J'éclate de rire devant sa franchise. Il n'hésite vraiment pas à poser toutes les questions qu'il veut. Je pourrais lui répondre sur le même ton et entrer dans son jeu, mais il enchaîne sans m'en laisser le temps.

— Ma grand-mère dit que ta tante a étouffé sa mère avec un oreiller, autrefois. La vieille ne voulait pas mourir, alors l'Allemande en a eu assez et elle l'a tuée.

Je ne peux plus m'arrêter de rire. Voyant que je ne me vexe pas, il continue sur sa lancée :

— Il n'y a pas eu d'enterrement. Il paraît qu'elle conserve le corps desséché dans un sac caché au fond d'une armoire.

— Diego, on est allées au cimetière hier. On s'est recueillies sur la tombe de mon arrière-grand-mère, son nom est gravé dessus. Crois-moi, il n'y a pas de corps momifié à la maison. Mais si tu veux, tu peux venir interroger ma tante. Je parie que t'es pas cap'.

— Les Rosen sont maudits depuis le jour où ils ont débarqué à Cuba, réplique-t-il en avalant la moitié des mots tant il parle vite. Il y en a un qui est mort dans un accident d'avion. Et un autre quand les tours jumelles se sont effondrées.

— C'était mon père.

Le jeu s'arrête là. Diego redevient sérieux et baisse la tête d'un air honteux. J'attends quelques instants pour prolonger son embarras. Je ne lui dis pas que je n'ai jamais connu mon père, qu'il est mort avant ma naissance et que ça ne me gêne pas d'en parler vu qu'il en a toujours été ainsi pour moi : je n'ai aucun souvenir de lui.

Diego finit par rompre le silence et repart en courant le long du Malecón, jusqu'à une place où flotte une myriade de drapeaux et de bannières frappés d'étranges messages. Des haut-parleurs diffusent une sorte de discours que je ne comprends pas très bien : « Nous devons tout à la Révolution », « Le socialisme ou la mort », « Personne ici ne se rendra » et « Nous continuerons le combat ».

— Qu'est-ce que c'est ?

— Rien, répond Diego, amusé par mon inquiétude. On est habitués.

Il essaie de me rassurer, mais je suis certaine d'avoir mis les pieds dans une zone dangereuse. Les hommes en uniforme pourraient nous arrêter.

— Ne t'en fais pas. Tu es étrangère et ça vaut mieux que d'être cubain. Personne ne va t'arrêter. Si quelqu'un devait l'être, ce serait moi, parce que je suis avec toi.

— Allons-nous-en, Diego. Je n'ai pas envie que ma mère et ma tante se fassent du souci. On est allés trop loin.

Entre le bruit perçant des haut-parleurs et les explications de Diego, je me sens de plus en plus nerveuse, au point de commencer à trembler.

Le lendemain, à la table du petit déjeuner, tante Hannah nous attend avec une photo jaunie à la main. Ses lèvres dessinent un petit sourire et ses yeux brillent d'un éclat particulier.

— De toutes les affaires de papa, nous n'avons récupéré que ça, dit-elle en nous montrant le cliché d'une petite fille assise sur les genoux d'une femme. Il y avait aussi son étoile jaune, mais elle se trouve maintenant dans sa tombe, à l'intérieur du mausolée des Rosen. Encore une idée de ma mère.

La photo montre Alma et Hannah. La dernière image d'elles avant leur départ de Berlin. Mon arrière-grand-père Max l'a gardée sur lui durant son long supplice.

— Après que le *Saint-Louis* a été refoulé par La Havane, puis par les États-Unis et le Canada, papa a fait partie des deux cent vingt-quatre passagers recueillis par la France. Il parlait couramment le français, il connaissait déjà Paris, et c'est peut-être pour cela qu'il a atterri là plutôt qu'aux Pays-Bas ou en Belgique, comme d'autres passagers à qui ces pays ont donné asile. Deux cent quatre-vingt-sept autres ont débarqué en Angleterre et, si papa s'était trouvé parmi eux – les seuls à avoir été relativement épargnés durant la Seconde Guerre mondiale –, il y aurait aujourd'hui une autre dépouille à côté de celle de ma mère.

Tante Hannah raconte cette histoire rapidement et à voix basse, comme si elle-même répugnait à l'entendre. La froideur avec laquelle elle énonce chiffres et dates surprend maman. Puis son sourire s'estompe et ses yeux bleus s'embrument.

— La nuit du 16 juillet 1942, mon père a été victime de la rafle du Vél' d'Hiv'. Il a été arrêté par la police française avec d'autres impurs et emmené à Auschwitz, le camp de la mort… Il n'a pas survécu. Il était très faible, et je suis sûre qu'il s'est laissé mourir. Dans notre famille, on ne se tue pas, on se laisse mourir.

Elle nous dévisage et agrippe nos mains. Les siennes sont froides, peut-être à cause de problèmes circulatoires, ou peut-être parce qu'elle évoque quelque chose qu'elle aurait préféré oublier.

Restée jusqu'alors maîtresse d'elle-même, maman se met à pleurer, mais en silence, pour ne pas affecter davantage tante Hannah, qui peine déjà à aller au bout de son histoire.

— Un ami de ton arrière-grand-père, un certain M. Albert, a réussi à sauver son étoile et cette photo. Ils étaient ensemble pendant ses premiers mois à Auschwitz, et papa lui a demandé de me les envoyer en pensant que ma mère était déjà morte et qu'elle devait reposer en paix. Tout le monde avait sous-estimé Alma, commente tante Hannah en souriant de nouveau. Elle était plus forte que nous ne l'imaginions… du moins jusqu'au jour où elle n'a plus été capable de tenir. Nous aurions dû rester ensemble sur le *Saint-Louis*…

Ma tante soupire, sans paraître remarquer la mine dévastée de maman, puis enchaîne, avec résignation cette fois :

— M. Albert est venu nous voir à La Havane après la guerre.

Son sourire réapparaît, comme si elle se rappelait combien cette visite les avait emplies de gratitude, sa mère et elle.

— C'est lui qui a fermé les yeux de papa, et il se sentait redevable envers l'homme qui l'avait aidé à survivre. Quand papa est arrivé au camp, M. Albert était malade, anéanti par la perte de sa femme et de ses deux filles, et papa l'a délesté de sa charge de travail jusqu'à ce qu'il aille un peu mieux.

Tante Hannah observe un long silence avant de reprendre.

— Le travail rend libre, disaient-ils. *Arbeit macht frei.* C'était l'inscription qui figurait à l'entrée de cet enfer. Un jour, papa n'a plus eu la force de le supporter et il s'est laissé mourir. « Gardez l'étoile jaune de Max. C'était quelqu'un de bien », nous a dit M. Albert. Il nous a expliqué aussi qu'il avait été déporté à Auschwitz parce que sa famille et lui étaient témoins de Jéhovah. « Moi, je n'ai personne à qui léguer mon triangle violet », a-t-il ajouté avec tristesse. Je trouvais qu'il avait de la chance, mais il considérait que papa en avait eu plus que lui. Il ne comprenait pas l'intérêt de vivre après avoir été témoin de la mort de sa femme, de ses parents, de ses deux filles… de toute sa famille, en fait. De son point de vue, même si papa ne s'en était pas sorti, nous étions au moins toutes les deux à l'abri. Il aurait préféré ça, lui. Plutôt que de se retrouver seul, avec toutes ses pertes sur le cœur et le triangle violet des témoins de Jéhovah dans sa poche.

— Qu'est-il devenu ?

— Nous n'avons plus jamais eu de ses nouvelles, me répond tante Hannah.

Catalina ne cesse d'aller et venir entre la salle à manger et la cuisine sans vraiment prêter attention aux larmes de maman, au sourire triste de ma tante, ni même à son récit, qu'elle a dû entendre bien souvent. Tous ces morts restent des inconnus pour elle et elle a ses propres problèmes. Malgré ça, elle se montre toujours serviable, comme elle le prouve en nous apportant bientôt du café qu'elle nous sert dans de toutes petites tasses.

— Cette maison a besoin de beaucoup de roses rouges et blanches, dit-elle.

Dans mon esprit, le parfum des roses reste associé à l'arôme du café chaud que Catalina prépare selon un rituel strict. À La Havane, les gens boivent du café en permanence pour garder les yeux ouverts.

— Ma mère n'avait plus une seule larme à verser quand elle a appris l'arrestation de papa, reprend ma tante. C'est peut-être pour ça qu'elle n'a rien laissé paraître quand sa mort a été confirmée. Après avoir tant pleuré à Berlin, sur le *Saint-Louis* et dans cette sombre maison de La Havane, elle ne pouvait plus être qu'indignée de constater que les événements de Berlin se répétaient à Paris, et que papa avait été vaincu par les horreurs d'Auschwitz. Sa douleur a laissé place à une froide sérénité.

À partir de ce jour, les fenêtres et les rideaux de la maison étaient restés fermés, et la musique s'était tue à jamais. Alma avait décidé de vivre dans l'obscurité. Elle parlait rarement, ne mangeait que par nécessité et passait tout son temps cloîtrée dans sa chambre, à lire des romans français dans leur version espagnole – des traductions qui rendaient ces histoires d'antan encore plus lointaines. J'ai du mal à me représenter cette femme.

Ma tante a été surprise lorsque sa mère a fait construire un mausolée familial, non pas dans le cimetière de Guanabacoa, celui dit des Polaques, mais dans le cimetière Colón, le plus grand de Cuba.

— Chaque fois qu'elle allait superviser les travaux, elle disait : « Il y aura de la place pour nous tous ici », se rappelle tante Hannah en imitant la voix ferme de sa mère. Elle l'a fait non pas tant pour honorer la mémoire des siens que pour s'assurer que sa dépouille et la mienne seraient bien enterrées à Cuba, ce pays auquel elle a toujours reproché de ne pas nous avoir tous accueillis.

Un blanc succède à ses propos. Les yeux écarquillés, Catalina secoue la tête.

— Elle m'a fait promettre de ne jamais quitter Cuba, continue tante Hannah. Je suis censée reposer à côté d'elle sur cette île qu'elle a maudite jusqu'à son dernier souffle. « Ils paieront pendant cent ans pour ce qu'ils ont fait », répétait-elle.

Tante Hannah imite de nouveau mon arrière-grand-mère Alma en agitant théâtralement les mains en l'air. Puis elle se tait.

Nous la fixons avec étonnement. Cela n'a vraiment pas dû être simple pour elle de rester saine d'esprit toutes ces années. Elle aurait mieux fait de fuir aussi loin que possible de la malédiction qui pesait sur elle ici.

Catalina continue à s'activer, mais elle n'a pu réprimer un frisson en entendant ces propos d'Alma et elle passe une main au-dessus de sa tête comme pour éloigner d'elle le mal qui pourrait encore hanter la maison. Elle apporte ensuite un verre d'eau à tante Hannah afin de l'aider à s'éclaircir la voix et de permettre au chagrin qui l'étouffe de sortir.

— Laisse-la tranquille, Alma ! Va-t'en ! File ! dit-elle en répétant son geste au-dessus de la vieille dame.

Tante Hannah tremble. Un silence gêné s'installe tandis que Catalina va et vient dans la pièce.

— Qu'est-il arrivé à Leo ? dis-je malgré le regard de mise en garde que me décoche maman.

— C'est une autre histoire, répond tante Hannah en souriant. Après la guerre, j'ai réussi à entrer en contact avec un de ses oncles au Canada. La mère de Leo était décédée peu avant la capitulation de l'Allemagne. C'était une époque où les gens cherchaient désespérément à retrouver des survivants, à réunir des familles dispersées. Personne ne savait rien. Et puis, un jour, j'ai reçu une lettre du Canada.

Baissant la tête, tante Hannah ramène ses cheveux derrière ses oreilles et essuie son front moite de sueur avec une serviette.

— Leo et son père n'ont jamais débarqué du *Saint-Louis*.

Hannah

1950

Maman n'était plus qu'un fantôme, et Gustavo devenait de plus en plus fuyant. Eulogio le conduisait le matin au Colegio de Belén, une école catholique, et le ramenait le soir à la maison, mais nous n'avons jamais rencontré aucun de ses amis. Dès qu'il avait su marcher, Hortensia avait pris l'habitude de l'emmener tous les week-ends chez sa sœur Esperanza. Celle-ci avait un fils, Rafael, et, malgré leur différence d'âge, les deux garçons pouvaient jouer ensemble – même si Gustavo n'était pas spécialement ravi de séjourner dans une masure en bois que le premier ouragan venu aurait pu balayer et où les gens n'avaient que les mots Apocalypse et Dieu à la bouche.

Il s'est peu à peu éloigné de nous, et plus particulièrement d'Hortensia. Avec sa vitalité, son absence d'inhibitions et sa spontanéité toutes cubaines, il devait avoir honte de maman et moi. Pour lui, nous n'étions que deux femmes incapables d'exprimer leurs sentiments en public et écrasées par le poids de leurs secrets. Deux folles enfermées dans une maison où on ne trouvait aucun journal, où on n'écoutait pas la radio, où les anniversaires, Noël et le nouvel an n'étaient pas fêtés. Une maison sur laquelle le soleil ne brillait jamais.

Il s'agaçait même de notre manière de parler espagnol, trop compliquée et prétentieuse à ses yeux. Nous le regardions aller et venir comme un étranger et évitions souvent de discuter devant lui. Le soir au dîner, lorsqu'il tentait d'aborder des sujets politiques, nous faisions dévier la conversation vers des thèmes selon lui typiquement féminins et frivoles. Avec le temps, sa place à table est restée de plus en plus souvent vide.

D'après Hortensia, ce n'était là qu'une phase de rébellion propre aux adolescents et elle s'obstinait à le gâter comme s'il était son éternel bébé – alors que lui-même ne la voyait plus que comme une simple employée de maison.

C'est grâce à Gustavo que la *guaracha*, ce genre musical insupportable aux oreilles de ma mère, s'est bientôt immiscée dans la maison. Il a pris la radio qui n'avait pas servi depuis des années et l'a montée dans sa chambre, où il s'est mis à l'écouter à longueur de journée. Il m'est arrivé une fois, en passant devant sa porte, de le voir danser tout seul. Il ondulait du bassin, puis il a brusquement fléchi les jambes et entamé un jeu de pieds trépidant, suivant le rythme de ces airs insensés avec leurs phrases et leurs vers inachevés, souvent réduits à des cris rauques. À sa façon, il était heureux.

Je me suis inscrite à l'université de La Havane avec l'intention de devenir pharmacienne. Je ne voulais plus avoir à dépendre de l'argent que papa avait placé sur un compte au Canada car nous ne savions pas pour combien de temps nous y aurions encore accès. Mes études m'ont tellement absorbée que maman et Gustavo ont été relégués au second plan. De plus, la trahison de Leo, que je n'avais apprise qu'assez tard, me permettait de penser à lui moins souvent, si bien que le monde s'est véritablement réduit pour moi à des questions de chimie organique, inorganique, quantitative et qualitative. Chaque jour, je montais les marches de l'université dominées par la statue de bronze de l'Alma Mater avant d'entrer dans les salles imposantes de la faculté de pharmacie. À ce moment-là seulement, je me sentais en sécurité. La maison du quartier de Vedado s'effaçait de mon esprit durant quelques heures, ma souillure disparaissait et plus personne ne me traitait de Polaque – du moins pas en face.

Il y a juste eu ce cours durant lequel l'un de mes professeurs préférés, le *Señor* Núñez, un petit homme au crâne entièrement chauve à l'exception de deux touffes rousses derrière les oreilles, s'est approché de moi et a posé la main sur mon épaule tandis qu'il vérifiait mes équations. Le poids de cette main m'a fait percevoir un lien inexplicable entre nous. Il était comme moi ! Peut-être que Núñez n'était pas son vrai nom. Peut-être qu'il avait réussi à venir ici avec sa famille ou lorsqu'il était enfant.

Sans comprendre pourquoi, je me suis mise à trembler. J'étais si fatiguée de croiser mes fantômes ! Il s'en est rendu compte, probablement parce que lui-même s'était déjà trouvé dans une situation similaire. Sans un mot, il m'a tapoté le dos et s'est approché d'un autre étudiant pour contrôler son travail. À compter de ce jour, il ne m'a plus attribué que d'excellentes notes, même quand je ne les méritais pas vraiment.

Chaque fois que, après mes cours, j'empruntais un chemin différent pour rentrer à la maison ou que je me perdais dans les petits passages de la ville, je pensais à Leo. Je sentais ma main dans la sienne tandis qu'il m'entraînait dans les rues de Berlin. Qui pouvait expliquer la décision qu'il avait prise ? Nous traversions une sombre période qui nous affectait tous, et chacun visait le meilleur salut possible à ses yeux.

Il aurait mieux valu que je sois informée de sa trahison dès mon arrivée à La Havane, mais les choses étant ce qu'elles sont, j'ai dû attendre de nombreuses années avant de découvrir qu'il ne s'était jamais débarrassé de nos précieuses capsules. Il ne les avait pas jetées à la mer comme il me l'avait juré pendant notre dernier dîner sur le *Saint-Louis*.

Longtemps, donc, j'ai vécu dans l'espoir de le retrouver, de fonder avec lui la famille dont nous avions rêvé à l'époque où il dessinait des cartes dans l'eau.

Leo n'était pas du genre à capituler, mais le garçon resté sur le *Saint-Louis* était une tout autre personne. La douleur et le deuil produisent cet effet-là sur nous.

Je ne saurai jamais ce qui s'est vraiment passé le jour où le bateau est reparti vers l'Allemagne. J'ai décidé de croire que Leo était fier d'avoir récupéré les capsules et qu'il l'avait dit à son père. Les jeter ? Impossible ! Il avait réussi à les subtiliser aux Rosenthal. L'essentiel pour lui était de m'avoir sauvé la vie.

À proximité des Açores, alors qu'ils avaient parcouru plus de la moitié du chemin de retour vers l'enfer et qu'ils se voyaient abandonnés de tous au milieu de l'océan, sans aucune chance d'être accueillis quelque part, peut-être que Leo et son père se sont refugiés dans le seul espace où ils se sentaient en sécurité : leur modeste cabine. Là, ils se sont couchés.

Leo a rêvé de moi. Il savait que je l'attendrais avec la petite boîte bleu indigo jusqu'à ce qu'il revienne glisser à mon doigt le solitaire de sa mère, que son père lui avait donné pour moi. On s'en irait vivre au bord de l'océan, loin des Martin et des Rosenthal, loin d'un passé qui ne nous concernait pas. Nous aurions beaucoup d'enfants, tous exempts de flétrissure et d'amertume. C'était le plus beau des rêves.

À minuit, cessant de veiller sur le sommeil profond et bienheureux de son fils unique, Herr Martin s'est levé. Il a contemplé encore ce garçon aux longs cils. Comme il ressemble à sa mère ! a-t-il pensé. C'était l'être qu'il aimait le plus au monde. Son espoir, sa progéniture, son avenir.

Il a pris Leo dans ses bras aussi doucement et aussi lentement que possible, afin de ne pas le réveiller. Le corps de son enfant était chaud et vivant, il a senti battre son cœur. Il n'a pas réfléchi. Il ne voulait pas analyser ce qu'il s'apprêtait à faire. Il savait seulement qu'il n'y avait pas d'autre solution. Il y a des moments où la sentence prononcée nous apparaît claire et définitive. Pour lui, ce moment était arrivé.

Il a sorti le trésor de sa poche – ce petit étui de bronze que, ironie du sort, il avait lui-même acheté au marché noir pour Herr Rosenthal. Une fois l'embout dévissé, il a saisi une des capsules de verre, qu'il a insérée dans la bouche de son fils puis poussée du bout de l'index vers le fond, derrière les molaires, en prenant toujours bien soin de ne pas le réveiller.

Leo a soupiré. Il s'est tortillé et blotti contre son père, en quête de ce que seul celui-ci pouvait lui offrir : une protection. Herr Martin l'a serré dans ses bras. La dernière étreinte, a-t-il songé, ses lèvres tout contre la joue de cet enfant qui avait une foi aveugle en lui et qui l'admirait tant.

Croyant pouvoir se mettre à distance de cet instant déjà inévitable, il a resserré les mâchoires délicates de Leo et entendu la petite capsule de verre craquer. Le bruit a résonné tout au fond de son esprit. Leo a ouvert les yeux, mais Herr Martin n'avait pas le courage de regarder la vie s'échapper de lui. La respiration de son fils a commencé à faiblir. Il s'étranglait, ne comprenait pas ce qui se passait, ni pourquoi ce goût brûlant et amer dans sa bouche l'éloignait de son père, l'homme avec qui il était parti conquérir le monde.

Il n'a laissé échapper aucune larme ni aucune plainte. Tout est allé très vite. Ses yeux écarquillés encadrés de cils immenses fixaient déjà le vide.

Herr Martin a porté une autre capsule à sa bouche. C'était le meilleur moyen de s'assurer qu'il ne survivrait pas à cette tragédie. Il n'a pas osé pleurer ni crier – il ne ressentait qu'un profond dégoût envers tout ce qui l'entourait. Il avait tué son fils, et seule une force diabolique avait pu lui faire commettre une telle atrocité. Rien ne justifiait qu'il prolonge sa souffrance. Le cyanure de potassium s'est mêlé à sa salive, mais il n'a même pas détecté le goût et la texture de la poudre mortelle. La mort cérébrale a été immédiate. Quelques secondes plus tard, son cœur cessait de battre.

Les deux corps ont été retrouvés le lendemain, après que tous les passagers eurent reçu l'autorisation de débarquer en dehors de l'Allemagne. Un câble a informé le capitaine que les normes sanitaires ne permettaient pas d'attendre l'arrivée du bateau à Anvers pour les enterrer. Le garçon aux cils les plus longs du monde a donc été jeté à la mer avec son père, près des Açores.

C'est ainsi que je préférais m'imaginer la fin de mon seul ami, le garçon qui croyait en moi. Mon cher Leo.

Anna

2014

Très dépouillée, la chambre de tante Hannah illustre ses efforts pour effacer toute trace du passé. Voilà pourquoi elle nous a envoyé les négatifs, les cartes postales du bateau et le magazine allemand avec sa photo en couverture. Elle ne veut rien conserver.

— Ma vieille caboche est déjà bien assez remplie, dit-elle en touchant sa tempe. J'aimerais pouvoir me débarrasser de mes souvenirs aussi.

Elle est capable de s'orienter les yeux fermés sans heurter la commode, le lit, la table de chevet, le rocking-chair et le portant sur lequel elle range ses chapeaux et ses châles – il faut dire qu'elle a en tête chaque centimètre de cette vaste pièce qu'elle a cru un jour occuper provisoirement et qui, de chambre d'adolescente, est devenue avec le temps celle d'une vieille dame.

Il n'y a rien sur les murs, les meubles et les étagères. Pas même un livre. Je m'attendais à voir partout des clichés de ses jeunes années à Berlin et de ses ancêtres, mais je constate que nous sommes très différentes de ce point de vue. Je passe ma vie à accrocher des photos partout sur les murs de ma chambre, alors qu'elle les jette.

J'ai parfois l'impression qu'elle n'a pas eu d'enfance et que la fille qu'on voit sur les images de Berlin et en couverture du magazine est une autre personne, morte durant sa traversée de l'Atlantique.

En poursuivant l'exploration de la pièce, je remarque sur la commode un pot en porcelaine aux motifs bleus.

— Ça vient de ma pharmacie. Elle a été saisie par l'État. On vous prenait tout, avant, dans ce pays imprévisible, lâche-t-elle sans plus d'explications.

Elle n'est aucunement nostalgique de la Farmacia Rosen, qu'elle avait ouverte à l'angle d'une rue du quartier de Vedado. Si elle garde ce pot, c'est seulement parce qu'il lui sert à ranger des choses à l'abri de la poussière.

Dans son armoire, dont la porte ne cesse de se bloquer, je découvre les chemisiers en coton blanc et les jupes plus épaisses de couleur sombre qui sont devenus son uniforme sur le tard.

Elle sort ensuite du tiroir de sa table de nuit une petite boîte bleu indigo.

— Je n'ai conservé que ça de mes trois semaines à bord du *Saint-Louis*. Le moment de tenir ma promesse approche. Bientôt, je pourrai ouvrir cet écrin.

Je me demande comment elle a pu patienter si longtemps, résister à l'envie de découvrir ce qu'il y avait à l'intérieur. Elle savait pourtant que Leo ne reviendrait pas et qu'elle l'avait perdu à jamais.

Elle me montre également le Leica que son père lui avait donné avant leur embarquement.

— Prends-le, Anna, me dit-elle. Il est à toi. Il n'a pas servi depuis notre arrivée à La Havane. Peut-être qu'il fonctionne encore.

Elle s'apprête à refermer le tiroir lorsque j'entrevois une photo au dos de laquelle figurent ces quelques mots : « New York, 10 août 1963. »

Comme je lui montre de l'intérêt, tante Hannah la saisit et la contemple longuement. Il s'agit du portrait d'un homme en pardessus, pris devant une entrée de Central Park.

— C'est Julian, avec un J, dit-elle en souriant.

Comme je n'ai jamais entendu ce nom, j'attends qu'elle m'en dise plus. À en juger par le regard d'Hannah – et aussi par l'absence de ce Julian sur les clichés que nous avons reçus à New York –, il ne fait pas partie de notre famille.

— On s'est rencontrés à l'université de La Havane. C'était une époque très agitée, déclare-t-elle, les yeux toujours rivés sur la photo noir et blanc, floue et légèrement plissée. On s'est perdus de vue pendant quelques années, quand il est allé poursuivre ses études à New York. Puis il est revenu, on s'est retrouvés dans ma pharmacie et on est restés inséparables jusqu'au jour où il est reparti. Tout le monde part d'ici, sauf nous !

Quand je lui demande si Julian était son petit ami, elle éclate de rire. Sans me répondre, elle range la photo dans son tiroir, se lève péniblement et sort dans le couloir.

Deux portes fermées à clé séparent sa chambre et la nôtre, et il ne lui échappe pas que je les examine avec une grande curiosité, même si je n'ose pas la questionner.

— C'était la chambre de Gustavo. Il est devenu un monstre par notre faute, et je n'ai pas voulu installer ton père ici quand il est arrivé chez nous. À ce moment-là, il incarnait notre seul espoir. Maintenant, c'est toi qui as pris la relève.

En redescendant avec elle au rez-de-chaussée, je me tiens à la rampe et l'observe poser prudemment un pied après l'autre sur les marches. Ce n'est pas qu'elle craint de tomber, elle veille simplement à garder le dos bien droit. Au passage, j'effleure les murs en essayant d'imaginer papa à mon âge dans ce même escalier, avec cette femme qui lui avait épargné de grandir aux côtés d'un « monstre ». Ses parents étaient morts dans un accident d'avion, sa grand-mère vivait prostrée dans son lit, alors sa tante avait pris soin de lui. Il avait été élevé ici, protégé par cette petite forteresse de Vedado, et le destin avait voulu qu'il soit le seul à quitter l'île où les Rosenthal avaient fait le vœu de mourir.

Tante Hannah semble en avoir terminé avec ses explications, mais depuis qu'elle a parlé de son frère comme d'un « monstre », elle doit bien se douter que j'aspire à en savoir plus. Un vide sépare les années d'études de Gustavo et son accident d'avion. Tant pis, je l'interrogerai une autre fois. Il y a un temps pour tout.

Nous nous figeons sur le seuil de la porte d'entrée et contemplons quelques instants le jardin où, me dit-elle, il y avait autrefois des poinsettias, des bougainvillées et des buissons de croton multicolores.

— Tout dépérit ici. J'aurais tellement voulu faire pousser des tulipes. Mon père et moi les adorions.

Pour la première fois, je sens une profonde nostalgie dans sa voix. Ma tante semble au bord des larmes – des larmes qui ne coulent jamais, mais qui gonflent ses yeux et en accentuent le bleu.

Je la laisse avec maman. Diego m'attend pour me faire découvrir une autre partie secrète de la ville. Lorsque je le rejoins, il m'accueille comme d'habitude par une réflexion maladroite :

— Ta tante doit avoir au moins cent balais !

Hannah

1953

À Cuba, les choses changent sans prévenir. On a beau être sorti sous un soleil de plomb, il suffit d'un nuage poussé par le vent pour que tout se transforme et qu'on se retrouve trempé jusqu'aux os en un instant, sans avoir eu le temps d'ouvrir son parapluie. L'averse s'abat. Le vent vous ballotte. Des branches sont arrachées et des jardins, inondés. Quand cela s'arrête, une vapeur étouffante s'élève de l'asphalte. Les odeurs se mélangent toutes, les façades des maisons apparaissent délavées, des gens affolés courent partout. Au bout d'un moment, on s'y habitue. Les pluies tropicales sont comme ça. On ne peut rien contre elles.

J'ai senti une première goutte sur l'Avenida 23. J'ai bifurqué au plus vite vers la Calle L, mais trop tard. J'étais déjà trempée. Le temps que j'arrive à la faculté de pharmacie, cependant, le soleil brillait de nouveau et mon chemisier commençait à sécher. Seuls mes cheveux dégoulinaient encore.

Brusquement, des dizaines d'étudiants ont dévalé les marches en se bousculant comme s'ils fuyaient un danger. Certains, perchés au sommet de la sculpture de l'Alma Mater, agitaient un drapeau en l'air et criaient des slogans, vite couverts par les sirènes des voitures de police qui venaient de piler devant l'université.

Une fille paniquée s'est accrochée à mon bras en pleurant. Nous ne savions pas s'il fallait continuer à avancer ou plutôt nous éloigner le long de l'Avenida San Lázaro.

Les cris sont devenus assourdissants. Puis nous avons entendu quelque chose frapper un objet métallique. Était-ce une balle de fusil ? Nous sommes restées pétrifiées jusqu'à ce qu'un garçon accoure vers nous et nous dise de nous jeter à terre – ce que nous avons fait. Plaquée contre les marches humides, j'ai enfoui mon visage dans mes mains. La fille près de moi s'est finalement sauvée en courant. Je me suis rapprochée autant que possible du mur pour éviter d'être piétinée et j'ai attendu là, immobile.

— C'est terminé, a dit le garçon.

Je n'ai pas réagi tout de suite. Durant quelques secondes encore, je n'ai pas bougé, et je n'ai levé les yeux que lorsque je me suis aperçue que le calme était revenu. Le type était toujours là, avec mes livres sous le bras. Il m'a tendu la main pour m'aider à me redresser.

— Debout, il faut que j'aille en cours.

Sans le regarder, je me suis appuyée sur lui afin d'ajuster ma jupe et tenter de nettoyer mon chemisier.

— Tu ne veux pas te présenter ? Je ne te rendrai pas tes livres tant que tu ne m'auras pas dit ton nom.

— Hannah, ai-je répondu à voix basse.

Il a haussé un sourcil interrogateur.

— Ana ? Tu as bien dit Ana ? Tu es étudiante en pharmacie ?

Encore un ! Je n'en finirais décidément jamais d'expliquer comment je m'appelais.

— Oui, Ana, mais ça se prononce comme s'il y avait un J au début, ai-je répliqué d'un ton agacé. Et effectivement, je suis en dernière année de pharmacie.

— Tout le plaisir est pour moi, Ana avec un J. Maintenant je dois filer.

Il a remonté les marches deux à deux. Arrivé entre les colonnes à l'entrée du bâtiment, il s'est retourné vers moi.

— À la prochaine, Ana avec un J !

Plusieurs enseignants ne sont pas venus ce jour-là. Réunis dans une salle, quelques étudiants effrayés parlaient tout bas de tyrans, de dictature, de coup d'État et de révolution. Personnellement, je n'avais peur de rien de ce qui se passait autour de moi. L'université était en ébullition, mais je ne cherchais ni à savoir pourquoi ni surtout à prendre part à des événements qui ne me concernaient pas.

À la fin des cours, je me suis attardée pour essayer de nettoyer mon chemisier au lavabo. Peine perdue, il était irrécupérable, et j'étais de mauvaise humeur quand je suis sortie du bâtiment et que j'ai découvert le garçon appuyé au chambranle de la porte principale.

— C'est toi qui étais dehors sur les marches, tout à l'heure, n'est-ce pas ? ai je lancé sans m'arrêter, comme s'il ne m'intéressait pas.

— Je ne t'ai pas dit mon nom, Ana avec un J. C'est pour ça que je suis ici. Ça fait une heure que je poireaute.

J'ai souri, je l'ai remercié et j'ai continué à descendre l'escalier. Il m'a emboîté le pas en m'observant, sans rien dire. Sa présence ne me gênait pas – j'étais même curieuse de voir jusqu'où il comptait me suivre.

Le ciel s'était un peu éclairci, mais des nuages sombres se dessinaient au loin, tout au bout de l'Avenida San Lázaro. J'ai songé à faire remarquer qu'il pleuvait peut-être à quelques rues de là, avant de me raviser. Je n'avais pas envie de raconter n'importe quoi juste pour nourrir la conversation. À la fin, c'est lui qui a rompu le silence.

— Je m'appelle Julian. Tu vois, la lettre J nous unit.

Je n'ai pas trouvé ça particulièrement drôle, et je n'avais toujours pas décroché un mot lorsque nous avons atteint la dernière marche.

— Je suis étudiant en droit.

J'ignorais complètement quelle réaction il attendait de moi, aussi suis-je restée silencieuse jusqu'à ce que nous arrivions au croisement de la Calle L et de l'Avenida 23, où je tournais chaque jour à gauche pour rentrer à la maison. Parce qu'il devait partir dans l'autre sens, nous nous sommes dit au revoir à l'angle des deux rues. Ou plutôt, *il* m'a dit au revoir. Moi, je n'ai réussi qu'à lui serrer la main.

— À demain, Ana avec un J, l'ai-je entendu crier alors qu'il s'éloignait sur l'avenue.

C'était le premier Cubain qui me témoignait de l'attention. Et, apparemment, même lui refusait de prononcer mon nom correctement. Il avait les cheveux un peu trop longs à mon goût, des boucles rebelles qui lui tombaient sur le front, un long nez droit et des lèvres charnues. Lorsqu'il souriait, ses yeux se plissaient sous ses sourcils noirs très fournis.

Je n'avais encore jamais rencontré un garçon plus grand que moi ici, mais ce qui me frappait le plus chez lui, c'était ses mains aux doigts longs et épais. Des mains puissantes. Il portait une chemise dont il avait roulé les manches, pas de cravate, une veste jetée négligemment sur l'épaule et des chaussures éraflées et sales, peut-être à cause de l'agitation que nous avions connue quelques heures plus tôt.

Depuis que nous vivions à La Havane, je ne m'étais pas du tout souciée de me faire des amis. Pourtant, en rentrant à la maison ce jour-là, je me suis surprise à penser encore à ce Julian. Le plus déconcertant était que, chaque fois que je me remémorais son visage ou sa voix quand il m'appelait « Ana avec un J », je ne pouvais m'empêcher de sourire.

Aller en cours représentait déjà une échappatoire, mais j'avais à présent une autre raison de fuir le Petit Trianon : « le garçon avec un J ». Le lendemain, je suis arrivée tôt à la faculté de pharmacie – pour rien car il n'était pas là. J'ai attendu devant le bâtiment jusqu'à la dernière minute. Il vaut mieux oublier quelqu'un qui ne s'était pas donné la peine de prononcer correctement mon nom, me suis-je dit. Juste au moment où j'allais entrer en cours, quelques instants seulement avant que la porte soit fermée, j'ai eu un choc en sentant sa main sur mon bras. Sans réfléchir, je me suis tournée vers lui en souriant.

— Je suis venu parce que tu ne m'as pas dit ton nom de famille, Ana avec un J.

J'ai rougi. Pas à cause de sa remarque, mais parce que je craignais qu'il ne devine combien j'étais ravie.

— Rosen, ai-je répondu. Mon nom de famille est Rosen. Il faut que j'y aille maintenant, sinon le prof me renverra.

J'aurais dû lui retourner la question, mais j'étais trop nerveuse. Quand je suis sortie cet après-midi-là, j'ai été déçue de ne pas le trouver au même endroit que la veille. Idem le lendemain. Une semaine s'est écoulée sans que le garçon de l'escalier réapparaisse. Et pourtant je continuais de penser à lui. Dès que j'essayais d'étudier ou de dormir, je me rappelais son rire ou je songeais à ses boucles que j'aurais voulu lisser.

Je ne l'ai pas revu.

À la fin de mes études, j'ai confié à ma mère mon envie de diriger ma propre pharmacie. Ce projet ne l'emballait pas, parce qu'elle y voyait une forme d'intégration difficile à accepter pour elle qui détestait ce pays, même si, quatorze ans après notre arrivée, il était peut-être temps de nous faire une raison. Le *Señor* Dannón, avec qui elle en avait discuté, a été le premier à me soutenir avec enthousiasme, et, ce, d'autant plus que cela nous procurerait une nouvelle source de revenus.

Nous avons ouvert la Farmacia Rosen par un samedi nuageux de décembre, en face d'un parc tout proche de notre maison où poussaient des flamboyants. Maman était réticente à l'idée de faire ça un week-end. Elle aurait préféré un lundi, mais, pour moi, ce jour-là était trop proche du mardi. Comprenant que je ne céderais pas, elle a décidé de ne pas assister à l'inauguration.

Cela a été le début d'une période pendant laquelle j'ai passé toutes mes journées, et très souvent une partie de mes nuits, à préparer des ordonnances et à vivre dans un monde où tout se mesurait en grammes et en millilitres. Pour m'aider, j'ai embauché la sœur d'Hortensia, Esperanza. Elle est très vite devenue « le visage » de la pharmacie, ou plutôt de l'échoppe d'apothicaire, comme elle aimait l'appeler. Elle avait un bon contact avec les gens – une qualité prétendument peu répandue parmi les Cubains – et c'était elle qui servait les clients derrière le petit comptoir. Indulgente et très patiente, elle écoutait toujours les plaintes des habitants du quartier qui venaient parfois chercher non pas des médicaments, mais simplement une oreille attentive et un peu de réconfort auprès de cette femme posée au regard franc. Bien plus jeune qu'Hortensia, même si cela ne se voyait pas, elle ne s'épilait pas les sourcils et ne portait pas de rouge à lèvres. Il n'y avait jamais la moindre trace de maquillage sur ce visage aux traits durs qui respirait pourtant la bonté.

Esperanza a retiré son fils Rafael du collège afin qu'il effectue nos livraisons à domicile. Ce grand garçon tout mince aux cheveux bruns et raides, au nez aquilin, aux yeux en amande et à la bouche démesurée était aussi poli et respectueux que sa mère. Tous deux vivaient dans un état de stress permanent. Sur une île où la plupart des gens pratiquaient la même religion, ils se distinguaient par la leur et péchaient par leur différence.

Pourtant, et je ne l'ai d'ailleurs jamais compris, ils saisissaient parfois l'occasion de glisser « la parole de Dieu » dans leurs messages consolateurs, alors même qu'ils vivaient dans la peur. « Notre mission est de répandre la parole divine », m'expliquaient-ils. Heureusement, ils n'ont jamais tenté de me convertir. Hortensia avait dû leur dire que j'étais une Polaque et qu'il valait mieux laisser les Polaques tranquilles.

Je me sentais bien avec Esperanza et Rafael, à bonne distance de l'amertume et de la douleur grandissantes de ma mère. Elle avait perdu papa, se trouvait piégée dans un pays qu'elle détestait et n'avait plus aucune autorité sur son fils Gustavo. Elle voyait dans la pharmacie l'expression de mes efforts pour être heureuse, et c'en était trop pour elle qui demeurait persuadée que le bonheur resterait à jamais inaccessible aux Rosenthal. Mourir prématurément était notre lot et prétendre le contraire ne rimait à rien.

De mon côté, quitter la maison n'allait pas sans risques. Des fantômes pouvaient me surprendre à tout instant. Voilà pourquoi j'avais engagé Esperanza : je savais que si je servais moi-même les clients, un jour viendrait où quelqu'un comme moi entrerait dans la pharmacie, me reconnaîtrait et tenterait de nouer un dialogue que j'avais jusqu'alors réussi à éviter.

Rafael m'accompagnait dans les entrepôts où j'allais chercher des colis volumineux. En chemin, je m'efforçais de ne pas établir de contact visuel avec les passants. Je baissais les yeux dès que quelqu'un s'approchait trop ou que nous croisions un groupe de jeunes. Et si j'apercevais une vieille dame, je changeais de trottoir. J'étais convaincue que, tôt ou tard, je finirais par rencontrer l'un d'*eux* quelque part. C'était ma plus grande angoisse.

Un mardi que nous longions la Calle I en direction de Línea, nous avons traversé un jardin. J'admirais les roses qui poussaient de chaque côté de l'entrée principale quand, en levant les yeux, j'ai découvert en face de moi un bâtiment d'allure moderne, mais à la porte surmontée d'inscriptions antiques. Des inscriptions que j'ai tout de suite reconnues malgré les années passées. Trois filles vêtues de blanc sont sorties pile à cet instant. J'étais paralysée. À coup sûr, elles avaient deviné qui j'étais. Mes fantômes m'avaient encore rattrapée. Je me suis mise à transpirer à grosses gouttes.

Rafael m'a soutenue, sans avoir la moindre idée de ce qui se jouait là. Je me suis détournée en essayant de ne pas prêter attention à ces filles, mais, en jetant un coup d'œil derrière moi, j'ai surpris leurs sourires ironiques et leurs mines perverses et satisfaites. Elles m'avaient débusquée. Je ne pouvais pas me cacher. Nous étions de la même race, elles et moi. Des réfugiées sur une île. Nous avions fui la même chose, mais il n'y avait pas d'issue pour nous.

Rafael m'a dévisagée avec perplexité.

— C'est l'église des Polaques, a-t-il dit comme si je ne l'avais pas deviné.

Il ne comprenait pas que j'aurais préféré l'ignorer.

Nous avons pris un autre chemin en revenant de l'entrepôt, et, à compter de ce jour, la Calle I a cessé d'exister pour moi.

Presque tous les soirs, Esperanza, Rafael et moi bavardions quelques instants avant de fermer les portes de la pharmacie. Nous éteignions les lumières pour éviter que quelqu'un entre et nous interrompe, et nous discutions de nos clients – le vieux grincheux qui vivait à l'étage au-dessus de nous et qui recomptait chaque pilule fournie en échange de son ordonnance, la femme qui demandait à Rafael de lui faire ses injections lorsqu'elle recevait ses ampoules, ou encore cet homme qui, chaque fois qu'il passait chercher les médicaments de son épouse, prévenait mon employée qu'il n'avait absolument aucune envie qu'on le bassine avec Dieu. Parfois aussi, je restais seule des heures durant, à regarder tourner le ventilateur bruyant au plafond. Il pendait si bas que je pouvais presque le toucher en levant le bras.

Nous écoutions souvent de la musique à la radio tous les trois, et Esperanza faisait défiler les stations en quête de boléros. Nous adorions les chansons qui parlaient d'amours impossibles, de bateaux sans destination, d'abandons, d'obsessions, de chagrins, de pardons, de lunes semblables à des boucles d'oreilles, de palmiers bruissant dans le vent, d'étreintes volées et de nuits sans sommeil. Ces mélodrames se mêlaient au doux parfum des potions, du camphre, du menthol, de l'éther, des sels de Vichy et de l'alcool utilisé pour faire baisser la fièvre – les produits les plus vendus à l'époque.

On riait bien ensemble. Esperanza chantait des boléros pendant que nous nous reposions après une longue journée. Puis elle repartait chez elle avec son fils et je regagnais le sombre Petit Trianon.

Hortensia ne cessait de me remercier d'avoir donné du travail à sa sœur et à son neveu. Elle ne pouvait pas comprendre que c'était moi qui leur étais reconnaissante. Il m'aurait été très difficile de trouver d'autres employés dignes de confiance pour ma pharmacie – laquelle, d'après maman, était condamnée à la faillite au motif que je l'avais ouverte un samedi.

Quelques années plus tard, Gustavo a entamé des études de droit. Il revenait moins souvent dormir à la maison et nous n'osions pas lui demander avec qui ni où il logeait. Nous n'étions pas très rassurées, d'autant qu'une vague de violences secouait La Havane, selon Hortensia, mais après tout ce que nous avions traversé à Berlin, rien ne pouvait nous empêcher de dormir, maman et moi. En ce qui me concernait, la ville était toujours la même : bruyante, chaude, humide, pluvieuse et poussiéreuse.

Un soir que nous étions déjà tous au lit, Gustavo est rentré sans prévenir. Sale, la chemise déchirée, il avait manifestement été battu. Hortensia l'a emmené chez elle pour nous épargner ce spectacle effrayant, mais nous l'avons aperçu tout de même, par ma fenêtre. Maman n'a pas cillé.

Une fois lavé et changé, Gustavo est monté dans sa chambre et n'a plus quitté la maison pendant une semaine. Nous ignorions s'il fuyait quelque chose, si la police le recherchait ou s'il avait été renvoyé de l'université – que nous payions toujours scrupuleusement. L'attitude de maman à son égard ne variait pas :

— C'est un adulte. Il sait ce qu'il fait.

À la fin de la semaine, il nous a annoncé pendant le dîner qu'un chef du mouvement estudiantin avait été assassiné et que l'université de La Havane était fermée. Je n'ai pas pu m'empêcher de penser à Julian. Je l'entendais encore très clairement m'appeler « Ana avec un J » et je l'ai imaginé sortant de la faculté de droit. *Où es-tu allé, Julian ? Pourquoi n'as-tu pas essayé de me revoir ?*

L'odeur de la fricassée de poulet que Gustavo avalait avec appétit m'a ramenée à la réalité. Mon frère agitait les bras avec passion en déblatérant sur la mort, la dictature, l'oppression et les inégalités. Hortensia avait enroulé une bande de gaze autour de sa tête, et je ne pouvais détacher les yeux de ce pansement tandis que le visage de Gustavo rougissait, échauffé par la fureur et l'impuissance. Lui criait presque tandis que, moi, je répondais en murmurant. Cela l'exaspérait et le poussait à redoubler inutilement d'efforts pour me provoquer. Hortensia allait et venait nerveusement, débarrassant nos assiettes et remplissant nos verres d'eau. Elle a apporté le dessert avec un soulagement évident. Le repas tirait à sa fin, cette dispute serait donc bientôt terminée et nous retournerions chacun dans notre chambre.

Puis une tache rouge est apparue sur le pansement de Gustavo – un tout petit point que les autres n'ont pas remarqué tout de suite, et qui s'est progressivement étendu jusqu'à ce qu'un filet de sang commence à couler vers son oreille.

J'ai repris connaissance par terre, entre Hortensia et Gustavo. Il avait un nouveau bandage autour de la tête, sans plus aucune trace de sang. J'ai senti la chaleur revenir dans mon corps.

— Debout, ma fille, a dit Hortensia en souriant. Va manger ton dessert. Comment peut-on s'évanouir devant une simple goutte de sang ?

Maman n'avait pas quitté sa place. Je l'ai vue porter lentement une cuillerée de riz au lait à sa bouche. Lorsque je me suis redressée, elle s'est excusée et s'est retirée dans sa chambre.

Mon évanouissement ne l'avait pas inquiétée. Ce qui la dérangeait en revanche, c'était que Gustavo associe Hortensia à une querelle familiale et qu'il puisse être impliqué dans un meurtre, que ce soit du côté des criminels ou de la victime. Dans les deux cas, elle jugeait cela inacceptable, parce qu'elle avait pris la décision de survivre ici sans attirer l'attention. Après tant de sacrifices pour effacer la flétrissure qu'elle avait transmise à son fils en le mettant au monde, elle le découvrait soudain mêlé à des conflits potentiellement funestes pour les Rosen.

Gustavo ne comprenait pas comment nous pouvions nous montrer si insensibles et ne pas réagir aux injustices commises dans un pays qu'il considérait comme le sien. Comment nous pouvions rester à l'écart de tout ce qui se passait autour de nous. Il réclamait des explications, mais je n'avais plus l'énergie de poursuivre une conversation qui ne nous mènerait nulle part. J'avais une mère qui risquait de perdre l'esprit du jour au lendemain et une pharmacie à gérer, ne cessais-je de me répéter.

Avec sa fougue habituelle, il m'a tenu tout un discours sur les droits sociaux, les tyrans et les gouvernements corrompus.

Qu'est-ce que tu connais à la tyrannie ? avais-je envie de rétorquer. Mais mon frère était né avec le besoin d'affronter le pouvoir et de changer l'ordre établi. La passion qui émanait de son discours, ses gestes agressifs et l'intensité de sa voix nous ont fait paniquer, Hortensia et moi. Nous avions le sentiment qu'il pourrait très bien un jour sortir en furie dans la rue et organiser une révolte nationale. Il ne croyait plus du tout aux lois et au gouvernement d'un pays sur le point de s'effondrer, selon lui.

— Tu es né à New York et tu as la citoyenneté américaine. Tu es libre de partir, lui ai-je rappelé.

Cela lui a fait l'effet d'une gifle.

— Aucune de vous ne me comprend ! Vous n'avez donc pas de sang dans les veines ! a-t-il crié, exaspéré, en se prenant la tête entre les mains.

Puis il s'est levé en jetant rageusement son assiette dans un coin de la salle à manger. Hortensia s'est précipitée pour nettoyer le mur souillé par son dessert, non sans me couler un regard implorant.

— Laisse-le, ça lui passera, m'a-t-elle dit à voix basse, telle une mère soucieuse de protéger son fils de ses propres erreurs.

C'était elle qui souffrait le plus de voir le fossé se creuser entre Gustavo et nous. Elle s'inquiétait à l'idée que son enfant adoré s'attire des ennuis.

— Qui le défendra s'il lui arrivait quelque chose ? a-t-elle marmonné. Trois femmes enfermées dans une maison comme celle-là ?

Ce soir-là, Gustavo a claqué la porte de sa chambre, balancé des affaires par terre et fait les cent pas en se parlant à lui-même. Il a ensuite allumé sa radio et nous a infligé une *guaracha* à plein volume. Une demi-heure plus tard, il est redescendu avec une valise. La porte d'entrée s'est refermée derrière lui et il a disparu.

Nous n'avons plus entendu parler de lui jusqu'à la fin de cette année mouvementée durant laquelle tout a changé radicalement. Ce matin-là, maman a prédit qu'il ne s'écoulerait pas longtemps avant qu'on vive de nouveau dans la terreur.

Anna

2014

Maman et tante Hannah ont maintenant un projet en tête : vider les chambres d'une famille qui n'existe plus. Je les surprends à faire des messes basses comme si elles se connaissaient depuis toujours.

Tante Hannah est enfin parvenue à ouvrir un tiroir grippé et elle en tire un tas d'écharpes en laine de différentes couleurs. Cela étonne maman. Des écharpes dans un pays tropical ?

— Rapporte-les avec toi à New York, dit ma tante en les enroulant une à une autour de mon cou.

Elle saisit également ses aiguilles à tricoter et une pelote de laine. Cette fois, c'est moi qui suis étonnée. Je ne vois pas quel intérêt on peut trouver à tricoter des affaires que personne ne portera jamais.

— Cela soulage mon arthrite, explique tante Hannah en redescendant l'escalier, appuyée au bras de maman.

Je laisse cette nouvelle collection d'écharpes sur mon lit – c'était bien le dernier cadeau que je m'attendais à recevoir à Cuba – et je préviens ma mère et ma tante que je sors avec Diego. Sa mère m'a invitée à déjeuner et il est passé me chercher.

Autrefois blanche, la maison de Diego se distingue par sa solide porte en bois qui semble avoir survécu à bien des intempéries au fil des ans. À droite de l'encadrement, je remarque un petit objet que l'on distingue à peine sous de multiples couches de peinture. Sous le regard perplexe de Diego, je me fige, puis m'approche un peu. C'est une mezouzah. Une mezouzah ! Je n'en crois pas mes yeux.

À l'intérieur de la maison, il y a des cartons partout, comme en prévision d'un déménagement. Diego m'explique qu'ils servent à entreposer des trucs.

— Quel genre de trucs ?

— Des trucs, dit-il, un peu désarçonné par ma curiosité.

Une nappe en vinyle recouvre la table de la salle à manger, que nous trouvons déjà dressée. La mère de Diego arrive alors, sourit sans se présenter et m'embrasse. Elle est aussi fine que lui, avec des cheveux bruns bouclés, un long cou et une poitrine tombante. Sa robe très moulante fait paraître son ventre énorme, en revanche. Avant qu'on s'assoie, Diego lui explique rapidement que ma mère est professeur d'espagnol, raison pour laquelle je parle cette langue, que je ne suis pas allemande, que j'habite à New York et que nous avons presque le même âge, lui et moi. Je souris sans dire un mot.

Elle nous apporte un grand bol fumant de riz blanc, une soupe foncée et un plat coloré d'œufs brouillés. J'examine le tout rapidement pour voir s'il y a des saucisses, des légumes ou des tomates, mais je ne saurais pas dire ce que sont les fines lamelles jaunes et vertes.

Je me sers de toutes petites quantités afin de ne pas les gêner au cas où je n'aimerais pas ça, et tandis que nous entamons le repas, j'observe les photos de famille sur les murs en essayant de repérer quelqu'un qui ressemblerait à mon ami cubain ou à sa mère. Peut-être que ces portraits sont ceux de ses grands-parents ou de ses arrière-grands-parents.

Je cesse de manger en remarquant une menorah sur un buffet. La mère de Diego s'aperçoit de ma surprise.

— Ne t'inquiète pas, dit-elle, nous n'avons plus de bougies, mais il n'y aura probablement pas de coupure de courant aujourd'hui. Le mois dernier, en revanche, nous en avons eu plusieurs – ils font ça pour économiser l'énergie. Mange, ma petite, mange.

D'abord la mezouzah, ensuite la menorah. Sans compter les photos de leurs ancêtres. Mieux vaut poser la question à mon hôtesse :

— Ce sont vos parents ? dis-je en lui montrant un couple.

Elle éclate de rire et lève une main devant sa bouche pleine, le temps de finir de mâcher rapidement son riz et ses haricots.

— Non, ce sont les gens qui vivaient ici avant. On nous a donné leur maison quelques jours après qu'ils ont quitté le pays. J'avais ton âge à l'époque.

Je ne comprends pas comment les biens de cette famille ont pu tomber entre les mains d'une autre. Les parents de Diego ont-ils emménagé dans une maison abandonnée ?

— Il y a plus de trente ans, le pays a traversé une crise importante et le gouvernement a autorisé beaucoup de Cubains à s'exiler. Ces personnes ont traversé la mer dans des bateaux que leurs proches leur avaient envoyés des États-Unis. Ç'a été des mois terribles. Les journaux les qualifiaient d'ennemis du peuple, d'ordures et de traîtres. « Bon débarras ! » disaient les unes de l'époque. Je me souviens que le jour où les occupants de cette maison sont partis, les voisins les attendaient dehors pour les insulter. On appelait ça un « acte de répudiation ».

La mère de Diego ne cesse de manger en parlant. J'imagine qu'après tant d'années, cela ne l'émeut plus autant.

— Ils leur ont craché dessus en criant : « Foutez le camp, sale vermine ! » La fille de cette famille allait à l'école avec moi et je ne voyais pas quel crime ils avaient commis pour mériter ça, ni comment on pouvait traiter de vermine une gamine de douze ans. Je n'ai jamais oublié le regard qu'elle m'a lancé depuis la voiture qui les emmenait.

Je cherche cette fille sur les photos accrochées aux murs, mais je ne la trouve nulle part.

— Il y avait tant de haine et de douleur dans ses yeux, continue la mère de Diego, l'air sérieux à présent. Aujourd'hui la vermine s'est transformée en papillon et nous l'accueillons à bras ouverts.

Un rire lui échappe puis elle reprend :

— Tout change au fil du temps… ou de nos besoins. Le gouvernement a donné cette propriété à mes parents. Ils étaient sur la liste des personnes en attente d'un logement depuis qu'un ouragan avait arraché le toit de notre maison.

Je ne saisis pas tout ce qu'elle raconte, mais je l'imagine dans la chambre de cette fille qui l'avait regardée avec tant de mépris, au milieu des vêtements et des jouets qui étaient devenus les siens, faisant d'elle une usurpatrice.

— Au début, je n'arrivais pas à dormir dans cette grande pièce avec tous ces rideaux, mais, petit à petit, je m'y suis habituée.

Elle s'interrompt et va chercher dans la cuisine un flan à la vanille qui baigne dans un sirop au léger goût de réglisse.

— Mes parents ont laissé la maison exactement dans l'état où elle était, dit-elle après avoir servi le dessert, qu'elle attaque rapidement comme si elle avait peur qu'il ne disparaisse. Les portraits, les meubles… tout ce qu'il y avait ici est resté à sa place.

Son récit s'achève en même temps que le repas. Pendant qu'elle débarrasse la table, je m'approche d'une bibliothèque poussiéreuse et tombe en arrêt devant un livre ancien relié en cuir. Le titre est en anglais, et c'est le plus long que j'aie jamais vu : *La Vie et les Aventures étranges et surprenantes de Robinson Crusoé de York, marin, qui vécut 28 ans sur une île déserte sur la côte de l'Amérique, près de l'embouchure du grand fleuve Orénoque, à la suite d'un naufrage où tous périrent à l'exception de lui-même, et comment il fut délivré d'une manière tout aussi étrange par des pirates. Écrit par lui-même.*

Je me tourne vers Diego.

— Je peux presque te réciter ce livre par cœur. Pour moi, mon père était Robinson, et j'étais jalouse de Vendredi.

Il me dévisage sans comprendre.

Je me retourne vers la bibliothèque et feuillette le livre. Avant, comme Robinson, j'écrivais certains soirs toutes les choses, bonnes et mauvaises, qui m'étaient arrivées. Je me rappelle encore un grand nombre de mes commentaires.

Par exemple : « Point négatif : je n'ai pas connu mon père. Point positif : j'ai sa photo et je lui parle tous les jours. Je sais qu'il est avec moi et qu'il me protège. » Ou encore la première page de mon journal intime, inspiré de celui de Robinson, que j'avais rédigée le jour de mon septième anniversaire : « 12 mai 2009. Moi, Anna Rosen, malheureuse enfant ayant perdu son père à la suite d'une terrible attaque au beau milieu d'une île, j'ai atteint seule ce rivage. »

Je prononce ces mots à voix haute en anglais, en oubliant que Diego ne parle pas ma langue.

Il me regarde comme si j'étais devenue folle, puis se met à rire.

— Je peux prendre ce livre ?

— Bien sûr. Emporte-le si tu veux. Personne ne lit dans cette maison.

L'édition date de 1939, et sur la page de garde figure une dédicace rédigée en hébreu : « À la fille qui est la prunelle de mes yeux. »

Elle est signée « papa ».

Hannah
1959-1963

Sur cette île tumultueuse, le nouvel an s'accompagne toujours de grands bouleversements. Tout peut changer radicalement en une nuit. Vous allez vous coucher, vous vous endormez, et vous vous réveillez le lendemain dans un monde différent et incertain. C'est propre aux tropiques, disait maman.

Le 31 décembre 1958, un parfum de romarin flottait dans la maison. Cette herbe que nous avions plantée dans le jardin avait étonnamment bien poussé et, à la fin de l'été, nous en avions cueilli des brins que nous avions fait sécher. Hortensia la conservait à présent dans une boîte en carton. À l'automne, elle avait préparé des infusions que nous avions sirotées pendant qu'elle nous divertissait en nous listant les multiples propriétés magiques de cette herbe. En cette veille de nouvel an, donc, mes mains, mes cheveux et même mes draps sentaient le romarin.

Au matin du 1er janvier, Hortensia nous attendait, visiblement impatiente de nous communiquer les dernières nouvelles à sa manière habituelle, c'est-à-dire comme si le jour du Jugement dernier approchait. Elle était devenue notre seul contact avec le monde extérieur, et nous ne savions ce qui se passait à Cuba que par l'intermédiaire de cette femme persuadée que l'île courait à sa perte. Le moindre événement était dénaturé par sa vision alarmiste des choses. Pour elle, l'Apocalypse et l'Armageddon se profilaient. C'était la fin des temps. Le monde ne serait bientôt plus. Maman et moi ignorions toujours discrètement ses harangues sur l'avènement tant espéré du royaume de Dieu.

— C'est la guerre ! Il n'y a plus de gouvernement ! a-t-elle crié, surexcitée, lorsque nous sommes entrées dans la salle à manger.

En temps normal, elle n'interrompait pas son travail pour nous parler – si bien que nous avions parfois du mal à la comprendre lorsqu'elle était occupée et qu'elle nous tournait le dos –, mais cette fois, elle s'est assise à table et nous l'avons vite rejointe. Maman commençait à s'inquiéter, je le sentais.

— Ils sont partis en avion après minuit.

— Qui ça ?

Oh, cette façon qu'avait Hortensia de s'exprimer ! Comme si elle nous croyait déjà au courant de tout.

— Celui qui nous souhaitait sans arrêt bonne santé à la fin de ses discours. Maintenant on peut lui rendre la pareille.

J'ai supposé que tout Cuba, et en particulier La Havane, se réjouirait de cette nouvelle, même si la joie des habitants risquait d'être ternie par la peur des événements qui restaient à venir. Mais nous, enfermées dans le Petit Trianon, nous vivions sur une île à l'intérieur d'une île, et nous n'avions aucune raison d'exulter.

Très peu de gens dans notre quartier faisaient la fête en ce 1er janvier 1959. La plupart des célébrations se concentraient autour des hôtels et le long des principales artères de la ville. Notre bruyante voisine s'était montrée très prudente cette année-là et n'avait pas sabré le champagne à minuit. Seules quelques personnes avaient jeté des seaux d'eau glacée dans la rue. L'incertitude dominait.

Soudain, la porte s'est ouverte à la volée sur Gustavo, vêtu d'un uniforme que nous n'avons pas reconnu. Devant son treillis vert olive et son brassard rouge, noir et blanc – cette funeste combinaison de couleurs –, maman a fermé les yeux. L'histoire se répétait, et elle considérait cela comme sa punition.

Il s'est approché d'elle et l'a embrassée avec un grand sourire aux lèvres. Puis il m'a attrapée par la taille tout en appelant Hortensia qui, dès qu'elle a entendu sa voix, a accouru depuis la cuisine sans même essuyer ses mains mouillées. Une jeune femme, elle aussi en uniforme, a surgi derrière Gustavo.

— Voici Viera, ma femme, a-t-il annoncé.

À ces mots, maman a paru frappée de stupeur. Elle a rapidement détaillé l'étrangère, notant sa carrure, ses traits, son profil, ses dents, la texture de ses cheveux châtains et le vert mordoré de ses yeux.

— On vient de se marier. Viera est enceinte, la famille va donc bientôt s'agrandir !

J'ai deviné ce que pensait maman : *Nous ne devons surtout pas perdre cet enfant. Vois ce que nous avons fait à Gustavo en n'oubliant jamais ceux qui sont restés de l'autre côté de l'Atlantique et en refusant de vraiment nous installer sur cette île.* Ce bébé serait notre salut, le seul qui n'aurait pas à porter le poids du stigmate. Ravie, maman s'est levée et, ignorant Gustavo, elle est allée serrer Viera dans ses bras. Puis elle a posé une main sur le ventre encore plat de cette inconnue qui mettrait bientôt au monde un bébé désiré, le premier de ses petits-enfants. Viera a eu l'air surpris, mais elle s'est laissé toucher par cette vieille dame, dont Gustavo avait dû lui dire qu'elle vivait dans le passé, le dos tourné au pays qui était désormais le sien.

Alma hésitait entre sauter de joie ou se lamenter à l'idée que son fils, non circoncis et éduqué dans une école choisie pour effacer en lui toute trace de ce qu'il était, ait fini par épouser une femme impure, aussi impure que nous. Elle en était sûre. Qui pouvait dire d'où venaient les parents de Viera ou comment elle s'était intégrée sur cette île ? Maman n'a pas osé lui demander son nom de famille en tout cas. À quoi bon ? Le mal était fait.

Cette année-là, nous avons également perdu Eulogio. Il a décidé qu'il était temps pour lui de faire sa vie et de se libérer d'une famille qui n'était pas la sienne. Quittant son poste de chauffeur, il est devenu ouvrier du jour au lendemain et s'est senti pour la première fois un homme libre au milieu d'une révolution encore balbutiante. Enfin, a-t-il déclaré à Hortensia, nous étions tous égaux dans ce pays, indépendamment de notre fortune ou de notre milieu d'origine. Il a fait ses valises à toute vitesse et disparu sans un au revoir.

Hortensia ne le lui a jamais pardonné, mais pour maman, ce départ présentait un avantage : un salaire de moins à payer.

Les jours suivants, les rues se sont remplies de soldats barbus aux cheveux longs qui tous portaient un brassard impossible à ignorer. Nos voisins sortaient les acclamer. Les femmes se jetaient dans leurs bras, certaines les embrassaient même. Paseo s'est transformé en avenue militaire. Des foules entières suivaient ces hommes en direction de la place principale de la ville, où un jeune leader de toute évidence amoureux de sa propre voix prononçait des discours révolutionnaires interminables – parfois jusqu'au bout de la nuit. Hortensia nous a appris fièrement que Gustavo se tenait sur l'estrade à côté de celui qui s'était emparé du pouvoir par les armes. Maman l'a écoutée avec horreur, mais elle n'a pas versé une seule larme – elle n'en avait plus.

Un après-midi du mois d'octobre, Viera est descendue d'une voiture avec un bébé dans les bras. Gustavo est resté à côté du chauffeur. Sans même nous saluer, la jeune femme nous a présenté l'enfant.

— Voici Louis, a-t-elle murmuré pour ne pas le réveiller.

Nous avons échangé un regard consterné. *Louis ?* Gustavo n'en finissait décidément pas de nous étonner. Maman a pris le bébé, puis l'a tendu à Hortensia. Je l'ai quant à moi embrassé sur le front en songeant qu'il tenait plus du côté de papa avec sa tignasse brune.

Viera a décliné notre invitation à s'asseoir et prendre un rafraîchissement.

— Gustavo m'attend dans la voiture et il s'impatiente. Je ne veux pas qu'il s'énerve, a-t-elle dit.

Tous deux sont repartis précipitamment.

Hortensia s'était démenée pour découvrir « d'où venait Viera », même si cela n'avait aucune importance au fond, parce que, dès le premier jour, maman s'était persuadée que cette femme était des nôtres. Notre employée nous l'a confirmé un soir :

— C'est une Polaque. Elle est née en Allemagne, comme vous, et quand elle avait cinq ans, ses parents l'ont envoyée à Cuba pour rejoindre un oncle qui s'y était réfugié un peu plus tôt. Il semblerait qu'elle ait perdu toute sa famille durant la guerre.

Maman a ouvert de grands yeux, le souffle coupé.

— Son oncle est un homme assez âgé et aux idées progressistes. Il est très proche des nouveaux dirigeants de l'île, a continué Hortensia. Il s'appelle Abraham, mais il a pris le nom de Fabius en arrivant à Cuba.

La naissance d'un nouveau petit Rosen m'enchantait, et je suis partie travailler ce jour-là en refusant de m'inquiéter des nouvelles transmises par Hortensia. En approchant de la pharmacie, j'ai vu Esperanza parler avec animation à un homme de grande taille qui se tenait sur le pas de la porte, sans que je puisse dire à cette distance s'ils se disputaient ou s'ils ne faisaient que bavarder. Toutefois, elle m'a souri et elle est entrée dans l'officine. L'homme s'est alors tourné vers moi.

Il m'apparaissait à contre-jour, si bien que je ne distinguais que son costume beige et ses larges épaules. Puis j'ai remarqué ses mains. Et je les ai reconnues.

C'était Julian. Sans ses boucles, mais avec une mâchoire plus large et plus carrée, un cou puissant et d'épais sourcils qui divisaient son visage en deux. Nous avons souri. Ses yeux se sont plissés, comme autrefois. Il avait toujours la même bouche et le même regard malicieux.

— Ma chère Ana avec un J. Croyais-tu que je t'avais oubliée ? J'aime beaucoup ta Farmacia Rosen.

Sans réfléchir, je l'ai enlacé. À en juger par sa mine, il ne s'y attendait pas du tout, mais il a éclaté de rire.

— Ana avec un J, a-t-il répété, plus bas cette fois. Tu dois avoir tant de choses à me raconter.

Je l'ai pris par le bras et nous avons traversé la rue pour aller nous asseoir sous les flamboyants du parc.

Il m'a expliqué que, durant la crise à l'université, sa famille avait décidé de l'envoyer étudier aux États-Unis.

— J'ai fini mon droit, je viens de rentrer pour aider mon père dans son cabinet… et je découvre une ville remplie de soldats.

Je ne pouvais détacher les yeux de lui pendant qu'il parlait. Julian n'avait plus rien d'un jeune étudiant.

— Je n'ai jamais cessé de penser à toi, a-t-il avoué avec gêne.

J'avais toujours été une étrangère dans cette ville, et voilà que quelqu'un se retrouvait dans la même position que moi. Cela créait un lien entre nous. Pour la première fois, j'ai éprouvé un peu d'espoir. Était-ce la fin d'un cycle ?

À partir de ce jour, Julian est venu me chercher tous les soirs à la pharmacie, juste avant la fermeture. Nous discutions un moment dans le parc, puis il me raccompagnait chez moi. Parfois aussi, je le voyais à midi, et nous allions déjeuner dans un charmant restaurant de la Calle 23, l'El Carmelo.

Il voulait tout savoir sur moi. L'ennui était qu'il y avait peu à dire : papa était mort pendant la guerre, alors que nous espérions tant qu'il nous rejoindrait à La Havane et que nous irions nous installer avec lui à New York, et ce qui aurait dû être une étape de quelques mois seulement s'était transformé en séjour permanent.

Nous nous tenions par la main, mais il arrivait que Julian passe un bras autour de mes épaules, et même, à l'occasion, qu'il enlace ma taille pour me faire presser le pas quand nous traversions la rue. Nous avons passé des heures ainsi. Mon geste le plus osé a été d'appuyer ma tête contre lui un soir que nous attendions à un feu.

Esperanza désignait Julian comme mon petit ami, et je ne la corrigeais pas. J'en avais assez d'essayer d'expliquer que mon nom n'était pas Ana, que je n'étais pas une Polaque, et désormais que Julian n'était rien de plus qu'un ami dont j'appréciais la compagnie.

Il n'a jamais demandé à entrer chez nous – et je ne l'y ai jamais invité. Au fil du temps, nous avons préféré le silence à nos conversations. Nous pouvions rester des heures ensemble sans parler, en appréciant parfois simplement le joyeux vacarme des étudiants qui sortaient de l'université en face du parc.

Je me suis tout de même aperçue que, certains jours, il se montrait distant. Il avait la tête ailleurs et paraissait très inquiet, mais il n'avait pas le courage de me dire pourquoi.

Un soir, il m'a téléphoné à la pharmacie. J'ai eu une étrange prémonition quand Esperanza m'a dit qu'il était en ligne, et je ne me trompais pas : il m'a annoncé que ses parents avaient obtenu l'autorisation de s'exiler aux États-Unis. Il venait de leur dire adieu à l'aéroport et ne savait pas quand il les reverrait.

Cet homme plein d'énergie et d'optimisme, dont la présence me donnait le sentiment d'être à l'abri, qui avait l'art de résoudre chaque problème avec un sourire, qui était aussi grand et fort que les arbres du Tiergarten, était ce jour-là terrassé par la douleur. Il m'a demandé de le retrouver dans son appartement.

Sans rien dire à Esperanza, j'ai pris mon sac à main et j'ai marché jusqu'à l'angle de l'Avenida Línea et de la Calle L, où il vivait dans un immeuble blanc doté de larges balcons – incidemment juste au-dessus d'une pharmacie.

Je suis montée au septième étage par l'ascenseur. En frappant à sa porte, je me suis rendu compte qu'elle était ouverte.

— Julian ? ai-je dit doucement.

Pas de réponse. J'ai longé un petit couloir, jusqu'à une pièce vide en notant sur les murs les taches plus claires qui signalaient l'emplacement de cadres désormais décrochés. Julian était sur son balcon, d'où il fixait l'horizon au nord.

Je me suis approchée de lui lentement. J'ai aperçu la mer, mais de très haut, exactement comme tant d'années auparavant. J'ai pris une profonde inspiration afin d'emplir mes poumons de l'air du Malecón.

— Julian ?

Silence. J'ai fait un autre pas et senti la chaleur de son corps. J'étais si près que j'aurais pu le toucher. Le cœur battant follement, je l'ai enlacé par-derrière. Il s'est retourné, m'a serrée fort contre lui et s'est mis à pleurer.

— Qu'est-ce qu'il y a, Julian ?

Il était inconsolable. Ses parents avaient dû fuir le pays : il n'y avait pas de place pour leur cabinet d'avocats sous le nouveau régime. Avant leur départ, ils avaient réussi à vendre leurs meubles ainsi que quelques objets précieux, et ils avaient fait expédier à l'étranger par l'intermédiaire d'une ambassade les biens hérités de leur famille. Avec le taux de change désormais en vigueur, l'argent qu'ils avaient à la banque ne valait plus rien.

— Je suis resté pour finir de tout régler.

— Tu vas partir, toi aussi ?

Je savais qu'il ne me répondrait pas. Je l'ai regardé quelques instants, puis je l'ai embrassé. Je ne voulais pas réfléchir. Je ne voulais rien regretter. Lorsque je me suis détachée de lui, j'ai vu les vagues qui se brisaient contre le Malecón. Un goût d'embruns salés et de larmes a envahi ma bouche. J'avais du mal à saisir ce qui se passait, tant les émotions que j'éprouvais m'avaient jusqu'alors été totalement étrangères.

Julian m'a prise par la main. Comme sans volonté, je l'ai suivi dans sa chambre, au centre de laquelle se trouvait un lit aux draps blancs. J'ai fermé les yeux tandis que son visage rejoignait le mien.

— Ana, Ana avec un J, ne cessait-il de murmurer à mon oreille.

Du bout des doigts, il a effleuré mes traits avec une délicatesse inattendue de la part d'un homme qui avait de si grandes mains. Mes sourcils, mes yeux, mon nez, mes lèvres…

Je ne sais pas à quelle heure j'ai quitté son appartement, ni comment j'ai regagné la pharmacie, ni comment j'ai pu dormir cette nuit-là.

Ce que je sais, c'est que, désormais, à l'heure du déjeuner, j'allais respirer le parfum de la mer depuis le septième étage de son immeuble et me perdre dans ses bras. La Havane m'est peu à peu apparue sous un jour nouveau. Avec Julian, je regardais plus attentivement le feuillage des grands arbres du quartier de Vedado, par exemple. On se promenait le long de l'Avenida Paseo et on s'asseyait sur le premier banc venu. Avec lui, les journées, les semaines et même les mois semblaient ne pas durer plus de quelques heures.

Depuis Paseo, nous empruntions parfois l'Avenida Línea pour aller jusque chez lui. On se moquait bien qu'il fasse une chaleur étouffante, qu'il vente, qu'il pleuve ou qu'il y ait une manifestation de soutien ou d'opposition à des causes qui ne signifiaient rien pour nous.

Puis un jour, un lundi, il m'a appelée à la pharmacie pour me dire que nous ne pourrions pas nous retrouver cette semaine-là. Il avait des choses à faire et cela lui prendrait du temps. Cela ne m'a pas inquiétée au début, mais lorsqu'une deuxième semaine s'est écoulée sans qu'il donne signe de vie, j'ai commencé à m'affoler. J'avais pourtant toujours su au fond de moi qu'il finirait par disparaître.

Je suis arrivée de bonne heure au travail le matin où les soldats sont venus saisir ma pharmacie au nom du gouvernement révolutionnaire. En ouvrant la porte, j'ai trouvé une lettre glissée en dessous. Elle était de Julian.

> Ma très chère Ana avec un J,
>
> J'ai cherché comment te dire au revoir, mais je ne suis pas doué pour ça. Je retourne à New York, auprès de ma famille. Nous avons tout perdu et je n'ai pas ma place ici.
>
> Je sais que tu ne peux pas abandonner ta mère, que tu as une dette envers les tiens. C'est pareil pour moi. Je suis tout ce qu'il reste à mes parents.
>
> Je veux t'avoir à mes côtés, je veux qu'il n'y ait que toi et moi. Et je sais qu'un jour, on sera de nouveau ensemble. Nous avons déjà été séparés, et pourtant je t'ai retrouvée.
>
> Nos soirées dans le parc vont me manquer, tout comme ta voix, ta peau blanche, tes cheveux. Mais par-dessus tout, je garderai en mémoire les yeux les plus bleus que j'aie jamais vus.
>
> Tu seras à jamais mon Ana avec un J.
>
> Julian

Encore un qui me quittait.

Je n'ai pas pleuré, mais j'étais incapable de travailler. J'ai lu et relu la lettre tant de fois que j'ai fini par la connaître par cœur. Je l'ai parcourue en silence, puis à voix haute. Je suis revenue sur chaque phrase. Mes rencontres avec Julian dans son appartement du septième étage avec vue sur la mer étaient gravées dans mon cœur, dans ma tête, sur ma peau. C'était suffisant, me suis-je dit.

Et la pluie aussi. Depuis ce jour, chaque fois qu'il pleut, je me souviens de la manière dont il me donnait le bras, dont il me soulevait, dont il m'enlaçait. Je lui suis redevable de beaucoup de choses.

Je me suis promis de ne plus jamais laisser personne entrer dans ma vie. Ce genre d'espoir n'était pas pour moi. Dès lors, le visage de Julian s'est effacé progressivement de ma mémoire – même si j'entendais toujours très clairement sa voix dire « Ana avec un J ».

Après ça, les soldats sont arrivés.

Je les ai regardés descendre de leur véhicule et s'avancer vers la pharmacie. Je n'arrêtais pas de me réciter les mots de la lettre d'adieu de Julian, comme s'il s'agissait d'un charme protecteur. Par chance, Esperanza est restée très calme, et cela a déteint sur moi. Je les ai attendus derrière le comptoir, sans un mot. Ils étaient venus me dépouiller de mon bien, tout ce que j'avais bâti à force de travail. Je n'avais plus rien à perdre.

J'ai déchiré la lettre en mille morceaux en les défiant du regard. Mon grand secret a fini à mes pieds, dans une petite corbeille à papier.

Je ne les ai pas laissés parler. J'ai simplement étreint Esperanza et Rafael et je suis sortie sans me retourner. Ils pouvaient bien tout prendre. Je n'éprouvais plus aucune peur.

Sur le chemin du retour, j'ai pressé le pas en me répétant sans cesse : C'est une ville où nous ne sommes que de passage. Nous n'avions jamais projeté de nous y enraciner comme ces vieux arbres.

Quand je suis rentrée à la maison, Gustavo et Viera étaient dans le salon avec le bébé, qui venait d'avoir trois ans. Gustavo avait jusqu'alors résolument tenu Louis le plus à l'écart possible de nous, et j'ignorais si c'était pour nous punir ou pour nous empêcher de transmettre à son fils l'amertume que nous inspirait le pays pour lequel lui-même était prêt à mourir. Peut-être avait-il débarqué chez nous après tout ce temps dans le seul but de voir comment nous réagissions à la confiscation de la pharmacie.

Ce qui nous avait appartenu était à présent entre les mains d'un nouvel ordre dont mon frère faisait partie.

Les nuits ont pris une tournure difficile. Quand j'arrivais à dormir, des souvenirs sans queue ni tête se mélangeaient dans mes rêves. Je confondais Julian et Leo. Parfois je me réveillais en sursaut après avoir vu Julian qui me tenait la main pour monter et descendre des échelles sur le *Saint-Louis*, ou Leo dans la peau d'un homme adulte, assis à mes côtés sous les flamboyants du parc.

J'ai retrouvé la routine domestique du Petit Trianon et entrepris de donner des cours d'anglais à des enfants et des adolescents qui n'en avaient strictement rien à faire. J'étais une professeure d'anglais allemande dans un quartier où on me connaissait comme la Polaque. Les élèves à qui j'enseignais que « *Tom is a boy and Mary is a girl* » figuraient avec leurs familles sur la liste d'attente des candidats à l'exil. L'un d'eux, un jeune censé faire son service militaire à sa sortie de l'école, souhaitait désespérément quitter l'île, mais parce qu'il était « en âge de servir », lui avait-on dit, ce serait impossible. Ainsi donc, j'étais devenue enseignante, et ma galerie un confessionnal.

Esperanza et Rafael avaient conservé leurs emplois après la saisie de la pharmacie. De temps à autre, ils venaient me rendre visite et me raconter comment les choses se passaient avec le nouveau propriétaire, c'est-à-dire l'État. En revanche, il y avait une mauvaise nouvelle : le mari d'Esperanza avait été emprisonné, coupable de pratiquer une religion non reconnue par le gouvernement provisoire – lequel reprochait à ses adeptes d'être une secte et de saper le patriotisme qu'il essayait d'instiller à un peuple fervent et avide de changements. Esperanza et les autres témoins de Jéhovah refusaient de saluer le drapeau, de chanter l'hymne national et de soutenir la guerre, et cela les rendait indésirables dans une société tenue de rester constamment sur le qui-vive en prévision d'un conflit qui n'a jamais éclaté.

Un soir, alors qu'ils prenaient congé, j'ai vu qu'Esperanza était inquiète. Sans que je saisisse vraiment ce qu'elle voulait dire par là, elle a murmuré que le nouveau gouvernement s'était « transformé en pastèque : vert à l'extérieur, rouge à l'intérieur ».

Puis Viera a commencé à travailler jour et nuit avec Gustavo, et tous deux nous ont confié de plus en plus souvent leur fils. Nous parlions en anglais à Louis, qui n'a mis que quelques mois à nous comprendre. Un an plus tard, il s'exprimait mieux dans cette langue qu'en espagnol. Ni Viera ni Gustavo n'ont protesté lorsqu'ils s'en sont aperçus, tant ils étaient pris dans un processus social chaotique auquel ils se consacraient corps et âme. En cette époque tumultueuse, la famille n'était pas une priorité.

Louis a bientôt dormi presque tous les soirs à la maison et maman a décidé qu'il lui fallait une chambre attitrée. Nous avons aménagé pour lui celle à côté de la sienne. Nous nourrissions un espoir – de quoi au juste, je ne savais pas, mais ces jours ont été des jours heureux. J'étais surtout contente de voir cet enfant grandir sans le poids de la culpabilité des Rosenthal.

Nous avons été légèrement surprises de voir Hortensia garder ses distances avec lui, contrairement à ce qu'elle avait fait avec Gustavo lorsqu'il était arrivé de New York peu après sa naissance. À l'époque, elle avait dû supposer que son aide nous serait utile, mais là, c'était différent : nous consacrions tout notre temps à Louis et nous lui témoignions de l'affection. Ou peut-être refusait-elle de trop s'impliquer de peur de finir cantonnée au rôle dans lequel Gustavo l'avait reléguée : celui d'une simple employée, pas d'une femme qui avait pris soin de lui, qui l'avait nourri et aimé durant les années où il en avait eu le plus besoin.

Un été – le plus chaud de tous ceux que nous avions supportés jusque-là –, j'ai reçu un courrier de New York. À l'intérieur se trouvait une photo de Julian dans un parc semblable à celui où nous nous donnions rendez-vous autrefois.

Il n'y avait pas de lettre, juste cette photo, sur laquelle figuraient une date et une dédicace. Julian n'avait jamais été très bavard. J'ai considéré ces mots comme son message d'adieu : « Pour ma chère Ana avec un J. Je ne t'oublierai jamais. »

Anna

2014

Le soleil ici se lève à toute vitesse. Un instant il fait nuit, le suivant il fait jour. Il n'y a pas d'entre-deux. Je suis réveillée par la lumière qui perce mes paupières et je sens maman derrière moi. Elle m'observe en souriant et commence à démêler mes cheveux. Elle aussi a respiré un parfum de violette en ouvrant les yeux ce matin.

Je me tourne vers la photo de papa que j'ai conservée et je l'appuie contre la lampe. Nous échangeons un regard. Il a l'air heureux, et je me dis que ce voyage nous a tous transformés.

— Je ne t'ai pas accordé beaucoup d'attention, papa, mais maintenant tu es chez toi !

Maman s'amuse de m'entendre parler à cette photo. Depuis notre arrivée, tante Hannah et elle sont inséparables. Elles passent des heures à discuter ensemble, et je me demande ce que papa en pense.

Elles ont fouillé tous les recoins et toutes les armoires de la maison. Chaque chemisier plié, chaque broche, chaque vieille pièce de monnaie recèle selon maman une histoire qu'elle tient à sauver.

— Non, dit-elle à tante Hannah alors que celle-ci s'apprête à jeter des feuilles de papier jauni attachées avec un ruban rouge. Gardez-les, on ne sait jamais.

Ce sont les titres de propriété de l'immeuble des Rosenthal à Berlin. Pour elle, ils sont sacrés.

— Même s'ils n'ont plus de valeur, c'est un trésor familial, insiste-t-elle en caressant la main de ma tante.

Papa lui semble chaque jour un peu plus proche. Il n'est plus seulement l'homme qu'elle a rencontré lors d'un concert à la chapelle Saint-Paul. Il a désormais un passé, une enfance, une famille qui n'est plus anonyme. Tante Hannah nous a ouvert le livre de sa vie et raconté son histoire. Peu à peu, les raisons que maman pouvait avoir de se plaindre disparaissent. Elle a perdu son mari, certes, et moi mon père, mais cette vieille dame, elle, a perdu toute sa vie.

Je crois que voir une pierre tombale avec le nom de papa dessus et toucher du doigt le passé des Rosenthal a aidé maman à prendre du recul par rapport à son propre malheur. Je l'embrasse fort et, juste au cas où elle s'inquiéterait, je lui dis que tout ira bien, que j'ai l'impression d'avoir rencontré mon père et que nous avons dorénavant quelqu'un sur qui veiller.

À mesure que les jours passent, tante Hannah paraît de plus en plus frêle, parfois même perdue, ne sachant pas quoi faire ni où aller. La première fois que je l'ai vue debout sur le pas de la porte, elle était presque aussi grande que celle-ci. À présent je lui trouve le dos voûté et le pas lourd et lent d'une vieille femme.

À moins que ce soit moi qui aie grandi. C'est ce que maman m'a dit.

Et elle a ajouté qu'elle aimerait rentrer à New York.

Je me demande bien pourquoi. Peut-être veut-elle reprendre ses cours de littérature espagnole à l'université, renouer avec la vie qu'elle a abandonnée des années plus tôt. Si ça ne tenait qu'à moi, on resterait ici, on s'installerait dans la maison de tante Hannah et on chercherait une école où m'inscrire.

Les silences de tante Hannah lorsqu'elle évoque ses souvenirs se font plus longs et plus fréquents au fil des jours. Tous ces événements remontent à loin, mais elle les raconte souvent en employant un temps présent qui nous déconcerte.

Je reste des heures avec elle, à écouter attentivement ses monologues qui ne tolèrent aucune interruption. Parfois, je la photographie pendant qu'elle nous livre ses histoires interminables, mais cela ne paraît pas la contrarier. Lorsqu'elle se tait, maman et moi voyons bien à quel point elle est vulnérable. Lorsqu'elle parle, en revanche, ses joues pâles retrouvent quelques couleurs.

D'ici à la fin de notre séjour, maman n'aura plus grand-chose à apprendre sur papa, mais nous repartirons probablement sans avoir découvert ce qui est vraiment arrivé à mon grand-père Gustavo. Tante Hannah se focalise toujours sur Louis.

Diego s'impatiente. Je l'aperçois depuis la porte d'entrée : il s'ennuie et commence à jeter des cailloux contre un arbre. Puis il arrache le petit morceau de trottoir qui nous fait trébucher chaque fois, s'essuie les mains sur son pantalon et tente de m'appeler discrètement. Il a peur que la vieille Allemande, qui à ses yeux reste une nazie, ne se plaigne ensuite de lui à sa mère.

Lorsque je réussis enfin à m'échapper, il me serre spontanément dans ses bras. Je me retourne pour vérifier si quelqu'un nous a aperçus. Je n'en reviens pas qu'un garçon puisse faire ça en plein jour, dans une ville que je ne connais pas. C'est mon secret, et je veillerai à ce que personne n'en sache jamais rien.

Nous partons tous les deux sous un soleil qui écorche l'asphalte. À l'angle d'une rue juste à côté d'un parc, Diego me montre une pharmacie.

— Regarde, ma grand-mère dit que c'était celle de ta tante avant.

On distingue encore des traces de peinture jaune sur les murs couverts de taches d'humidité, et au-dessus de l'encadrement bétonné de la porte, je lis mon nom en lettres délavées : Farmacia Rosen.

Nous poursuivons notre chemin le long de l'Avenida Calzada jusqu'à atteindre un étroit passage entre deux grandes maisons. Je ne demande pas à Diego où nous allons ni s'il a la permission d'entrer ici. Il est trop tard de toute façon, nous sommes déjà sur une propriété privée. Depuis le patio, nous accédons à un escalier métallique en colimaçon qui oscille tant sous nos pas qu'il semble prêt à s'écrouler. Quelqu'un joue du piano quelque part et une femme lui donne des instructions en français tout en battant une étrange mesure.

Nous sautons par-dessus un petit muret et arrivons sur un toit en terrasse. De là, je remarque un cours de danse classique qui se déroule derrière une fenêtre en contrebas. Parfaitement alignées, les bras tendus vers le plafond comme vers l'infini, les filles s'efforcent probablement de paraître légères et aériennes, mais, vues d'en haut, elles ont l'air lourdes, écrasées par la gravité. Diego s'assoit en leur tournant le dos afin de se concentrer sur la musique.

— De temps en temps, il y a un orchestre qui joue, ou au moins deux violons en plus du piano, dit-il d'un ton rêveur.

Ce garçon est décidément plein de surprises. Alors qu'il ne tient jamais en place d'habitude, je le découvre capable de rester assis, caché sur une terrasse privée, pour écouter un pianiste faire des gammes à n'en plus finir.

J'aimerais partir. Je me sens mal à l'aise dans cet endroit où nous n'avons pas été invités. Mais Diego veut poursuivre cette thérapie musicale.

— Fais attention, tu vas marcher sur mes fourmis.

Car il a des fourmis sur ce toit, auxquelles il apporte du sucre ou des miettes de pain, et qu'il étudie. Ce sont ses animaux de compagnie. Il sort de sa poche un morceau de papier soigneusement plié et verse sa poudre magique dans un coin du toit-terrasse. Elles accourent aussitôt. Rouges pour certaines, noires pour les autres, elles forment une longue procession qui va d'un bout à l'autre du muret. Diego les regarde acheminer les petits grains de sucre blanc vers leur fourmilière, avant d'en attraper une pour l'examiner.

— Celles-là ne mordent pas, dit-il en la reposant doucement.

Puis il enchaîne sans transition :

— Dans quelques années, j'apprendrai à bien nager. À ce moment-là, je monterai sur un radeau et je viendrai te rejoindre.

— Toi aussi ? C'est donc vrai, ce qu'on dit ? Tout le monde à Cuba ne pense qu'à partir ?

— Il n'y a pas d'avenir ici, Anna, répond-il très sérieusement, avec un pessimisme que j'ai déjà relevé chez les adultes de ce pays. Tu veux bien être ma copine ? ajoute-t-il tout à trac.

Cela n'a manifestement pas été facile pour lui de me demander ça. Il s'est détourné – et c'est tout aussi bien parce que je ne supporte pas qu'on me voie rougir, même si c'est quelque chose que je ne contrôle pas. Dans ces moments-là, tout le monde peut deviner ce que je ressens, or ce que je ressens ne regarde que moi.

Je m'imagine, de retour à Fieldston, avouer aux filles de ma classe que je suis amoureuse d'un garçon aux cheveux noirs et bouclés, aux grands yeux et à la peau bronzée. Quelqu'un qui parle uniquement espagnol, qui avale ses *s* au point de les faire disparaître, qui ne lit presque jamais, qui court les rues de La Havane et qui veut quitter son pays sur un radeau de fortune dès qu'il aura appris à nager.

— Diego, j'habite à New York. Comment pourrais-je être ta copine ? Tu es fou ?

Il ne répond pas et continue à me tourner le dos. Il doit regretter ce qu'il a dit et chercher comment se sortir de cette situation. Quant à moi, je ne sais pas comment l'aider.

Je lui prends la main, ce qui le fait sursauter. Pense-t-il que c'est ma façon d'accepter ? Toujours est-il qu'il serre la mienne si fort que je ne peux pas la lui reprendre. Il fait trop chaud pour rester si près l'un de l'autre, mais je ne veux pas être impolie.

Enfin, il me lâche. Puis il se lève et se dirige vers l'escalier branlant.

— Demain, on ira nager près du Malecón.

Hannah

1964-1968

Le *Señor* Dannón nous a rendu une dernière visite. Il est entré comme d'habitude d'un air crâne et empestant le tabac, mais avec les cheveux en bataille. Il n'avait pas mis assez de brillantine pour que ses boucles restent bien aplaties sur son énorme tête.

Cette fois, maman l'a reçu dans la salle à manger plutôt que dans le salon. Sans doute avait-elle compris qu'il était venu mettre un terme à une relation fondée depuis toujours sur l'argent et des intérêts réciproques. Malgré ça, elle lui était reconnaissante – même si elle ne le lui a jamais dit.

En fait, je me demande comment nous nous en serions sorties durant toutes ces années sans cet homme. Certes, il nous facturait des honoraires exorbitants, mais il ne nous avait jamais abandonnées – ni escroquées, j'en étais certaine.

Hortensia lui a servi du café et un verre d'eau fraîche, avant de revenir me murmurer qu'elle avait de la peine pour lui.

— Le pauvre, il ne sait pas quoi faire.

Bien que le *Señor* Dannón n'ait jamais mentionné aucun de ses problèmes, elle en devinait la nature rien qu'à le voir suer à grosses gouttes et s'éponger anxieusement le front en tentant d'arranger ses boucles rebelles. Depuis qu'il nous avait confié avoir perdu sa fille unique, Hortensia ne portait plus le même regard sur lui, et je pense que maman aussi.

Son odeur rance de tabac m'empêchait de m'approcher de lui. C'était à peine si je pouvais rester dans la même pièce. Il s'était assis à côté de maman, qui l'écoutait calmement lui parler presque à l'oreille. Ni Hortensia ni moi n'aurions su dire s'il était venu nous annoncer une bonne ou une mauvaise nouvelle. Brusquement, maman s'est levée pour monter à l'étage. Le *Señor* Dannón a vidé d'un trait son verre d'eau, s'est essuyé les lèvres avec une serviette sur laquelle il a laissé une tache marron, puis il a pris son lourd attaché-case et l'a suivie dans sa chambre.

— Il est arrivé quelque chose de grave, a déclaré Hortensia.

J'ai préféré ignorer sa remarque. J'étais assez nerveuse, à vrai dire, mais je ne voulais pas commencer à me poser mille questions qui ne trouveraient pas de réponses. J'en avais assez de passer en revue les pires scénarios possibles de façon à être soulagée quand la réalité se révélait moins dramatique. De toute façon, je ne réussissais jamais à prévoir les choses, et j'avais renoncé à essayer.

Je me suis assise avec Hortensia sur les marches de la galerie et j'ai attendu le départ de notre avocat pour découvrir l'évolution de notre situation juridique et financière à Cuba. Peut-être nous faudrait-il partir dans un autre pays.

Il me restait moins d'une heure avant d'aller chercher Louis dans son école maternelle baptisée du nom d'un martyr. Il était heureux là-bas. Les premiers jours, il avait pleuré lorsque je l'avais laissé dans sa classe, puis lorsque j'étais passée le reprendre, comme s'il voulait que je me sente coupable. Mais au bout d'une semaine, il s'était habitué à ce nouveau cadre, et bien qu'il n'eût pas le don de se faire des amis, il apprenait vite à survivre en société. La seule chose qu'il reprochait à son école était que les autres enfants y parlaient très fort. Tu vis dans les Caraïbes, ai-je pensé. Tu t'y feras.

L'air très agité, le *Señor* Dannón est redescendu me faire ses adieux. Je doute qu'il ait pensé recevoir une grande accolade de ma part, mais il a semblé surpris lorsque je lui ai tendu la main. Au lieu de la serrer, il l'a saisie doucement en enveloppant mes doigts dans sa paume douce et moite. C'était mon tout premier contact physique avec cet homme que je connaissais depuis de longues années.

— Prenez bien soin de vous. Et bonne chance pour la suite, lui a dit Hortensia en tapotant son large dos trempé de sueur.

Il a quitté la maison avec un attaché-case bien plus léger qu'à son arrivée. Au portail, il s'est retourné pour nous saluer. Il a contemplé la maison, les arbres et le trottoir bosselé durant quelques secondes, puis il est monté en soupirant dans sa voiture. Nous l'avons regardé partir depuis la galerie.

J'étais angoissée – pas parce que je redoutais les éventuelles nouvelles qu'il avait apportées, mais parce que j'étais convaincue qu'il ne reviendrait jamais. Nous étions désormais seules dans un pays en marche vers l'inconnu et sur le pied de guerre. Un pays dirigé par des militaires à cran qui s'étaient fixé pour mission de réinventer l'histoire, d'en donner leur propre version et d'en changer le cours à leur convenance.

Nos visas américains n'étaient plus valables depuis longtemps, mais j'étais sûre que nous pourrions trouver un moyen de quitter le pays si nous le voulions. Cette hypothèse n'a malheureusement jamais effleuré maman. Elle avait déjà décidé que ses os reposeraient au cimetière Colón, et la naissance de Louis, en atténuant son amertume et sa rancœur, n'avait fait que renforcer sa résolution. Au fond, elle devait considérer que sa présence à Cuba était nécessaire et le resterait jusqu'au jour où elle choisirait de rendre l'âme.

Et même à ce moment-là, les Cubains ne seraient pas débarrassés d'elle, car cette île tropicale « devrait conserver ses os pendant encore au moins cent ans », comme elle disait.

De plus, elle n'entendait pas abandonner Louis à des parents persuadés d'inventer une nouvelle société, un projet qu'elle considérait juste comme une façon de dire « à mon tour maintenant ». Le pouvoir était pris aux riches et donné aux pauvres qui, se croyant invincibles, s'appropriaient les biens d'autrui et devenaient riches à leur place. Le cercle vicieux repartait pour un tour, et il y avait toujours quelqu'un qui finissait écrasé.

Après le départ du *Señor* Dannón, elle m'a appelée dans sa chambre. Hortensia m'a fait signe de la rejoindre sans tarder. Elle savait que maman ne partagerait jamais aucune nouvelle avec elle, bonne ou mauvaise. Ce n'était pas nécessaire, cela dit : elle comprendrait tout en découvrant nos mines à table ce soir-là.

Comme il fallait s'y attendre, le cabinet du *Señor* Dannón avait été saisi. Les États-Unis avaient rompu toute relation diplomatique avec Cuba trois ans plus tôt, mais sa femme et lui avaient obtenu un permis de sortie du territoire et s'apprêtaient à partir d'un port proche de La Havane, où des bateaux venaient chercher des familles entières depuis Miami. Il n'était pas dans notre intérêt qu'il remette les pieds chez nous à présent qu'il était assimilé à de la vermine.

Maman avait frémi en entendant ce mot de plus en plus souvent employé pour désigner les candidats à l'exil ou les opposants au gouvernement. À chaque fois, elle avait l'impression de revivre un cauchemar. Des gens étaient de nouveau rejetés et traités de vermine. L'histoire se répétait. Quel manque d'imagination, ai-je pensé.

Notre avocat lui avait laissé une somme d'argent considérable, mais, à compter de ce jour, avait-il expliqué, elle aurait plus difficilement accès à son fonds fiduciaire au Canada. Peut-être même celui-ci serait-il bientôt jugé illégal par le nouveau gouvernement, qui nous obligerait alors probablement à y renoncer.

Nous avons décidé de ne pas nous inquiéter. Nous pouvions nous en sortir avec ce que nous avions. Je touchais tous les mois une indemnité pour la confiscation de ma pharmacie, si dérisoire soit-elle, et j'avais aussi mes cours d'anglais. Il ne nous en fallait pas beaucoup plus.

Après le dîner, Hortensia a reçu un coup de fil pressant de sa sœur, qui n'a pas voulu trop s'épancher au téléphone. Toutes deux avaient peur que leurs conversations ne soient écoutées par des agents du gouvernement. Hortensia nous a demandé deux jours de congé avant de quitter la maison, paniquée. Je ne l'avais jamais vue dans cet état.

Les deux jours se sont transformés en cinq. Puis elle nous a appelées pour nous avertir qu'une certaine Catalina allait venir nous aider. Cette femme imposante a tout de suite pris le contrôle de la maison et ne nous a plus jamais quittées.

Catalina était un ouragan. Obsédée par l'ordre et les odeurs, elle ne nous laissait jamais sortir sans nous asperger d'un peu de parfum. C'est à cette époque que j'ai commencé moi aussi à utiliser l'eau de violette dont Hortensia versait quelques gouttes sur la tête de Louis tous les jours avant qu'il aille à l'école.

— Ça chasse le mauvais œil, expliquait-elle.

Issue du métissage entre esclaves africains et colons espagnols, Catalina était arrivée toute seule à La Havane deux ans plus tôt. Un cyclone venait de détruire sa maison dans l'extrémité orientale de l'île, des inondations avaient enfoui son village sous la boue et elle avait perdu sa mère, son unique parente, à la suite de cette série de catastrophes. Trimant dur depuis toujours, elle affirmait n'avoir jamais eu « le temps de se chercher un mari » ou de fonder une famille.

Grâce à elle, la vie a repris son cours habituel, et la maison s'est remplie de tournesols.

— Vous pouvez les mettre n'importe où, ils cherchent toujours la lumière, disait-elle.

Elle est vite devenue l'ombre de maman, avec qui elle communiquait parfaitement malgré son parler abrupt et ses expressions familières que nous avions souvent du mal à saisir. Catalina me tutoyait et se montrait si franche avec nous que cela nous a bientôt amusées.

— Ce sont les Caraïbes, disait maman. Que pouvons-nous espérer d'autre ?

Nous nous sommes peu à peu faites à la vie sans Hortensia. Son mari étant en prison, Esperanza avait davantage besoin d'elle que nous. Ou peut-être qu'un membre de leur famille était tombé malade. À vrai dire, nous n'avions aucune idée de ce qui s'était passé.

Tout le long de la galerie, Catalina a planté de la menthe dont elle se servait pour ses infusions, du basilic censé éloigner les *guasasas* – les drosophiles – et du faux jasmin afin qu'une brise odorante et de nature à favoriser le repos souffle par les fenêtres lorsque nous allions nous coucher.

Une semaine plus tard, Hortensia et sa sœur ont débarqué tard un soir sans prévenir. Louis dormait déjà et nous nous étions retirées dans nos chambres quand Catalina nous a demandé de descendre en disant que deux personnes attendaient dans la salle à manger.

Hortensia et Esperanza ne m'ont pas saluée ni n'ont répondu à mon sourire. Pour tout dire, elles m'ont ignorée. L'air plein d'espoir, elles ont regardé maman s'asseoir à table à la place d'honneur, puis se sont vite installées de chaque côté d'elle. Elles la considéraient apparemment comme la seule personne capable de remédier à une situation dramatique. Catalina et moi sommes restées debout au fond de la pièce pour leur laisser un peu d'intimité, mais elles étaient si impatientes de s'entretenir avec maman qu'elles ne faisaient pas attention à nous.

Hortensia tentait de rester calme, mais il était évident qu'elle avait du mal à ravaler sa colère. Elle n'arrivait même pas à parler et on avait l'impression qu'elle finirait par crier si elle se risquait à dire quoi que ce soit – or elle savait qu'elle nous devait le respect. J'ai deviné à cet instant qu'elle ne reviendrait pas travailler pour nous et que nous la voyions pour la dernière fois. Elle n'osait pas me regarder dans les yeux, mais elle affichait une expression signifiant clairement qu'elle répugnait à se trouver sous notre toit.

C'est Esperanza qui a rompu le silence :

— Un soir, alors qu'on s'apprêtait à fermer la pharmacie, ils sont venus chercher Rafael. Un véhicule rempli de soldats. J'ai pris mon courage à deux mains et je leur ai demandé pourquoi ils l'arrêtaient, ce qu'il avait fait de mal, où ils comptaient l'emmener, mais personne ne m'a répondu. Ils m'ont ignorée et ont embarqué mon fils.

Dans son désespoir, elle avait fait le tour des postes de police du coin, sans succès. Elle avait découvert le lendemain seulement que tous les jeunes hommes de sa confession âgés de seize ans et plus avaient été conduits dans un stade du quartier de Marianao. Saisissant enfin ce qui se tramait, elle s'était jetée par terre chez elle en pleurant, en se maudissant et en se reprochant la ferveur religieuse dans laquelle elle avait élevé son fils. Rafael était un garçon qui ne connaissait que le bien et qui n'aurait jamais fait de mal à une mouche. Il y avait longtemps qu'ils essayaient de quitter Cuba, mais il leur était impossible d'obtenir un visa de sortie depuis que « le grand leader » avait accusé leur groupe religieux d'être « un fléau pour la société ». Sans argent ni proches à l'étranger susceptibles de les aider, ils ne pouvaient compter que sur la solidarité de leur congrégation, laquelle était déjà officiellement illégale.

Maman a écouté Esperanza sans bouger, les bras serrés le long du corps et les mains croisées sur ses genoux. Elle était confrontée cette fois à une purification non pas raciale, mais intellectuelle. C'était l'esprit des gens que redoutait le gouvernement, pas leurs traits physiques. Les doutes exprimés par un de ses compatriotes, philosophe fou qu'elle lisait autrefois, lui sont revenus en mémoire : « L'homme est-il une erreur de Dieu, ou Dieu une erreur de l'homme ? »

Parce que Rafael était encore mineur – quelques mois le séparaient de son dix-huitième anniversaire –, Hortensia et Esperanza avaient eu la permission de lui rendre visite dans un camp de travail au centre de l'île. C'était là que les opposants au régime et les croyants étaient emprisonnés. Dieu était devenu le principal ennemi des nouveaux dirigeants, qui menaient de véritables purges politiques, morales et religieuses. Le camp dans lequel Rafael avait été interné était ainsi entouré de barbelés et un immense panneau à l'entrée proclamait : « Le travail fera de vous des hommes. »

Hortensia et Esperanza avaient été autorisées à le voir une demi-heure. Les gardes ne les avaient pas laissés seuls une minute, empêchant Rafael de leur décrire son calvaire, mais il avait perdu plus de dix kilos et on lui avait rasé le crâne.

— Ses mains étaient couvertes d'ampoules, a continué Esperanza. Ils voulaient l'obliger à saluer le drapeau, à chanter l'hymne national, à renier sa religion. Comme il a refusé, ils l'ont puni chaque jour un peu plus. Ce n'est qu'un jeune garçon, Alma, un garçon…

Rafael avait toutefois réussi à glisser que le camp avait reçu la visite d'une délégation chargée d'inspecter les « centres de réhabilitation par le travail ». Dans ce groupe se trouvaient plusieurs membres du gouvernement soucieux des conditions de détention des prisonniers et de l'évolution du processus de rééducation. Il avait reconnu l'un d'entre eux, qui avait soutenu son regard. Rafael avait souri. Enfin, une lueur d'espoir lui apparaissait.

— Gustavo faisait partie de la délégation, a déclaré Esperanza en fixant maman.

À l'énoncé de ce prénom – celui du garçon qu'elle n'avait pas fait circoncire et qu'elle avait élevé en homme libre –, maman s'est mise à trembler. Elle n'a pas versé la moindre larme, mais son corps était agité de sanglots silencieux. À l'évidence, elle souffrait non seulement dans son âme, mais aussi dans son corps.

Catalina a enroulé un bras autour de moi. Frappée de stupeur, je ne parvenais pas à croire à cette nouvelle. Hortensia s'est agenouillée devant maman et lui a agrippé les mains.

— Alma, vous êtes la seule à pouvoir nous aider. Rafael est toute notre vie.

Maman a fermé les yeux. Elle ne voulait pas écouter la suite et se demandait pourquoi elle devait, une fois encore, payer le prix de sa culpabilité.

— Parlez à Gustavo. Suppliez-le de nous rendre Rafael. Nous ne lui demanderons rien de plus. Si Rafael venait à mourir…

Hortensia n'a pas achevé sa phrase.

Les yeux rivés au mur en face d'elle, maman demeurait perdue dans ses pensées.

Après un long silence, Hortensia s'est relevée. Sa sœur l'a prise par le bras et elles sont ressorties sans un mot. Nous n'avons plus jamais entendu parler d'elles.

Toujours tremblante, maman a tenté de se redresser. Catalina et moi nous sommes précipitées pour l'aider. Elle avait tant de mal à marcher que nous avons presque dû la porter jusqu'à son lit. Elle s'est cachée sous ses draps blancs et a enfoui la tête dans son oreiller en donnant l'impression de s'être endormie.

Le lendemain matin, je suis entrée dans sa chambre avec Louis afin qu'il puisse lui dire au revoir avant de partir pour l'école. Lorsqu'il l'a embrassée sur le front, elle a ouvert les yeux, lui a saisi le bras et l'a dévisagé. Rassemblant le peu de forces qu'il lui restait, elle a murmuré ces mots dans une langue qu'il ne comprenait pas :

— *Du bist ein Rosenthal.*

C'était la première fois qu'elle s'exprimait en allemand depuis que nous avions atteint le port de La Havane et débarqué du funeste *Saint-Louis*. Ç'a également été la dernière.

Anna

2014

Ce voyage se révèle plus difficile que prévu pour maman. Lorsque tante Hannah raconte ce qui est arrivé à Rafael, elle ne comprend pas comment Cuba, pays qu'elle idolâtrait et qu'elle considérait comme un bastion du progrès social, a pu créer des camps de concentration afin de se purger de ses « indésirables » sous le regard indifférent du reste du monde. Peut-être que mon grand-père Gustavo croyait bien agir et contribuer réellement à rééduquer et à remettre dans le droit chemin ces « fléaux de la société ». Son crime était pour lui un geste de salut. Ce qui m'échappe, en revanche, c'est pourquoi tante Hannah ne lui a jamais demandé de secourir Rafael. Elle s'est entièrement reposée sur sa mère.

Une année s'est écoulée avant que Rafael soit relâché et que toute sa famille reçoive l'autorisation de s'exiler. En apprenant la nouvelle, Catalina a couru la répéter à Alma, qui, dans un acte de mortification perpétuelle, avait décidé de ne plus quitter son lit. Mais la libération de Rafael n'a pas apaisé mon arrière-grand-mère. Les racines de sa culpabilité étaient bien plus profondes, et son fils aussi devrait en payer le prix.

Le jour où Gustavo et Viera sont venus lui annoncer qu'ils partaient dans un pays lointain en tant qu'ambassadeurs de la nation qu'elle détestait tant, elle a simplement détourné la tête. Ç'a été sa seule réaction. D'après Catalina, elle voulait montrer à son fils qu'elle le maudissait, qu'elle souhaitait les voir morts, lui et sa femme. Gustavo en a été profondément blessé. Viera et lui sont donc partis à l'autre bout du monde, laissant papa avec tante Hannah.

Catalina s'est entièrement consacrée à Alma. Elle la nourrissait, faisait sa toilette, changeait ses draps tous les jours et soignait les terribles escarres qui rongeaient lentement son corps. Chose étrange, à mesure qu'elle dépérissait, ses cheveux ont recouvré leur éclat d'autrefois.

J'entre seule dans la chambre d'Alma. Il y flotte une odeur de désinfectant, mais le couvre-lit gris remonté sur le matelas aux ressorts cassés semble avoir gardé une trace de sa présence. Je m'assois dessus et c'est comme si elle était là, comme si je percevais la douleur des dernières années qu'elle a passées ici dans un silence sans fin.

Tante Hannah a conservé une mèche de cheveux de sa mère dans un coffre en bois sombre, à côté de ses bijoux les plus précieux. C'est une relique de la famille Rosenthal. Je remarque également dans ce meuble un carnet en cuir dont la couleur s'est ternie, ainsi que le petit écrin bleu que ma tante n'a jamais ouvert, fidèle à la promesse autrefois faite à Leo.

Catalina entre à son tour dans la chambre et me prend par les épaules.

— Tu trouveras ici tout ce qu'il nous reste de Viera : l'album photo de sa famille et quelques lettres que sa mère lui a écrites après l'avoir confiée à son oncle à La Havane. Elle devait pressentir qu'elles ne se reverraient jamais…

» Alma était une brave femme, enchaîne Catalina après quelques instants de silence, comme si elle voulait me rassurer. C'est moi qui lui ai appris que Gustavo et Viera étaient morts dans un accident d'avion. On peut bien détester son enfant, l'annonce de sa mort est toujours un coup dur, ma petite. Cela faisait une autre tombe sans corps au cimetière.

Toujours selon elle, mon arrière-grand-mère n'était plus vraiment de ce monde depuis longtemps et elle savait que le temps arrivait pour elle de rejoindre son mari et son fils, mais elle ignorait comment rendre les armes.

— Quand on n'a pas la foi, quand on n'est pas disposé à pardonner et qu'on ne croit en rien, le corps et l'âme ne peuvent pas partir ensemble. Je n'ai plus beaucoup de temps à vivre. Le jour où la mort me fauchera, je ne résisterai pas, et puis voilà ! À quoi bon toute cette souffrance ?

Catalina est une sage vieille femme.

Les derniers jours de mon arrière-grand-mère ont été terribles. Elle avait du mal à respirer et à déglutir.

— Vous pouvez partir maintenant, Alma, lui répétait Catalina, restée nuit et jour à son chevet. Tout va bien. Arrêtez de vous faire du mal.

À son réveil, un matin, elle a constaté que mon arrière-grand-mère avait cessé de respirer et que son cœur ne battait plus. Elle lui a fermé les yeux et s'est risquée à tracer un signe de croix sur son visage gris et froid avant de lui donner un baiser d'adieu.

Je comprends maintenant pourquoi ma tante dit que personne dans notre famille n'est capable de se tuer : il est plus juste de dire que nous décidons à un moment donné de nous laisser mourir. Cela m'amène à penser à mon père. C'est peut-être ce qu'il a fait lui aussi lorsqu'il s'est retrouvé piégé sous les décombres.

Hannah

1985-2014

Tous les matins maintenant, quand j'ouvre la fenêtre de ma chambre et que j'aperçois les arbres feuillus qui me protègent de la brûlure du soleil, je me fais la réflexion que je suis encore vivante, sur cette île où mes parents m'ont emmenée contre mon gré. Mon esprit se met à voyager à un rythme effréné, et les images dans ma tête se succèdent trop vite pour que j'arrive à les saisir. Je ne me souviens pas de mes rêves. Je ne me souviens pas de mes pensées.

Mes nuits sont agitées. Je ne trouve pas le repos et me réveille en sursaut sans savoir pourquoi. Je ne suis plus dans notre appartement au centre de Berlin – je ne distingue pas les tulipes depuis le salon. Le *Saint-Louis* a été relégué si loin au fond de ma mémoire qu'il m'est impossible de me remémorer les odeurs que l'on sentait à bord.

Mes années à La Havane sont devenues floues. J'ai parfois l'impression qu'Hortensia va entrer dans ma chambre ou qu'Eulogio me conduit jusqu'à une librairie en ville. La pharmacie, Esperanza, les promenades avec Julian, l'arrivée de Gustavo, la naissance de Louis – tout se mélange. Je revois Gustavo, enfant, en même temps que je revois Louis me faire ses adieux.

Il était le seul à pouvoir être sauvé.

Le Centre de recherche sur l'éducation physique et sportive l'a embauché à la fin de ses études. Dès son retour du bureau, il s'enfermait dans sa chambre et dévorait tous les livres qui lui tombaient sous la main. Tous les sujets y passaient – des études sur la production de sucre, un traité d'algèbre, la théorie de la relativité ou les œuvres complètes de Stendhal –, et il lisait chaque page avec la plus grande concentration.

Il parlait très peu, mais entretenait une relation particulière avec Catalina. Elle savait ce dont il avait besoin sans même qu'il ait à le demander. Quant à moi, il m'embrassait sur le front chaque fois qu'il sortait de la maison ou qu'il y revenait, et cela me suffisait.

Il fréquentait assidûment les cinémas le week-end. L'indécrottable observateur qu'il était ne s'y sentait pas obligé de discuter avec les gens.

Puis il est parti pour New York. Au début, il nous appelait une fois par mois pour nous prévenir qu'il nous avait transféré de l'argent. Peu à peu, cependant, ses coups de fil se sont espacés. Quand nous avons appris ce qui s'était passé à Manhattan ce terrible mardi de septembre, nous avons supposé que nous n'aurions pas de ses nouvelles avant un moment. Mais notre attente s'est tant prolongée que j'ai fini par écrire au gestionnaire de notre compte fiduciaire. Des années plus tard, j'ai reçu un appel un matin : Louis était mort. C'était aussi simple que ça.

La douleur m'a anéantie, même si, en vérité, nous l'avions déjà perdu depuis longtemps.

— Inutile de pleurer deux fois sur un même cadavre, a déclaré Catalina. Son départ nous avait déjà préparées à ça.

Je le sais bien : nous sommes tous condamnés à mourir prématurément dans cette famille.

Par une de ces nuits où la chaleur vous empêche de dormir, j'ai pris un bain dans lequel j'avais versé un peu d'essence de violette, tant pour me rafraîchir que pour sentir Louis près de moi. Je me suis assoupie en moins d'une heure après ça.

Je l'ai vu marcher dans les rues de New York, entre des rangées parallèles de gratte-ciel, tel un petit point au milieu de cette ville gigantesque. Tout était silencieux : on n'entendait ni le bruit des voitures, ni les pas pressés des passants, ni le vent. Il n'y avait personne autour de lui. Je le distinguais au loin, assis dans un coin sombre et froid, et je percevais sa respiration laborieuse. Il est prêt pour ce qui va arriver, ai-je pensé.

D'un seul coup, le ciel s'est obscurci. Une explosion a retenti. Puis, peu après, une seconde. Toute la ville a lentement été submergée.

J'ai couru vers lui dans le noir et je l'ai retrouvé endormi comme un enfant. Il était de nouveau mon petit garçon. J'ai fermé les yeux en respirant son parfum, et lorsque je les ai rouverts, il était là, tout bébé, dans mes bras. J'ai commencé à lui fredonner une berceuse : *Morgen früh, wenn Gott will, wirst du wieder geweckt.* « Demain matin, si Dieu veut, tu seras de nouveau réveillé. »

— Allons chercher le soleil ensemble, lui ai-je murmuré en espagnol.

Je n'étais ni à Berlin, ni à New York, ni à La Havane.

Ce jour maudit, j'ai cessé d'exister – du moins jusqu'à ce que j'apprenne que Louis avait une fille.

Un avocat new-yorkais m'a contactée pour me proposer d'entamer une procédure judiciaire afin de revendiquer ma part de l'argent placé à la banque par mon père au nom des Rosenthal. Cet homme, qui espérait simplement profiter d'une plainte que j'avais toujours refusé d'envisager, m'a offert un précieux cadeau : il y avait quelque part une Rosen, une petite Anna – une personne née sans le fardeau des Rosenthal.

Nous avions du mal à y croire. Catalina a sauté de joie et m'a serrée dans ses bras. Ç'a été la première fois que je l'ai vue pleurer. Louis avait non seulement eu une femme, mais aussi une fille à qui il avait transmis son nom. Elles étaient ses héritières. Les bonnes nouvelles succédaient souvent à la tragédie, m'a assuré la sage Catalina.

J'ai éclaté de rire lorsqu'elle m'a dit que nous autres Rosen venions au monde en portant une croix, et j'ai tenté de lui expliquer que c'était impossible, surtout pour les Rosenthal.

À la maison, l'eau de violette était fortement associée à Louis. Dès l'instant où j'ai appris l'existence d'une nouvelle Rosenthal, sa fille, j'ai commencé à en verser chaque jour quelques gouttes sur mes cheveux gris. Je n'ai plus jamais arrêté depuis.

J'allais avoir quatre-vingt-sept ans, l'âge où l'on doit songer à faire ses adieux. Il fallait que j'entre en contact avec Anna, la seule trace que notre famille laisserait sur cette terre. Il n'aurait pas été juste vis-à-vis de mes parents de cacher son héritage à cette enfant. Chacun doit savoir d'où il vient. Chacun doit savoir comment faire la paix avec le passé.

Je n'avais plus alors qu'une seule dette, un unique désir encore non exaucé : ouvrir la petite boîte bleu indigo de Leo.

La dernière fois que j'avais soufflé une bougie d'anniversaire, c'était à bord du *Saint-Louis*, il y avait bien longtemps. Le moment était venu de faire la fête.

Anna

2014

En grandissant, papa est devenu très proche de tante Hannah et de Catalina. L'une et l'autre se sont efforcées de faire de lui un homme indépendant, et aussi, peut-être sans le vouloir, un solitaire.

— La mort de Gustavo et de Viera n'a pas trop affecté ton père, parce qu'il n'avait que neuf ans à l'époque, me dit ma tante. En revanche, il a été bouleversé de voir les fossoyeurs descendre dans la tombe le corps de sa grand-mère, qui ne pesait presque plus rien. Ses parents étaient partis un jour et n'étaient jamais revenus, c'était tout et il s'en contentait. Mais cette fois, il y avait un cadavre, enfermé dans une boîte qu'on s'apprêtait à mettre en terre.

Mon père se partageait entre deux langues – l'anglais, qu'il parlait à la maison, et l'espagnol, qu'il employait à l'école et qu'il n'aimait pas beaucoup. Tante Hannah n'a pas jugé bon de lui apprendre l'allemand. Un peu avant qu'il obtienne son diplôme en physique nucléaire, elle l'a accompagné au Bureau des intérêts américains à La Havane, près du Malecón, munie du certificat de naissance de Gustavo, afin de solliciter pour lui la citoyenneté américaine.

— C'est ton père qui a enfin eu la possibilité de se libérer du stigmate des Rosenthal.

Elle-même se sentait le devoir de rester à Cuba, près de la sépulture de sa mère, pour que son corps repose un jour à ses côtés, et aussi pour faire payer à cette île le refus de laisser débarquer son père. Mais elle a beau tenter de m'expliquer pourquoi elle n'est pas partie vivre à New York, je ne comprends pas.

En arrivant dans son nouveau pays, papa s'est installé dans ce qui est aujourd'hui notre appartement new-yorkais et il a réactivé le compte fiduciaire ouvert par mon arrière-grand-père Max.

Je ne décèle aucune trace de lui ni dans sa chambre ni nulle part ailleurs dans la maison. Tante Hannah et mon arrière-grand-mère Alma ont trop marqué ces lieux de leur empreinte pour qu'un signe quelconque de sa présence ait pu subsister.

Il n'y a pas non plus de photos de famille. Le seul cliché que possède ma tante est l'image jaunie et floue où elle se tient assise sur les genoux de sa mère – l'image que son père a conservée jusqu'au jour où il s'est laissé mourir dans le pays infesté par les Ogres. Maman et moi sommes les seules détentrices de toutes ses autres photos, celles de ses années à Berlin et sur le *Saint-Louis*.

Épuisée, je sors retrouver Diego. Il m'a promis de m'emmener nager près du Malecón. Ou tout du moins, lui compte nager. Moi je n'ose pas plonger dans ces eaux noires agitées par des vagues violentes qui se fracassent contre la digue. À cette heure de la journée, tous les enfants du quartier traînent sur le rivage bordé de récifs et d'oursins. L'odeur de poisson pourri, d'algues et d'urine me donne d'abord la nausée, mais je suis surprise de constater au bout de quelques minutes que je l'ai déjà oubliée. Diego saute dans les eaux tumultueuses et s'enfonce sous la surface. Je m'inquiète de ne pas le voir remonter jusqu'à ce qu'il émerge soudain dans un grand éclat de rire et se mette à jouer avec les autres garçons.

Je braque mon appareil sur lui. Il me sourit au milieu des rouleaux.

Il me rejoint un peu plus tard sur la promenade, en boitant. Je le photographie encore tandis qu'il lève la jambe droite pour me montrer la plante de son pied, couverte d'épines d'oursin. Puis il s'assoit à côté de moi et me laisse les retirer une à une, endurant la douleur sans broncher, même si des larmes lui montent aux yeux. Après quoi il me sourit de toutes ses dents et bombe le torse comme pour dire : Ce n'est rien, j'en ai vu d'autres !

Dès que j'ai terminé, il replonge dans l'eau. Le soleil se couche à l'horizon et mon esprit s'envole. Je veux rapporter à New York un maximum de photos de Diego.

Un nuage cache soudain le soleil et nous restons dans l'ombre quelques instants. Submergée par l'émotion, je pose mon appareil. Je n'arrête pas de penser à Diego et à cette famille – ma famille – que je commence seulement à connaître. Je suis une Rosenthal ! Il est trop tard pour revenir en arrière maintenant.

Sur le chemin du retour, je vois bien que Diego est contrarié. Il sait que maman et moi partirons dans quelques jours et que l'école reprendra bientôt. Peut-être que nous nous écrirons. Il faut en tout cas que je persuade maman de revenir à Cuba. À présent que nous avons rencontré tante Hannah, nous ne pouvons pas l'abandonner. Nous sommes la seule famille qu'il lui reste.

Diego n'en finit pas d'évoquer ses projets de départ. Il refuse de mener la même vie amère et sans espoir que ses oncles et tantes, qui redoutent en permanence de voir leurs maisons s'écrouler. Une catastrophe par famille suffit bien. Il envisage de rejoindre son père aux États-Unis. Peut-être que je pourrais l'aider à le retrouver. Il s'est probablement installé à Miami, où réside une importante communauté cubaine. Avec un peu de chance, il aura pitié de son fils et il l'accueillera. Diego dit qu'il pourrait arriver dans le Nord en un clin d'œil. Il ne parle en fait que de son départ, pas de notre séparation.

Il est temps qu'on aille se reposer. Demain sera un autre jour.

Avant de rentrer à New York, maman souhaite que nous allions au cimetière toutes les deux, pour faire nos adieux. Le taxi nous laisse près de la chapelle, devant laquelle elle reste immobile un instant, les yeux clos, en inspirant profondément.

Cette fois, je n'ai pas envie de lire les inscriptions sur les pierres tombales, ni d'admirer les anges figés dans le marbre, ni de voir des gens en pleurs. Revoilà toutes les odeurs !

En nous approchant du tombeau familial, maman constate que tante Hannah a déjà fait modifier le nom inscrit au fronton. On peut désormais lire « FAMILLE ROSENTHAL », en espagnol, et, au-dessous, la signification de notre patronyme en allemand : « la vallée des roses ». Tante Hannah est redevenue ce qu'elle a toujours été au fond d'elle. Non plus une Rosen, mais la fille de son père.

Les pierres tombales sont là, avec leurs inscriptions. Mes arrière-grands-parents, Alma et Max, mon grand-père Gustavo, mon père… et ma tante ! Hannah Rosenthal, 1927-2014. D'instinct, maman et moi nous attrapons la main. Tante Hannah a dû décider que cette année serait sa dernière. Et comme nous le savons maintenant, dans notre famille, on ne se tue pas, on se laisse mourir.

Maman ne veut pas que je m'inquiète et tente de faire comme si cette découverte n'avait aucune importance, mais je ne peux m'empêcher de noter sur son visage une expression de terreur que je ne lui avais encore jamais vue.

— Je suis sûre qu'elle fera modifier la date, dit-elle pour alléger l'atmosphère. À son âge, on s'imagine avoir déjà un pied dans la tombe. Ne t'en fais pas, tante Hannah ne mourra pas de sitôt.

Les fleurs fanées de Catalina sont toujours là, de même que les cailloux que maman a laissés sur toutes les pierres tombales, à l'exception de celle de tante Hannah. Elle en ajoute un sur chacune d'elles, marque un temps d'arrêt devant la dernière, mais décide finalement de ne rien déposer dessus. Elle sait que je l'observe et elle ne peut décemment pas reconnaître qu'elle soupçonne la même chose que moi : tante Hannah a pris sa décision, personne ne la fera changer d'avis. Elle glisse donc le caillou dans son sac à main et m'entraîne vers le taxi, sous le soleil aveuglant qui matraque de ses rayons la mer de marbre blanc autour de nous. Je pense que ma tante a atteint un âge inespéré à ses yeux dans un pays où elle n'aurait jamais cru passer sa vie et qu'elle préfère maintenant regagner sa vallée des roses.

De retour à la maison, nous nous attelons à l'organisation de sa fête d'anniversaire. Aidée de Catalina, je bats des œufs dans un bol en porcelaine, jusqu'à obtenir une mousse légère qui menace presque de déborder. Nous y ajoutons progressivement la farine, une cuillerée d'huile et une pincée dc scl. Nous saupoudrons ensuite la préparation de vanille, après quoi je graisse un plat et hop, au four ! Une bonne odeur se répand bientôt dans l'air. C'est mon premier gâteau !

Je m'attaque ensuite au glaçage. La mousse blanche monte et épaissit à mesure que j'y incorpore le sucre. Encore quelques gouttes de jus de citron, du sel et de la cannelle, et le glaçage recouvre enfin le gâteau qui ressemble à une boule de neige bancale : voilà mon cadeau pour tante Hannah.

Étonnée, maman dit qu'il nous faudra refaire ça ensemble chaque année à partir de maintenant.

La reine de la fête nous a observées durant tout ce temps avec son joli sourire. Il émane d'elle un doux sentiment de paix que je n'ai encore jamais perçu chez elle. Savoir que nous allons quitter son île, que nous avons cette possibilité qui leur a été refusée à elle et à sa mère après qu'elles ont débarqué du *Saint-Louis* suffit à la rendre heureuse.

Catalina s'assoit pour souffler un peu et finit par s'endormir dans son fauteuil. Dès qu'elle en a l'occasion, elle se pose quelque part, ferme les yeux… jusqu'à ce que nous soyons obligées de la réveiller. Elle entend de moins en moins bien, et il doit y avoir une telle symphonie de sons à l'intérieur de sa tête que cela l'empêche de distinguer clairement ce qui se passe à l'extérieur.

— C'est la vieillesse, on ne peut rien y faire, dit-elle avec un bref sourire avant de se remettre à faire quelque chose – n'importe quoi – pour s'occuper.

Maman estime que tante Hannah et Catalina ont besoin d'une aide à domicile et elle en parle comme le ferait un membre de la famille – ce qui est le cas.

Tante Hannah a tenu à fêter son anniversaire à la tombée de la nuit. C'est à ce moment-là que le capitaine du *Saint-Louis* est venu dans sa cabine pour apporter la carte postale que nous détenons aujourd'hui. Elle fêtait alors ses douze ans. La suite a été une longue existence dans ce pays où elle ne s'est jamais sentie chez elle. Ses années à Cuba lui apparaissent comme les moins importantes : c'est à Berlin et à bord du *Saint-Louis* qu'elle a véritablement vécu. Presque tout le reste a été un cauchemar.

Catalina a trouvé une bougie à moitié consumée dans un tiroir de la cuisine et l'a plantée au centre de notre gâteau. Je file chercher Diego afin de l'inviter à venir goûter ma première réalisation pâtissière.

Nous éteignons les lampes de la salle à manger, puis maman allume la bougie et nous chantons, d'abord en anglais par égard pour moi. Mon anniversaire est déjà passé, mais ma tante a insisté, alors nous lui accordons ce plaisir. Je ferme les yeux en faisant un vœu. Ce que je souhaite le plus à cet instant, c'est revenir à La Havane.

Nous rallumons ensuite la bougie, cette fois pour tante Hannah. Catalina entonne une version espagnole de « *Happy Birthday to You* » que je n'avais encore jamais entendue : « Joyeux anniversaire, Hannah, que cette année soit pleine de bonheur et de joie pour toi, puisses-tu connaître longtemps encore la paix et l'harmonie, joyeux anniversaire… »

Émue, tante Hannah se penche sur le gâteau, ferme les yeux et fait un vœu secret. Le silence retombe et se prolonge, puis elle essaie d'éteindre sa bougie, mais elle manque de souffle. Au bout du compte, elle étouffe la flamme entre ses doigts, nous sourit et me serre fort contre elle.

Ce soir-là, au moment de me coucher, je découvre sur mon oreiller un petit flacon d'eau à la violette avec ce message rédigé en grosses lettres d'une écriture tremblante : « Pour ma petite chérie. »

QUATRIÈME PARTIE

Hannah et Anna

La Havane, samedi 24 mai 2014

Anna

L'heure du départ a sonné, et je ne sais pas comment dire au revoir. Maman ne cesse d'aller et venir avec nos valises. Elle lisse ses cheveux nerveusement et essuie la sueur sur son visage pendant que je m'attarde sur le trottoir, à mi-chemin entre tante Hannah, restée sur la galerie, et Diego qui me tourne le dos à l'angle de la rue.

— Anna, il faut y aller ! me lance-t-elle en m'arrachant à mes rêveries. On ne peut plus attendre. Viens, on ne va tout de même pas à l'autre bout du monde !

Je cours embrasser ma tante, qui s'appuie contre moi pour ne pas tomber.

— Fais attention, Anna ! Ta tante a quatre-vingt-sept ans !

Quatre-vingt-sept. J'ignore pourquoi elle pense devoir me le rappeler.

— Fais-moi encore un bisou, Anna. C'est bon, mon enfant. Maintenant file et quitte cette île, me dit ma tante d'une voix chevrotante.

Je sens ses mains froides sur mes épaules, mais je garde mes bras autour d'elle. Je ne sais pas si Diego est toujours là ou pas.

— Tiens, Anna, la Larme est pour toi. Est-ce que je peux te l'accrocher autour du cou ? me demande ma tante, qui semble de plus en plus faible. C'est une perle imparfaite, mais tu es un peu comme elle : unique. Elle est dans notre famille depuis bien avant ma naissance et il est temps qu'elle te revienne. Prends-en grand soin. Les perles durent toute la vie. Ton arrière-grand-mère disait toujours que chaque femme devrait en posséder au moins une.

J'effleure la petite perle du bout des doigts. Il ne faut surtout pas que je la perde. En rentrant à la maison, je la rangerai bien à l'abri dans ma table de chevet, avec mes souvenirs de papa.

J'ai l'impression que les minutes défilent à la vitesse de la lumière et que nous ne reviendrons jamais.

— Ma mère me l'a offerte pour mon douzième anniversaire, dans notre cabine du *Saint-Louis*, continue tante Hannah. Elle est à toi maintenant.

Je serre son cadeau dans ma main et essaie de me détacher d'elle, mais elle me retient fermement.

— N'oublie pas de planter des tulipes quand tu arriveras à New York, Anna. À Berlin, papa et moi adorions contempler ces fleurs depuis la fenêtre de notre appartement qui donnait sur le jardin. Les tulipes ne poussent pas sur cette île.

Je cours ensuite vers Diego et l'enlace par-derrière. Il n'ose pas me regarder, mais je devine que ses yeux sont remplis de larmes.

Il pivote enfin et me donne un baiser que je ne peux éviter. Diego m'a embrassée ! Quelqu'un nous a-t-il vus ? Mon premier baiser ! J'ai envie de crier, mais je n'en ai pas le cran.

— C'est pour toi, dit-il en me regardant fixement cette fois.

Ouvrant sa main droite, il me tend un petit coquillage jaune, vert et rouge. Je le prends délicatement et l'enlace de nouveau.

— On se retrouvera bientôt, tu verras, dis-je pour qu'il ne doute pas de mon retour.

Puis je m'éloigne, en comptant chaque pas qui me sépare de la voiture dans laquelle maman m'attend. Tante Hannah nous sourit toujours depuis la galerie, mais je ne veux pas tourner la tête vers elle. Je ne veux pas pleurer. Brusquement, la brise tombe. Tout le monde autour de moi est comme figé dans le temps, et j'effectue mon dernier pas au ralenti.

— Anna ! crie ma tante.

Je reviens vers elle.

— Tiens, voici une autre histoire à explorer.

Et elle me remet l'album relié en cuir brun de ma grand-mère Viera, qu'elle avait conservé avec l'écrin bleu. Nous nous embrassons une dernière fois.

— Il est à toi.

Elle me libère lentement. Je file dans la voiture et m'appuie contre maman, qui ouvre sa vitre juste quand nous démarrons, mais sans un regard en arrière.

J'ai le coquillage de Diego dans une main, et, dans l'autre, l'album photo.

— Mon premier baiser, maman. Je viens de recevoir mon premier baiser…

— Tu ne l'oublieras jamais, celui-là, répond-elle en souriant.

Nous passons en silence devant l'ancienne école de brique rouge de papa. Je l'imagine dans l'uniforme bleu et blanc que ma tante a décrit. Le voilà qui marche au pas durant un défilé quelconque auquel les élèves sont obligés de participer. Et le voilà encore qui agite un drapeau cubain en papier, assis sur le muret de l'école avec ses camarades.

Au revoir, papa. Je sors sa photo de la poche de mon chemisier.

— Nous sommes ici, en train d'exaucer ton rêve. Nous avons fait ce voyage ensemble.

Puis j'embrasse la photo et je la range dans l'album de ma grand-mère Viera.

À notre arrivée, l'aéroport grouille de familles portant d'énormes valises. Je sonde ces visages vaguement familiers : une fragile vieille dame en route pour Miami, un soldat occupé à inspecter soigneusement les documents de voyage d'un couple et de son enfant, une petite fille à qui je fais peur – assez pour qu'elle coure se cacher derrière sa mère. Dans leurs yeux, je découvre la peur d'être jugé par ceux qui ne peuvent pas partir.

Par le hublot de l'avion, je dis adieu à la terre natale du père que je n'ai jamais connu. Alors que nous survolons le détroit de Floride en laissant La Havane derrière nous, je ne peux m'empêcher de me demander si je reverrai jamais Diego et tante Hannah. Retournerons-nous un jour dans le pays où mon arrière-grand-mère est enterrée ? Je m'appuie contre la vitre et dors jusqu'à ce que le personnel de bord annonce notre arrivée à New York.

Maman, au bord des larmes, me caresse les cheveux.

Nous allons bientôt atterrir. J'ouvre l'album photo au hasard et tombe sur une carte postale d'un paquebot transatlantique portant le nom *Saint-Louis*, Hamburg-Amerika Linie.

— N'oublie pas les tulipes, maman. Nous allons planter des tulipes.

Hannah

Il me reste un endroit où aller – du moins en ce jour, un mardi. Et j'entends bien le choisir. Je peux décider de ma destination. Je peux être qui je veux, tout abandonner et repartir de zéro, ou tout arrêter pour de bon. Tel est mon destin. Je me sens libérée.

Je peux déambuler une dernière fois au milieu des buissons colorés de croton, des poinsettias, du romarin, du basilic et de la menthe, dans le jardin négligé de ma forteresse nichée au cœur d'une ville qui m'est toujours restée étrangère. L'arôme du café frais m'enveloppe, mêlé au parfum de cannelle d'un plat qui cuit au four. Je peux voir et expérimenter les choses à ma guise. Quelle chance j'ai !

Sur le seuil de notre Petit Trianon, là où j'ai aperçu Anna pour la première fois et où je me suis reconnue en elle, j'agrippe sa main chaude et je contemple autour de moi le monde que je ne verrai plus jamais à travers ses yeux – ses yeux qui sont les miens.

Maman détestait les adieux. Elle n'a pas eu le courage de me faire les siens et s'est contentée de se cacher dans son lit, où elle s'est laissée dépérir.

Mais en vérité, les adieux me sont *nécessaires*. Bien des années se sont écoulées, mais je n'ai jamais oublié qu'on ne m'a pas permis de dire au revoir à Leo, à mon père, au capitaine, à Gustav, à Louis et à Julian. Aujourd'hui, personne ne m'en empêchera. À chaque minute qui passe, je me retrouve dans la personne d'Anna, dans ce que j'aurais pu être et que je n'ai pas été.

Mes idées s'embrouillent. Anna se tient dans l'ombre du bateau qui quitte la baie. Je ne distingue pas les visages de ceux qui me crient encore au revoir, mais j'entends brusquement la voix de papa :

— Oublie ton nom !

Je n'arrive pas à me séparer calmement d'Anna et je l'étreins encore pendant qu'à mes oreilles résonne le cri désespéré de l'homme le plus noble du monde.

Si je ferme les yeux, je vois Diego et Anna, tous deux enlacés. Oui, Diego, il est si triste de devoir quitter quelqu'un. Vas-y, embrasse-la, profite de chaque seconde. Merci, mes enfants, de m'avoir offert ce moment.

Les nuages filent dans le ciel d'un bleu toujours plus profond à mesure que le soleil se couche et que la brûlure de ses rayons sur ma peau s'atténue – elle n'en tolère guère plus désormais. L'odeur de la mer envahit mes narines. La brise ébouriffe nos cheveux. Nous sommes seuls tous les trois dans ce coin de rue du quartier de Vedado. Et Leo ? Il n'est pas là.

Je suis heureuse auprès d'Anna. Nous sommes si proches… Diego l'embrasse. C'est son premier baiser – moi aussi j'ai du mal à y croire. Elle a embrassé un garçon à l'aube de sa treizième année, et il faut que je supporte de lui dire au revoir.

Je rouvre les yeux en la lâchant. Tout s'arrête. Elle s'en va. Je la perds. Le fossé entre elle et Diego, et entre elle et moi, se creuse douloureusement.

Je reste désemparée avec Diego. Il ne cesse de pleurer, avant de filer en courant lorsqu'il s'aperçoit que je l'observe.

Ces deux dernières semaines m'ont paru durer une éternité. J'ai revécu chaque instant d'une vie qui a toujours été dénuée de sens. Soixante-quinze années d'emprisonnement dans une ville irréelle, à voir tant de gens partir, fuir et nous abandonner ici, maman et moi, condamnées à être enterrées un jour dans ce pays qui n'a jamais voulu de nous.

J'aurais aimé être Anna encore quelques instants. Je laisse le passé dans cette maison délabrée : je suis fatiguée de payer pour les péchés des autres et de subir leur malédiction. Tant pis si tout ce que nous avons souffert est oublié. Ça ne m'intéresse pas de me souvenir.

Il n'y a plus personne à part Catalina. Je me retourne vers elle et la serre contre mon cœur. J'ignore comment lui dire au revoir à elle aussi. Elle me regarde. Cela lui suffit pour comprendre, mais elle préfère ne rien dire et se contente de rentrer d'un pas lourd et lent dans mon Petit Trianon, qui lui appartient désormais, et dont la porte claque derrière elle.

La sirène du bateau retentit au loin. C'est le signal. Il est temps de reprendre la mer.

Je descends l'Avenida Paseo en comptant les pas qu'il me reste avant d'arriver au Malecón. En chemin, je découvre de nouveaux bâtiments, des jardins envahis par la végétation, des racines d'arbres qui refusent de rester sous l'asphalte.

Anna n'est plus là avec moi, et j'en souffre. Je m'efforce autant que possible de me concentrer sur les maisons aux façades délavées et sur les enfants qui dévalent l'avenue à vélo, mais je n'y arrive pas. Je ne vois qu'elle, même si je sais qu'elle n'est pas née pour vivre sur cette île où, selon maman, je suis condamnée à mourir. Au fond, cette idée me réconforte.

Un jour comme aujourd'hui, lendemain de ma fête d'anniversaire, j'ai du mal à comprendre comment j'ai pu survivre à tous les membres de ma famille. À Leo, qui avait dessiné notre destin sur des cartes d'eau et de boue dans les ruelles de Berlin. À Julian, ce vain espoir voué dès le début à disparaître dans le néant.

Je n'ai aucun désir de revenir en arrière. Il est temps de mettre fin à tout ça. Même la douleur a une date d'expiration. Je suis dans l'instant présent, oui, dans l'ici et maintenant, dans tout ce qui peut me donner un autre souffle, même si ce doit être le dernier. Mon objectif est en vue, j'ai le sentiment d'avoir une voix. J'existe, bien que je ne sois plus que le fantôme de ce que j'étais autrefois.

Tout ce que je porte m'étouffe. Mes perles m'entraînent vers le sol tel un poids mort. Ma robe est une armure qui m'empêche de respirer. Mes chaussures collent au trottoir, comme si elles ne voulaient pas avancer. La touche de rouge que j'ai appliquée sur mes lèvres pour me prouver que je suis encore de ce monde n'est rien de plus qu'une arme puérile dans cette bataille pour vivre l'instant présent.

Ma mémoire est dense, si dense que les adieux s'y perdent. Je revois jusque dans les moindres détails la robe de maman lorsqu'elle a embarqué sur le *Saint-Louis* il y a soixante-quinze ans, mais je suis incapable de me rappeler ce que j'ai fait avant le départ d'Anna. Ai-je fermé la porte de ma chambre ? Je ne sais plus du tout si j'ai laissé la lumière, si j'ai dit au revoir à Catalina, si Anna a accepté notre perle. Au moins, je suis sûre d'avoir du rouge à lèvres. Oui, il y a un peu de vie sur mon visage. Tout du moins un semblant de vie.

Seul aujourd'hui compte à mes yeux. Hier et demain sont pour les autres, pas pour une vieille femme de quatre-vingt-sept ans. Anna, tu es désormais la dépositaire des vestiges d'une famille qui n'aurait jamais dû survivre. C'est pour ça que je t'ai légué ces photos et la perle.

Oui, l'heure est venue, et je suis là pour toi.

M'entends-tu, Leo ? J'ai pris mon petit sac marron. À l'intérieur se trouvent mes clés, mon poudrier, mon rouge à lèvres et le mouchoir élimé que papa m'avait rapporté de l'un de ses voyages à Bruges. Sans oublier ton cadeau, Leo, le tout dernier, celui que j'ai attendu d'ouvrir jusqu'à ce jour : le petit écrin bleu indigo que tu m'as confié avant que l'on m'arrache à toi. Nous n'avons pas eu l'occasion de nous dire au revoir, pas comme Anna et Diego l'ont fait. Je n'ai jamais pu te donner le baiser promis.

Je me répète que j'ai encore un endroit où aller et une voix à faire entendre, comme pour m'en convaincre. Mon fard à joues me sépare de toi, de mon enfance, mais je sais que chacun de mes pas nous rapproche.

Enfin, j'aperçois l'horizon. Je m'appuie contre le mur rongé par les années et les embruns qui protège la ville de la mer.

— J'ai quatre-vingt-sept ans, dis-je haut et fort – ce qui surprend un couple d'amoureux assis non loin sur le Malecón.

Ils me répondent, mais je ne distingue pas leurs paroles. Je me suis habituée à vivre dans un brouhaha constant. À mesure que le temps passe, je comprends de moins en moins ce que disent les gens, mais je n'essaie plus de saisir leurs expressions ni d'apprendre de nouveaux mots. Quel intérêt à mon âge ?

Je continue à marcher jusqu'au tunnel reliant Vedado à Miramar. J'ai du mal à respirer régulièrement, j'ai froid et je commence à trembler. Cela ne signifie pas que j'ai peur, mais lorsque les battements de mon cœur faiblissent et que l'air vient à me manquer, je m'arrête parmi les rochers, près des ruines d'un restaurant abandonné, et je m'effondre sur une chaise métallique autrefois argentée. Là, je regarde les vagues se briser sur les récifs, à bonne distance du port. Je suis à l'âge que nous nous étions promis d'atteindre ensemble. Tu te rappelles, Leo ?

Je suis la seule survivante de la famille, mais je ne reste pas prostrée dans mon lit comme M. Adler, pensé-je en essayant de me persuader que cette attente en valait la peine. Il ne sert à rien de réfléchir davantage. Je suis prête.

J'ai honoré toutes mes promesses, et cela me réconforte de savoir qu'Anna est la meilleure chose qui puisse nous arriver, à nous, les Rosenthal. Tant de générations perdues…

Je fouille mon sac en quête de la petite boîte que tu m'as donnée lorsque nous avons été séparés au milieu de la cohue du *Saint-Louis*. J'ai tenu parole, Leo. Je ne peux m'empêcher de sourire en prenant conscience que, durant toutes ces années solitaires dans la ville où mes parents m'ont condamnée à vivre, tu as toujours été près de moi.

Le moment est venu de tacher mes mains de bleu indigo. Avec toute la force qu'il me reste, je saisis le petit écrin que tu m'as remis il y a soixante-quinze ans, alors que mon père me suppliait d'oublier mon patronyme maudit.

Il est temps pour moi de prendre congé de cette île. La petite boîte défraîchie a été mon amulette jusqu'à ce jour. Quatre-vingt-sept ans. Nous y sommes arrivés, Leo.

Je rassemble le peu d'énergie que j'ai encore à te consacrer. Cet instant n'appartient qu'à nous, c'est celui que nous avons désiré si longtemps. Merci, Leo, pour ce cadeau, mais je suis incapable de l'ouvrir toute seule. J'ai besoin de ton aide.

Je ferme les yeux et je sens que tu te rapproches. Toi aussi, tu as quatre-vingt-sept ans et tu marches lentement. Ne te presse pas. Je t'ai tant attendu qu'une minute de plus ou de moins ne changera pas le cours de notre destin. J'inspire profondément, et tu m'apparais avec la même aura intense que durant nos années d'enfance à Berlin, quand nous jouions à être des adultes.

Tu es tout près. Je devine ta présence. Tu es là.

Tu me prends par la main et je me lève pour t'enlacer, chose que nous n'avons jamais osé faire autrefois. Tu trembles. Je m'appuie contre toi afin que tu me transmettes ta chaleur. Les larmes ne sont pas de mise à cet instant : c'est notre rêve qui se réalise.

Tu es plus grand et plus fort que moi, et ta peau semble plus sombre encore à présent que tes boucles sont devenues blanches, aussi blanches que mes pauvres tresses. Et tes cils ? Ils continuent à te devancer…

Tu as patienté soixante-quinze ans avant de surgir devant moi car tu étais certain que je serais là, sur le rivage, au coucher du soleil, dans l'espoir que nous puissions découvrir ensemble le trésor sur lequel j'ai veillé pour toi.

Je rêve, je le sais bien. Mais c'est mon rêve et je peux en faire ce que je veux.

Nous ouvrons très lentement la petite boîte. Il est là, intact : le solitaire de ta mère. Regarde comme il étincelle dans la lumière du couchant, Leo. Et à côté… je n'en crois pas mes yeux. Un petit objet en verre jauni repose aussi dans l'écrin.

Mon cœur cherche à puiser en moi une force que je n'ai plus et se met à battre un peu plus vite. Je dois tenir bon.

Tout s'éclaire enfin : c'est la dernière capsule de cyanure que mon père a achetée avant que nous embarquions sur le *Saint-Louis*. La troisième capsule, la seule qui reste. Tu l'as gardée pour moi, Leo !

Je regrette – et cela m'est rarement arrivé dans ma vie – de t'avoir accusé de trahison, d'avoir pensé que ton père et toi aviez volé les capsules destinées à ma famille. Je comprends maintenant : tu ignorais combien d'autres îles vous fermeraient leurs portes – toutes ces îles abritées derrière leurs murs de silence. Et nous savons qu'en temps de guerre le silence est une bombe à retardement.

Il était inévitable que tu conserves ce poison. C'était écrit.

Cette vieille capsule inestimable que tu as mise de côté pour moi est périmée aujourd'hui. Elle ne provoquera pas de mort cérébrale instantanée, pas plus qu'elle ne paralysera mon cœur. Mais je n'en ai plus besoin. J'ai attendu toutes ces années parce que je t'avais donné ma parole, et j'ai tenu ma promesse. Il est temps que je me mette en route, que je me laisse partir.

Je te vois plus près de moi que jamais, et je suis si heureuse que je tremble. Pourtant je ne peux m'empêcher de me sentir coupable, parce que mes parents sont absents de mes dernières pensées. En vérité, c'est Anna et toi qui incarnez mon espoir et ma lumière. Max et Alma, eux, sont indissociables de ma tragédie.

Je ne veux pas me sentir coupable. Il est indispensable d'avoir l'esprit léger lorsqu'on décide de quitter ce monde.

Le coucher de soleil paraît plus intense quand il s'agit du dernier, et la brise tout à fait différente. Mais mon corps est encore trop lourd, et je me concentre sur les vagues, sur l'horrible odeur des embruns qui donnait la nausée à maman, sur les jeunes qui traversent bruyamment le tunnel et sur la musique tonitruante qui retentit au passage des voitures. Le tout sans cesser d'éprouver l'exaspérante chaleur humide des tropiques, que j'ai dû endurer jusqu'à ce jour.

Mon esprit dérive et je perds la notion du temps. À l'instant où mon cœur me semble sur le point de lâcher, tu glisses le solitaire à mon doigt. Je porte la capsule à mes lèvres – la dernière chose que tu as touchée de tes mains encore chaudes –, comme si, enfin, je t'embrassais. Et nous voilà ensemble dans la cabine de mes parents à bord du *Saint-Louis*, toute baignée de lumière.

Les tulipes, Leo, bientôt les tulipes fleuriront, te dis-je à l'oreille en te regardant. M'entends-tu ? Je contemple tes yeux clos et ces cils longs, si longs, qui te précèdent partout où tu vas.

Tu as cette fois vingt ans et tu es un beau jeune homme. Et moi aussi j'ai vingt ans – un âge qu'aucun de nous n'a pu savourer. Je m'approche pour te donner un baiser, comme je m'étais promis de le faire le jour où nous nous retrouverions sur notre île imaginaire. Nous nous tenons toujours la main, plus proches que jamais, et je te vois à côté de moi sur le *Saint-Louis*, tout en haut du mât, l'endroit du navire le plus proche du ciel. Le poids qui m'accablait depuis que nous avons été arrachés l'un à l'autre disparaît et j'éprouve la légèreté dont j'ai besoin pour partir.

Nous commençons à voler au-dessus du Malecón, les yeux baissés sur l'avenue. Pour la première fois, La Havane est à nous. Nous traversons la baie et allons nous poser près du Castillo del Morro pour contempler la ville derrière nous, pareille à une vieille carte postale abandonnée par un touriste.

Nous avons de nouveau douze ans, et personne ne peut nous séparer. Le jour se lève, Leo. Il ne s'achève pas. La Havane est encore plongée dans le noir, seulement éclairée par la faible lueur ambrée des réverbères qui ne nous permet de distinguer que quelques bâtiments au milieu des palmiers.

Puis nous entendons le rugissement assourdissant de la sirène d'un bateau.

Nous sommes sur le pont du *Saint-Louis*, pile là où nous avons eu notre premier aperçu de la ville. Nous étions trop jeunes alors pour comprendre pourquoi personne ne voulait de nous. Mais aujourd'hui tout est silencieux. Il n'y a pas de suppliques, pas de voix désespérées criant des noms dans le vide. Cette fois encore, mes parents veulent m'arracher à toi et me tirent vers une petite bande de terre entre deux continents.

Je ne crie pas, je ne verse pas une larme, pas plus que je ne les implore pour rester près de toi, sur le *Saint-Louis*, le seul endroit où nous ayons été libres et heureux.

Je prends la main délicate de ma mère. Sans un regard en arrière, je laisse mes parents me lancer dans l'abîme.

Cette fois, enfin, je peux te dire *Shalom*.

Note de l'auteur

Le samedi 13 mai 1939, à 20 heures, le paquebot transatlantique *Saint-Louis*, de la Hamburg-Amerika Linie (Hapag) quitta le port de Hambourg en direction de La Havane, à Cuba. Le navire transportait huit cent quatre-vingt-dix-neuf passagers, dont une grande majorité de réfugiés juifs allemands, et deux cent trente et un membres d'équipage. Deux jours plus tard, trente-huit passagers supplémentaires les rejoignirent dans le port de Cherbourg.

Ces réfugiés détenaient des permis de débarquer délivrés par Manuel Benítez, le directeur du Bureau cubain de l'immigration, et fournis par la Hapag, qui avait des bureaux à La Havane. Cuba ne devait être pour eux qu'un lieu de transit puisqu'ils avaient déjà des visas d'entrée aux États-Unis, mais, en raison des quotas instaurés par les Américains, ils devaient attendre que sorte leur numéro d'inscription sur les listes – ce qui pouvait prendre entre un mois et plusieurs années.

Une semaine avant que le bateau largue les amarres à Hambourg, le président cubain, Federico Laredo Brú, publia le décret 937 (ainsi nommé en référence au nombre total de passagers du *Saint-Louis*), qui invalidait les permis de débarquer signés par Benítez et stipulait que seuls les documents émis par le ministère cubain des Affaires étrangères et du Travail seraient acceptés. Les réfugiés avaient payé 150 dollars américains pour chaque permis, et le prix des billets sur le *Saint-Louis* s'échelonnait entre 600 et 800 reichsmarks. L'Allemagne avait exigé qu'ils achètent également des billets retour et ne les avait autorisés à emporter que 10 reichsmarks par personne.

Le navire arriva dans le port de La Havane à 4 heures du matin le 27 mai 1939. Les autorités cubaines lui refusèrent le droit d'accoster dans la zone allouée à la Hapag, si bien qu'il dut jeter l'ancre dans la baie.

Certains des passagers avaient des proches dans cette ville, dont la plupart louèrent des bateaux pour s'approcher du paquebot, sans toutefois pouvoir monter à bord.

Seuls quatre Cubains et deux Espagnols non juifs furent autorisés à débarquer, en plus de vingt-deux réfugiés qui avaient obtenu leurs permis auprès du ministère cubain des Affaires étrangères, et non auprès de Benítez – lequel était soutenu par le chef de l'état-major militaire, Fulgencio Batista.

Le 1er juin, l'avocat Lawrence Berenson, porte-parole de l'American Jewish Joint Distribution Committee, rencontra le président Laredo Brú à La Havane, mais échoua à trouver un accord concernant le sort des passagers.

Les négociations se poursuivirent jusqu'à ce que le président cubain conditionne le débarquement de chaque personne à un dépôt de 500 dollars. Des représentants de diverses organisations juives ainsi que des membres de l'ambassade américaine à Cuba entamèrent eux aussi des pourparlers – sans succès. Ils tentèrent également de contacter Batista, mais reçurent de son médecin personnel un message selon lequel le général, ayant pris froid le jour même de l'arrivée du *Saint-Louis* à Cuba, devait se reposer et ne pouvait pas répondre au téléphone.

À la suite d'une contre-proposition de Berenson qui ramenait le montant exigé pour chaque passager à 23,16 dollars,

Laredo Brú décida de rompre les négociations et ordonna au navire de quitter les eaux territoriales cubaines avant le 2 juin à 11 heures. Dans le cas contraire, le *Saint-Louis* serait remorqué en haute mer.

Le capitaine du navire, Gustav Schröder, qui avait protégé ses passagers depuis leur départ de Hambourg, commença à faire tout ce qui était en son pouvoir pour leur trouver un port non allemand où débarquer.

Le *Saint-Louis* prit la direction de Miami. Alors qu'il s'était approché très près des côtes de Floride, le gouvernement de Franklin D. Roosevelt lui refusa l'entrée aux États-Unis. Ce refus fut réitéré au Canada par le gouvernement de Mackenzie King.

Le bateau n'avait plus d'autre choix que de retraverser l'Atlantique et de regagner Hambourg. Quelques jours avant son arrivée, cependant, Morris Troper, directeur pour l'Europe du Joint Distribution Committee, parvint à un accord avec plusieurs pays.

La Grande-Bretagne accepta d'accueillir deux cent quatre-vingt-sept passagers ; la France, deux cent vingt-quatre ; la Belgique, deux cent quatorze ; et les Pays-Bas, cent quatre-vingt-un. En septembre 1939, la guerre éclata et les pays d'Europe continentale qui avaient ouvert leurs portes à ces réfugiés se retrouvèrent bientôt occupés par les armées d'Adolf Hitler.

Seuls les deux cent quatre-vingt-sept passagers acceptés par la Grande-Bretagne étaient à l'abri. Les autres connurent les horreurs de la guerre ou furent exterminés dans les camps de concentration nazis.

Le capitaine Gustav Schröder assuma une nouvelle fois le commandement du *Saint-Louis*, et son retour en Allemagne coïncida avec le déclenchement de la Seconde Guerre mondiale. Il ne reprit pas la mer et se consacra à des tâches administratives pour le compte de la Hapag. Le *Saint-Louis* fut bombardé lors de raids aériens alliés sur l'Allemagne.

À la fin du conflit, durant le processus de dénazification, le capitaine fut jugé, mais grâce aux témoignages et aux lettres des survivants du *Saint-Louis*, les charges contre lui furent abandonnées. En 1949, il publia un livre, *Heimatlos auf hoher See*, relatant le périple de ce navire. Il fut fait chevalier de l'Ordre du mérite par le gouvernement fédéral allemand en 1957, en récompense de ses efforts pour sauver les réfugiés.

Le capitaine Schröder mourut en janvier 1959, à l'âge de soixante-treize ans. Le 11 mars de la même année, Yad Vashem, l'institution israélienne officielle dédiée à la préservation du souvenir des victimes de l'Holocauste, le déclara à titre posthume Juste parmi les nations.

En 2009, le Sénat américain vota une résolution « reconnaissant que les souffrances de ces réfugiés avaient résulté du refus des gouvernements cubain, américain et canadien de leur offrir l'asile politique ». En 2012, le secrétaire d'État américain présenta des excuses publiques pour ce qui était arrivé aux passagers du *Saint-Louis* et invita les survivants dans ses bureaux afin qu'ils puissent raconter leur histoire.

En 2011, un monument financé par le gouvernement canadien et connu sous le nom de Roue de la conscience fut inauguré à Halifax, au Canada. Il rappelle et déplore le refus de ce pays d'accueillir les réfugiés du *Saint-Louis*.

À ce jour, la tragédie du *Saint-Louis* demeure un sujet absent des cours et des livres d'histoire à Cuba. Tous les documents liés à l'arrivée du navire à La Havane et aux négociations avec le gouvernement de Federico Laredo Brú et Fulgencio Batista ont disparu des archives nationales cubaines.

Remerciements

À Johanna Castillo, qui m'a encouragé à revisiter la tragédie du *Saint-Louis*. Elle a été ma première lectrice et la force motrice de ce roman.

À ma grand-mère Tomasita, la première personne à m'avoir parlé de la tragédie du *Saint-Louis* lorsque j'étais enfant, et celle à qui je dois d'avoir appris l'anglais à La Havane auprès d'un de nos voisins, injustement surnommé « le nazi » parce qu'il avait quitté l'Allemagne en 1939.

À Aaron, mon ami juif à La Havane.

À Guido, mon ami témoin de Jéhovah à l'école primaire.

À ma tante Monina, qui m'a conté des histoires de l'époque où elle était étudiante en pharmacie à l'université de La Havane et qui m'a renseigné sur la vie des témoins de Jéhovah à Cuba par l'intermédiaire de sa famille.

À ma marraine Lydia, qui a revécu pour moi ses années d'études à Baldor, dans les années 1940, à La Havane.

À Scott Miller, conservateur en chef au musée-mémorial de l'Holocauste des États-Unis à Washington, DC et spécialiste de la tragédie du *Saint-Louis*, qui m'a donné accès à plus de mille deux cents documents et mis en contact avec des survivants.

À Carmen Pinilla, qui m'a servi de guide à Berlin, qui a relu avec soin la première partie de ce livre et qui m'a prodigué ses précieux conseils.

À Néstor et Esther María, pour leur méticuleux travail de correction.

À Ray, pour son soutien et sa confiance.

À Mirta, qui a cru en ce projet dès le début.

À Carole, qui est tombée amoureuse de mon roman avant même de l'avoir lu et qui m'a encouragé à l'écrire.

À María, qui a été émue sitôt qu'elle a rencontré la petite Allemande et pour qui mon personnage n'était pas entièrement malheureux à La Havane.

À Leonor, Osvaldo, Romy, Hilarito, Ana María, Ovidio, Yisel, Diana, Betzaida, Rafo, Rafote, Herman, Sonia, Sonia María, Radamés, Gerardo, Laura, Boris : ma famille et mes amis, qui ont patiemment supporté mon obsession pour le *Saint-Louis*.

À ma mère et ma sœur, qui ont été plus que les protagonistes de ces pages.

À Gonzalo, qui m'a soutenu inconditionnellement et qui a pris soin de ma famille quand j'avais besoin de temps pour écrire.

À Emma, Anna et Lucas, la véritable source d'inspiration de cette histoire.

Aux neuf cent six passagers du *Saint-Louis* qui se sont vu refuser l'entrée à Cuba, aux États-Unis et au Canada, et envers qui nous resterons à jamais redevables.

FSC
www.fsc.org
MIXTE
Papier issu de sources responsables
FSC® C003309

Composition et mise en pages
Nord Compo à Villeneuve d'Ascq

CET OUVRAGE
A ÉTÉ ACHEVÉ D'IMPRIMER
SUR ROTO-PAGE
PAR L'IMPRIMERIE FLOCH
À MAYENNE EN SEPTEMBRE 2019

N° d'impression : 94890
Dépôt légal : septembre 2019
Imprimé en France